U0894180

纪念检察机关恢复
重建 40 周年
1978-2018

RENMINJIANCHASHI

人民检察史

纪念检察机关恢复重建40周年

最高人民检察院 编

中国检察出版社

图书在版编目（CIP）数据

人民检察史：纪念检察机关恢复重建40周年/最高人民检察院编. --
北京：中国检察出版社，2018.11
ISBN 978-7-5102-2187-3

Ⅰ.①人… Ⅱ.①最…Ⅲ.①检察机关－司法制度－法制史－中国－图集
Ⅳ.①D926.3-49

中国版本图书馆CIP数据核字（2018）第222139号

人民检察史
纪念检察机关恢复重建40周年
最高人民检察院　编

出版发行：中国检察出版社
社　　址：北京市石景山区香山南路109号（100144）
网　　址：中国检察出版社（www.zgjccbs.com）
编辑电话：（010）86423702
发行电话：（010）86423726　86423727　86423728
（010）86423730　68650016
经　　销：新华书店
印　　刷：北京联合互通彩色印刷有限公司
开　　本：889 mm×1194 mm　16开
印　　张：23.25
字　　数：402千字
版　　次：2018年11月第一版　2021年6月第七次印刷
书　　号：ISBN 978-7-5102-2187-3
定　　价：268.00元

检察版图书，版权所有，侵权必究
如遇图书印装质量问题本社负责调换

《人民检察史》编委会

主　　任：邱学强
副主任：孙　谦　李如林　苏德良　童建明　张雪樵
　　　　陈国庆　王光辉
委　　员：张晓玉　王松苗　郭兴旺　胡尹庐　张志杰
　　　　王守安　胡卫列　许山松　尹伊君　徐向春
　　　　万　春　董桂文　张新泽　于洪滨　阮丹生
　　　　顾义友　肖　玮　郑新俭　张红生　王卫东
　　　　黄　河　李雪慧　钱　舫　朱建华　刘志远
　　　　谢鹏程　赵志刚

主　　编：孙　谦
副主编：闵　钐　高洪海
撰稿人：闵　钐　肖　宁　周文英
图　　片：高洪海　殷　毅　姚卫东　肖　杰　徐伯黎
　　　　程　丁

执行编辑：马力珍　周　密　李　健　史朝霞
责任编辑：俞　骊　王　欢　王伟雪　郝常青
出版统筹：张郑元
技术编辑：王英英　蒋　龙
美术设计：龙　惠　曹　晓

中国检察机关是国家的法律监督机关，承担惩治和预防犯罪、对诉讼活动进行监督等职责，是保护国家利益和社会公共利益的一支重要力量。

——习近平致第二十二届国际检察官联合会年会暨会员代表大会的贺信摘录

中华人民共和国人民检察院是国家的法律监督机关。

——《中华人民共和国宪法》第一百三十四条

人民检察院依照法律规定独立行使检察权，不受行政机关、社会团体和个人的干涉。

——《中华人民共和国宪法》第一百三十六条

最高人民检察院是最高检察机关。

最高人民检察院领导地方各级人民检察院和专门人民检察院的工作，上级人民检察院领导下级人民检察院的工作。

——《中华人民共和国宪法》第一百三十七条

最高人民检察院对全国人民代表大会和全国人民代表大会常务委员会负责。地方各级人民检察院对产生它的国家权力机关和上级人民检察院负责。

——《中华人民共和国宪法》第一百三十八条

目录

MULU

第一章

党的领导亲切关怀

DANGDELINGDAO QINQIEGUANHUAI

1

《中华人民共和国宪法》第 1 条规定：社会主义制度是中华人民共和国的根本制度。中国共产党领导是中国特色社会主义最本质的特征。禁止任何组织或者个人破坏社会主义制度。《中国共产党章程》规定：中国共产党的领导是中国特色社会主义最本质的特征，是中国特色社会主义制度的最大优势。党政军民学，东西南北中，党是领导一切的。

新民主主义革命时期，在党领导的工农民主政权、抗日民主政权和解放区人民政权建设中，人民检察制度诞生并开始发挥职能作用，形成了人民检察的优良传统，为新中国检察制度提供了宝贵的历史经验。

新中国成立后，党的第一代领导集体高度重视检察工作。毛泽东主席曾作出指示："检察工作十分重要。"1954 年 9 月，周恩来总理在第一届全国人民代表大会第一次会议上的政府工作报告中指出："为了保卫我们的国家建设事业不受破坏，必须加强国家的公安机关、检察机关和审判机关，必须加强立法工作和革命的法制。那种忽视公安工作、检察工作、法院工作，忽视立法工作，忽视革命法制的观点是完全错误的。" 也正是在这次会议上通过了《人民检察院组织法》，人民检察事业踏上了新的征程。1956 年 4 月 2 日，毛泽东、刘少奇、周恩来、朱德、邓小平等党和国家领导人接见第三次全国检察工作会议代表。1958 年 6 月，毛泽东、邓小平等党和国家领导人接见第四次全国检察工作会议代表。1960 年 2 月 21 日，刘少奇、朱德接见第五次全国检察工作会议代表。

十一届三中全会以来，恢复重建后的检察机关和检察工作在以邓小平同志为核心的党的第二代领导集体的关心下迅速发展。1978 年 12 月 13 日，邓小平在中央工作会议上指出："为了保障人民民主，必须加强法制。必须使民主制度化、法律化，使这种制度和法律不因领导人的改变而改变，不因领导人的看法和注意力的改变而改变。"1981 年 10 月 21 日，彭真等党和国家领导人接见全国各省、自治区、直辖市检察长会议代表。1982 年 7 月，邓小平、彭真等中央领导接见全国政法工作会议代表。1984 年 8 月 14 日，王震、乔石等中央领导同志接见全国各省、自治区、直辖市检察长会议全体同志。1985 年 3 月 2 日，彭真为全国检察系统先进集体、先进个人代表大会题词。同年 3 月 6 日，彭真、邓颖超等党和国家领导人接见全国检察系统先进集体、先进个人（"双先"）表彰会议代表。1989 年 9 月，乔石接见全国检察机关第一次反贪污贿赂侦查工作会议的全体同志。1991 年 4 月，邓小平题写《中国检察报》报名和“中央检察官管理学院”院名。

十三届四中全会以来，以江泽民同志为核心的党的第三代领导集体继续关心检察事业。1990年5月25日至7月20日，最高人民检察院在北京举办“全国检察机关惩治贪污贿赂展览”。江泽民、李鹏、宋任穷为展览题词，乔石、习仲勋、彭冲、阿沛·阿旺晋美、雷洁琼等出席开幕式并参观展览。1991年6月，李鹏为《中国检察报》创刊题词。1991年7月，李先念、万里为《中国检察报》创刊题词。1991年12月，江泽民在最高人民检察院《关于召开全国检察长会议的报告》上作出重要批示。1993年12月，江泽民接见出席全国检察长工作会议的代表。1995年12月，江泽民为《中国检察报》题词。1996年3月，乔石为《人民检察》创刊40周年题词。1997年9月12日，江泽民在党的十五大报告中指出：“维护宪法和法律的尊严，坚持法律面前人人平等，任何人、任何组织都没有超越法律的特权。……推进司法改革，从制度上保证司法机关依法独立公正地行使审判权和检察权。”1998年，江泽民题写了“国家检察官学院”院名。2002年3月21日，江泽民、李鹏、朱镕基、李瑞环、胡锦涛、尉健行、李岚清等党和国家领导人亲切接见首批大检察官。

十六大以来，以胡锦涛同志为总书记的中央领导集体重视检察机关的各项建设。2004年6月18日，罗干出席在青岛召开的基层检察院建设工作会议。2004年9月16日，胡锦涛在中共十六届四中全会作的《中共中央关于加强党的执政能力建设的决定》报告中指出：“加强和改进党对政法工作的领导，支持审判机关和检察机关依法独立公正地行使审判权和检察权，提高司法队伍素质，加强对司法活动的监督和保障。”2006年5月，中共中央下发了《关于进一步加强人民法院、人民检察院工作的决定》。2006年10月22日，胡锦涛出席在北京召开的国际反贪局联合会第一次年会暨会员代表大会。2007年10月15日，胡锦涛在中国共产党第十七次全国代表大会上作的《高举中国特色社会主义伟大旗帜，为夺取全面建设小康社会新胜利而奋斗》报告中指出：“依法治国是社会主义民主政治的基本要求。要坚持科学立法、民主立法，完善中国特色社会主义法律体系。加强宪法和法律实施，坚持公民在法律面前一律平等，维护社会公平正义，维护社会主义法制的统一、尊严、权威。推进依法行政。深化司法体制改革，优化司法职权配置，规范司法行为，建设公正高效权威的社会主义司法制度，保证审判机关、检察机关依法独立公正地行使审判权、检察权。”

十八大以来，以习近平同志为核心的党中央举旗定向、谋篇布局，团结带领全党全国各族人民攻坚克难、砥砺奋进，推动党和国家事业取得了全方位开创性的历史性成就，发生了深层次根本性的历史性变革，包括人民检察事业在内的中国特色社会主义法治建设进入了一个新阶段。

以习近平同志为核心的党中央加强对检察工作的领导，为检察工作发展指明前进方向。2015年1月16日、2016年1月7日、2017年1月10日和2018年1月15日，习近平总书记连续四年主持召开中共中央政治局常务委员会会议，听取最高人民检察院党组工作汇报。

总书记十分关心检察工作。2014年1月，习近平总书记专门对检察工作作出重要批示："2013年，各级检察机关紧紧围绕党和国家工作大局，忠实履行宪法和法律赋予的职责，各项工作取得新进展。希望再接再厉，深入贯彻落实党的十八大、十八届三中全会和中央政法工作会议等重要会议精神，始终坚持党的领导不动摇，建设过硬队伍，强化法律监督能力，提高查办和预防职务犯罪水平，促进严格执法、公正司法，保障人民利益，维护宪法法律权威，为推进全面深化改革、实现依法治国作出新贡献。"2017年9月11日上午，第二十二届国际检察官联合会年会暨会员代表大会在北京开幕。习近平总书记向大会发来贺信，对会议召开表示祝贺。

总书记直接领导司法改革。2015年5月5日，习近平总书记主持召开中央全面深化改革领导小组第十二次会议，审议通过了《检察机关提起公益诉讼改革试点方案》，明确指出探索建立检察机关提起公益诉讼制度。2015年8月18日，习近平总书记主持召开中央全面深化改革领导小组第十五次会议，审议通过了《关于完善人民检察院司法责任制的若干意见》。2016年7月22日，习近平总书记主持召开中央全面深化改革领导小组第二十六次会议，审议通过了《关于建立法官、检察官惩戒制度的意见（试行）》。2017年5月23日，习近平总书记主持召开中央全面深化改革领导小组第三十五次会议。会议指出，"正式建立检察机关提起公益诉讼制度的时机已经成熟"。2017年8月29日，习近平总书记主持召开中央全面深化改革领导小组第三十八次会议，审议通过了《关于加强法官检察官正规化专业化职业化建设全面落实司法责任制的意见》。2018年7月6日，习近平总书记主持召开中央全面深化改革委员会第三次会议，会议强调，设立最高人民检察院公益诉讼检察厅。

人民检察的发展历史，就是中国共产党领导检察工作的历史。以毛泽东思想、邓小平理论、"三个代表"重要思想、科学发展观、习近平新时代中国特色社会主义思想为行动指南，人民检察事业不断发展壮大。检察工作迈出的每一步，无不体现了党对检察工作的绝对领导，体现了党的领导人对检察工作的亲切关怀。历史表明，正是有了党中央的集中统一领导，人民检察事业才能始终保持正确的政治方向并不断取得新的业绩。

高瞻远瞩

我们的法律，是劳动人民自己制定的。它是维护革命秩序，保护劳动人民利益，保护社会主义经济基础，保护生产力的。我们要求所有的人都遵守革命法制。

毛泽东（1957 年 1 月）

加强检察机关和司法机关，做到有法可依，有法必依，执法必严，违法必究。

邓小平（1978 年 12 月）

依法治国，是党领导人民治理国家的基本方略，是发展社会主义市场经济的客观需要，是社会文明进步的重要标志，是国家长治久安的重要保障。

江泽民（1997 年 9 月）

加强宪法和法律实施，坚持公民在法律面前一律平等，维护社会公平正义，维护社会主义法制的统一、尊严、权威。

胡锦涛（2007 年 10 月）

我们要依法公正对待人民群众的诉求，努力让人民群众在每一个司法案件中都能感受到公平正义。

习近平（2012 年 12 月）

心心相印

◎ 1956年4月2日，毛泽东等中央领导与第三次全国检察工作会议代表合影。前排左三起：高克林、彭真、周恩来、毛泽东、刘少奇、邓小平、张鼎丞、吴德峰、黄火星。

◎ 1959年5月21日，中央领导同志接见全国检察系统先进工作者会议代表。前排左起：林伯渠、朱德、宋庆龄、刘少奇、董必武、周恩来、陈云、邓小平、李富春。

◎ 1982年7月，邓小平、彭真等中央领导接见全国政法工作会议代表合影。前排居中主要领导从左到右依次是：杨尚昆、万里、韦国清、邓小平、彭真、彭冲、习仲勋、黄火青。

◎ 1985年3月，全国人大常委会委员长彭真、全国政协主席邓颖超接见全国检察系统恢复重建第一次先进集体、先进个人（“双先”）表彰会议代表。

◎ 1992年5月，中共中央政治局常委、中央政法委书记乔石接见第九次全国检察工作会议代表。

◎ 1993年12月28日，中共中央总书记、国家主席江泽民接见出席全国检察长工作会议代表。

◎ 1998年10月28日，中共中央政治局常委、中央纪委书记尉健行，中共中央政治局委员、中央政法委书记罗干接见第三届中国十大杰出检察官。

◎ 1999年9月5日，中共中央政治局常委、全国人大常委会委员长李鹏出席国际检察官联合会第四届年会暨会员大会开幕式并致辞。

◎ 2004年6月18日，中共中央政治局常委、中央政法委书记罗干视察青岛市市南区人民检察院。

◎ 2005年3月，全国人民代表大会期间，中共中央政治局常委、全国人大常委会委员长吴邦国接见与会代表。图为吴邦国与参会的内蒙古自治区人民检察院检察长邢宝玉亲切握手。

◎ 2006年10月22日，中共中央总书记、国家主席胡锦涛接见出席国际反贪局联合会第一次年会代表。

◎ 2013年3月8日，中共中央总书记、国家主席习近平参加十二届全国人大一次会议江苏代表团审议，与全国人大代表、全国模范检察官林志梅亲切交谈。

◎ 2017年9月11日，中共中央政治局常委、全国人大常委会委员长张德江出席国际检察官联合会第二十二届年会暨会员代表大会开幕式并致辞。

第二章

植根红都 光辉起点

ZHIGENHONGDU GUANGHUIQIDIAN

土地革命战争时期的人民检察

1927—1937

2

1927年10月，毛泽东率领秋收起义部队到达井冈山，开始创建农村革命根据地的斗争，为中国革命的胜利开辟了一条“农村包围城市，武装夺取政权”的正确道路，这是中国革命斗争史上的伟大创举。此后，党先后建立起十几个革命根据地并成立苏维埃政权。革命政权需要革命法制来捍卫。1931年11月7日至20日，中华苏维埃第一次全国代表大会在江西瑞金召开，中华苏维埃共和国临时中央政府成立，建立了中华苏维埃共和国的政权机构，确立了包括人民检察制度在内的人民司法制度。人民检察植根红都，这是人民检察事业的光辉起点。

中华苏维埃共和国的最高政权机关是全国苏维埃代表大会，在大会闭幕期间的最高政权机关是中央执行委员会。人民委员会是中央执行委员会的行政机关。苏区并未建立自成体系、独立承担全部检察职能的检察机关，检察职能分别由法院（裁判部）检察长、检察员，工农检察部，国家政治保卫局，军事检查所等机构承担。

在中华苏维埃共和国建立之前，全国已有近10个革命根据地和苏维埃政权。其中1931年7月鄂豫皖苏区革命法庭中设立的国家公诉员和国家公诉处，是人民检察历史上最早出现的专职检察人员和专门检察机构。

1932年2月，中华苏维埃共和国临时最高法庭成立，何叔衡任主席。1934年2月，董必武任第二任主席。同月，成立最高法院，董必武任院长。根据《中央苏维埃组织法》《地方苏维埃暂行组织法（草案）》及《裁判部的暂行组织及裁判条例》等法律、法规，最高法院内设检察长一人、副检察长一人、检察员若干人；省裁判部设正、副检察员各一人；县裁判部设检察员一人；区裁判部不设检察员。最高法院、各级裁判部内设的检察长、检察员主要负责预审（审查起诉）和代表国家出庭告发（出庭公诉）。

工农检察部承担着对苏维埃机关、企业及其工作人员贯彻执行苏维埃的政纲、法律、法令、方针政策以及履行职责情况进行检查、监督的任务，是苏区的法纪监督机关，兼有监察和检察职能。在中央一级称为中央工农检察人民委员部，1934年2月中华苏维埃第二次全国代表大会后改称中央工农检察委员会；在省、县、区三级苏维埃政府设工农检察部，城市设工农检察科。在工农检察部的管辖和指导下，还设有突击队、轻骑队、工农检察通讯员等群众性组织。

国家政治保卫局是苏维埃政权镇压反革命活动的专门机关，对管辖的案件有侦查、逮捕和预审之权。国家政治保卫局在省、中央直属市、县和省属市设立分局，在区和县属市设特派员，在红军中也设有相应的政治保卫机关。上下级政治保卫局之间，实行严格的垂直领导原则，内部实行严格的局长单一集权制。

军事检查所是苏区的军事检察机关，与军事审判机关并立。1932 年 2 月颁布的《军事裁判所暂行组织条例》规定："在初、高两级的军事裁判所的所在地，设立初级军事检查所及高级军事检查所。""军事检查所是代表国家对于军事犯的原告机关，它可以检查军队中及与军事有关系的一切犯法案件，并可以向法庭提出公诉，开庭审判时可以代表国家出庭告发。"

1935 年 10 月，中共中央及主力红军经过长征到达陕北。同年 11 月 3 日，中华苏维埃共和国临时中央政府西北办事处成立，下设七部一局，罗梓铭任工农检察局局长。1937 年 2 月 13 日，中央司法部发布第一号训令，要求建立健全裁判部的组织，强调"在裁判内部，检察员与审判的职员也应分别清楚"。同年 2 月 22 日，发布第二号训令，确定在最高法院设国家检察长，省、县二级裁判部设国家检察员，代表国家行使检察权。

土地革命战争时期的人民检察是人民检察制度的早期探索和尝试，为新中国检察制度提供了重要的历史经验。

工农民主政权的诞生

苏维埃即代表会议，我国红色区域的苏维埃政府是工农兵自己选举代表组织的政权机关，是无产阶级领导的反帝反封建的工农民主政权。1927 年至 1931 年，各革命根据地依据本地区政权建设的需要，各自颁布了适用于本地区的苏维埃政权组织法。1931 年 11 月 7 日召开的中华苏维埃第一次全国代表大会，宣布成立中华苏维埃共和国，统一领导全国红色政权，建立了相对统一的革命法制。

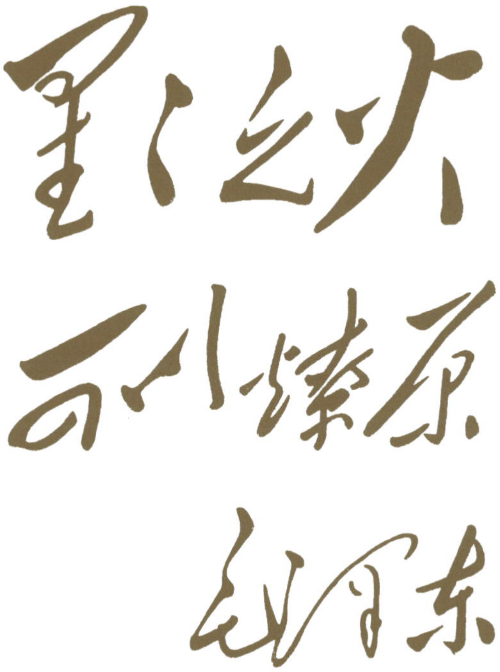

◎ 1927年10月，毛泽东率领秋收起义部队到达井冈山，开始创建农村革命根据地的斗争，为中国革命的胜利开辟了一条“农村包围城市，武装夺取政权”的正确道路，这是中国革命斗争史上的伟大创举。

中华苏维埃共和国临时中央政府组织系统表（1931—1933）

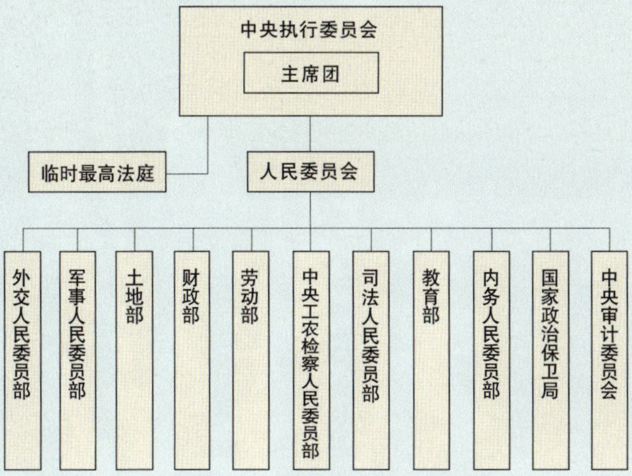

说明

1.1931 年 11 月临时中央政府成立时设九部一局，1933 年 9 月增设中央审计委员会。1934 年 2 月“二苏大”后，中央审计委员会改为直接受中央执行委员会领导。

2.1932 年 2 月 19 日，临时最高法庭成立，何叔衡任主席。1934 年 2 月，依据《中央苏维埃组织法》，设最高法院。

◎ 瑞金县叶坪谢氏宗祠，中华苏维埃第一次全国代表大会会址。会后，苏维埃临时中央政府各机关在此办公。

◎ 中华苏维埃第一次全国代表大会代表选举会场

◎1931年11月27日，毛泽东（中间站立者）在叶坪村树林中主持召开苏维埃中央执行委员会第一次会议。毛泽东当选为中央执行委员会主席并任中央人民委员会主席。

中华苏维埃共和国颁布的一系列法律法令

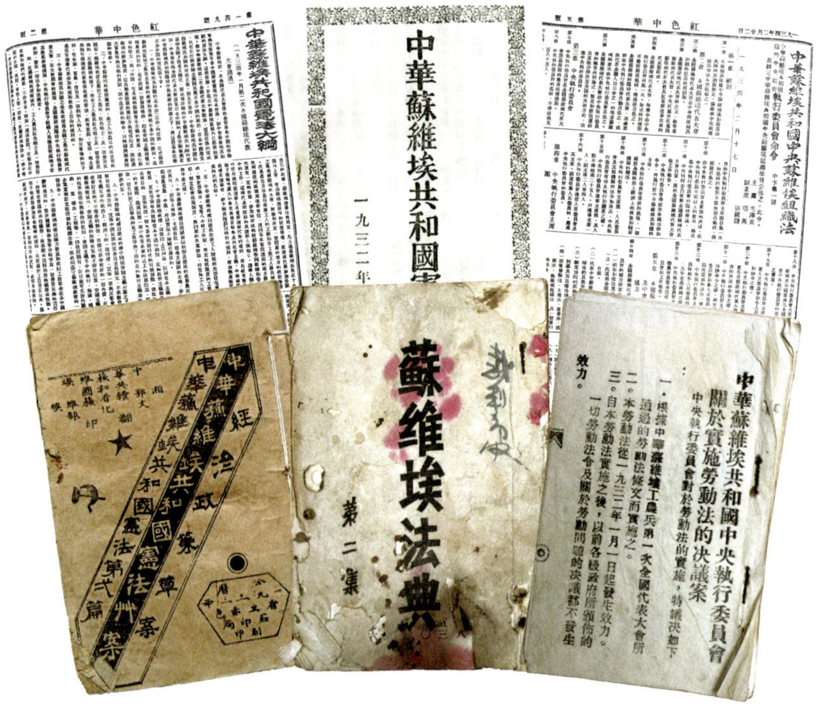

◎ 苏维埃政权高度重视法制建设，先后制定颁布了《中华苏维埃共和国宪法大纲》《中华苏维埃共和国中央苏维埃组织法》《中华苏维埃共和国司法程序》等一系列法律法令，为人民检察制度的建立奠定了法律基础。

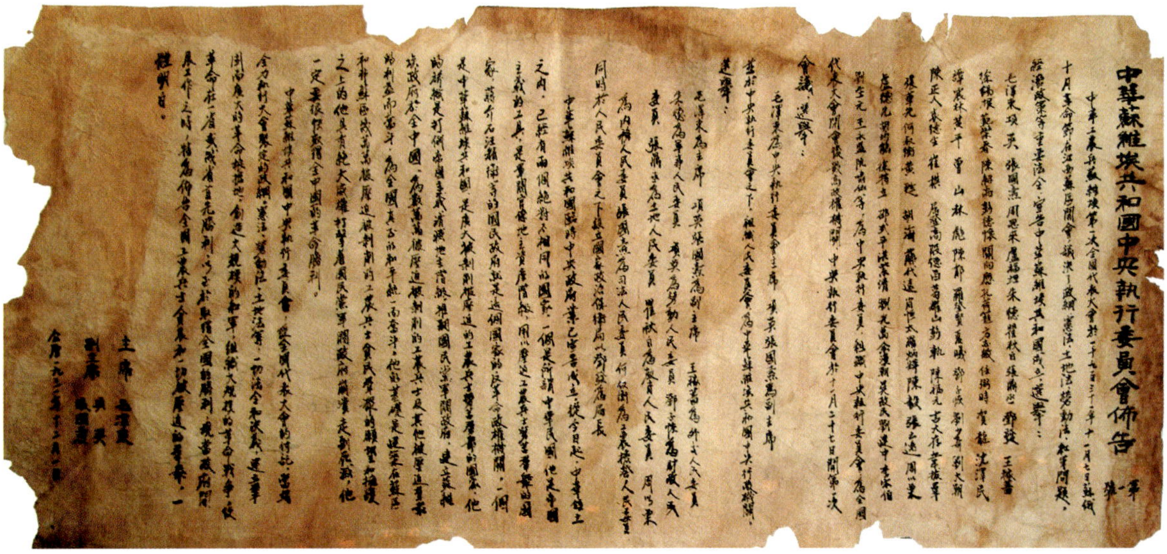

◎ 中华苏维埃共和国中央执行委员会布告（第一号）

苏区检察机构

苏区并未建立自成体系、独立承担全部检察职能的检察机关，检察职能分别由法院（裁判部）检察长、检察员，工农检察部，国家政治保卫局，军事检查所等机构承担。

国家公诉员和国家公诉处

在中华苏维埃共和国建立之前，全国已有近 10 个革命根据地和苏维埃政权。其中 1931 年 7 月鄂豫皖苏区革命法庭中设立的国家公诉员和国家公诉处，是人民检察历史上最早出现的专职检察人员和专门检察机构。

◎ 1931年7月，《鄂豫皖区苏维埃临时组织大纲》规定，在革命法庭设国家公诉员。同年11月，《鄂豫皖区苏维埃政府革命法庭的组织与政治保卫局的关系及其区别》规定了国家公诉处和国家公诉员的职责。程玉阶任国家公诉处处长。

◎ 1927年4月，位于湖北省红安县七里坪镇的七里坪革命法庭成立。

法院（裁判部）检察长、检察员

1932年2月，中华苏维埃共和国临时最高法庭成立，何叔衡任主席。1934年2月，董必武任第二任主席。同月，成立最高法院，董必武任院长。根据《中央苏维埃组织法》《地方苏维埃暂行组织法（草案）》及《裁判部的暂行组织及裁判条例》等法律、法规，最高法院内设检察长一人、副检察长一人、检察员若干人；省裁判部设正、副检察员各一人；县裁判部设检察员一人；区裁判部不设检察员。最高法院、各级裁判部内设的检察长、检察员主要负责预审（审查起诉）和代表国家出庭告发（出庭公诉）。

中华苏维埃共和国司法机关组织系统表

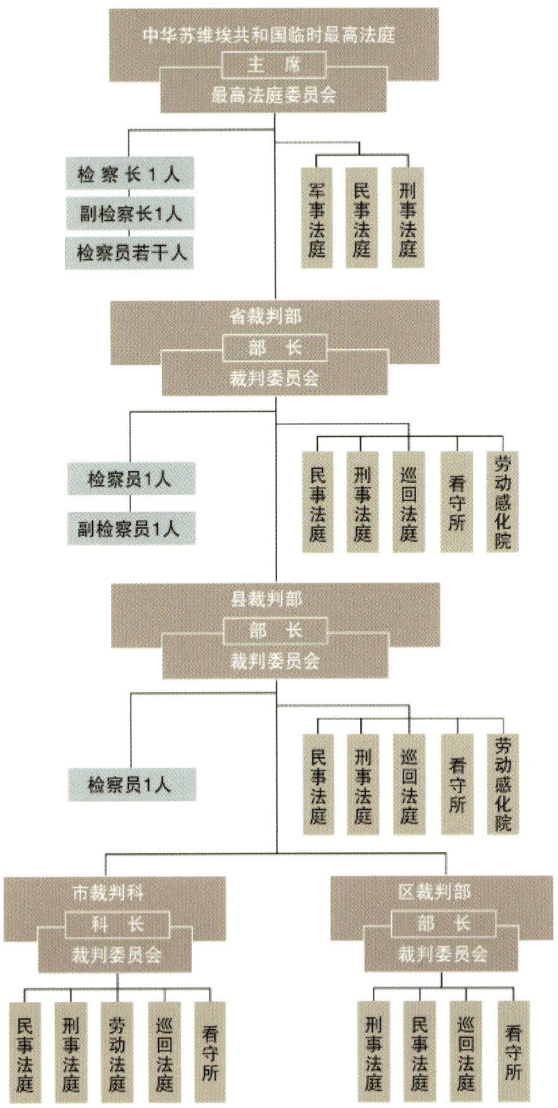

◎ 重建的中华苏维埃共和国临时最高法庭（最高法院）旧址

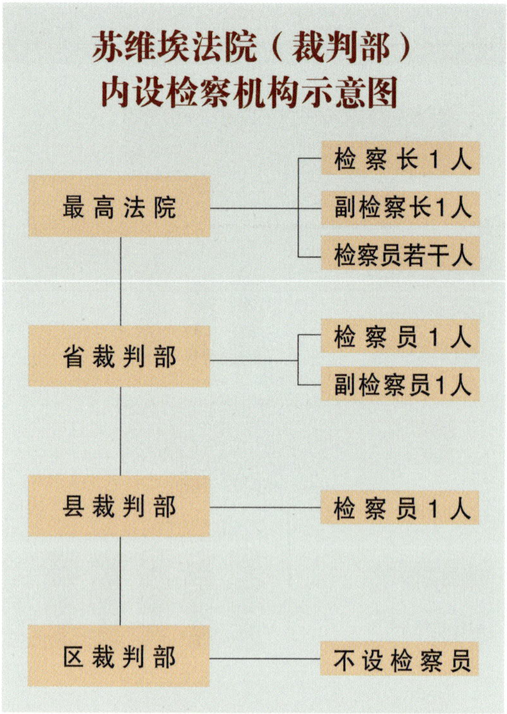

第五章　检察员的工作和任务

第三十三条　省裁判部得设正副检察员各一人，县裁判部则设检察员一人，区裁判部则不设立检察员。

第三十四条　检察员是管理案件的预审事宜，凡送到裁判部的案件，除简单明了、无须经过预审的案件之外，一切案件，必须经过检查员去预审过，并且凡是一切犯法行为，检察员有检查之权。

第三十五条　经过预审手续之后，检察员认为有犯法的事实和证据，作出结论后，再转交法庭去审判。

第三十六条　发觉有犯法的行为，如必须预先逮捕，然后才能进行检察的案件，检察员有先逮捕犯法的人之权。

第三十七条　当检查案件时，凡与该案件有关系的人，检察员有随时传来审问之权。

第三十八条　检察员当检查案件时，无论问被告人和见证人，必须写成预审记录，由被审问者（被告人和见证人）及检察员签字盖章，作为该案件的证据。

第三十九条　检察员是代表国家的原告人，开庭审案时，可以代表国家出庭告发。

（附注）：检察员制度未建立以前，可由裁判员中抽出一人担任预审的工作，代执行检察员的职务，但进行预审的裁判员，法庭审判该案件时，他不得为法庭的主审和陪审。但关于反革命的案件，国家政治保卫局可以派代表，代表国家为原告人。

◎ 1932年6月9日，苏维埃中央执行委员会颁布《裁判部的暂行组织及裁判条例》，对检察员的工作和任务作出了规定。

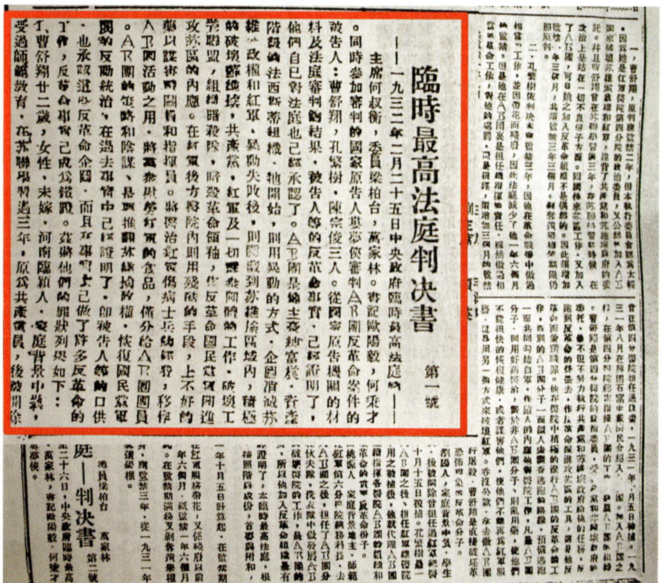
臨時最高法庭判决書　第一號

——一九三二年二月二十五日中央政府臨時最高法庭的——

主席何叔衡，委員梁柏台，萬家林。書記歐陽毅，何桑才。同時參加審判的國家原告人梁夢俠審判AB團反革命案件的被告人：曾舒翔，孔繁樹，陳宗俊三人。從國家原告機關的材料及法庭審判的結果，被告人等的反革命事實，已經證明了，他們自己對法庭也已經承認了。AB團是地主豪紳富農，資產階級的法西斯蒂組織，牠開始，則用暴動的方式，企圖消滅蘇維埃政權和紅軍，暴動失敗後，則暗藏到蘇維埃區域內，積極的破壞蘇維埃，共產黨，紅軍及一切群衆團體的工作，破壞工農聯盟，組織暗殺隊，暗殺革命領袖，作反革命國民黨進攻蘇區的內應。在紅軍後方醫院內則用殘酷的手段，上不好的藥以謀害紅軍傷病和指揮員。將醫治紅軍傷病士兵的藥物，移作入AB團活動之用，將紅軍的食品，偷分給AB團團員。AB團的策略和陰謀，是要推翻蘇維埃政權，恢復國民黨軍閥的反動統治，在過去事實中已經證明了。即被告人等的口供，也承認這些反革命企圖，而且在事實上已做了許多反革命的工作，反革命事實已成為鐵證。茲將他們的罪狀列舉如下：

1、曾舒翔廿二歲，女性，未嫁，河南臨穎人，家庭背景中農，受過師範教育，在蘇聯學習過三年，原為共產黨員，後被開除

◎ 1932年3月2日，《红色中华》刊登的临时最高法庭判决书。

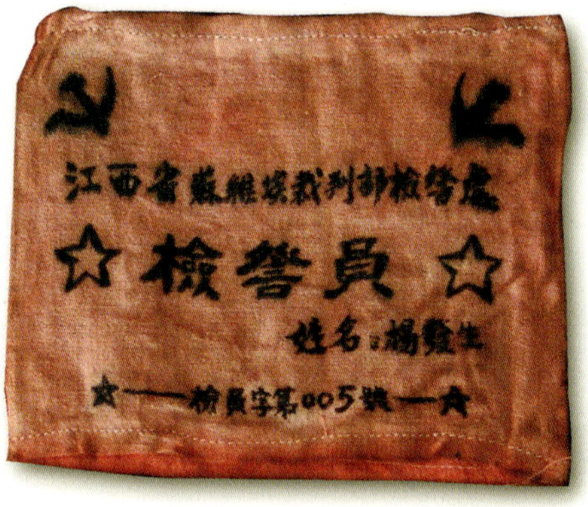

◎ 苏区裁判部检察员臂章

工农检察部

1931年11月，中央工农检察人民委员部成立，与政府各部局一同在瑞金叶坪谢氏宗祠内办公。1933年4月，迁到沙洲坝，驻老茶亭杨氏宗厅，后又迁至云石山。1934年1月至2月，中华苏维埃第二次全国代表大会将中央工农检察人民委员部更名为中央工农检察委员会。省、县、区工农检察部和城市工农检察科，也一并更名为工农检察委员会。为了使民众有效地行使民主监督权利，中央苏区建立了突击队、轻骑队、工农通讯员等在工农检察委员部（会）管辖和指导下的群众组织。这些群众组织与工农检察部密切配合，形成了检察工作的组织和信息网络系统。工农检察部的职能是：监督苏维埃机关、企业及其工作人员正确执行苏维埃的政纲及各项法律、法令，保护工农群众利益，检举和查处混进苏维埃组织中的阶级异己分子、贪污腐化分子和动摇、消极分子，对贪污腐化、官僚主义犯罪案件，有权报告法院。

◎ 1931年11月至1933年4月，中央工农检察人民委员部办公地址。

◎ 1933年4月至1934年7月，中华苏维埃共和国中央工农检察人民委员部沙洲坝旧址杨氏宗厅。由于年久失修，现已坍塌。杨氏宗厅正门——“人民检察第一门”被人民检察博物馆收藏。

“人民检察第一门”

1933年4月，中央工农检察人民委员部办公地址迁到沙洲坝，自此有了一个独立的办公场所——老茶亭杨氏宗厅（俗称“杨氏厅下”）。杨氏宗厅是一幢老式客家宗厅，始建于清康熙年间，距今三百余年，中央工农检察人民委员部搬入前刚刚经过一次大修。宗厅坐北向南，宽5间，深3间，中间有天井两个，把宗厅自北至南分成上、中、下三进。何叔衡、高自立、董必武、项英、刘少奇曾先后在这里办公；毛泽东、张闻天等中共中央、中央政府领导同志都曾到这里指导查处贪污浪费大案要案等工作。杨氏宗厅作为中央工农检察人民委员部暨苏维埃各检察机构第一处单独办公场所，其正门因此被称为“人民检察第一门”。

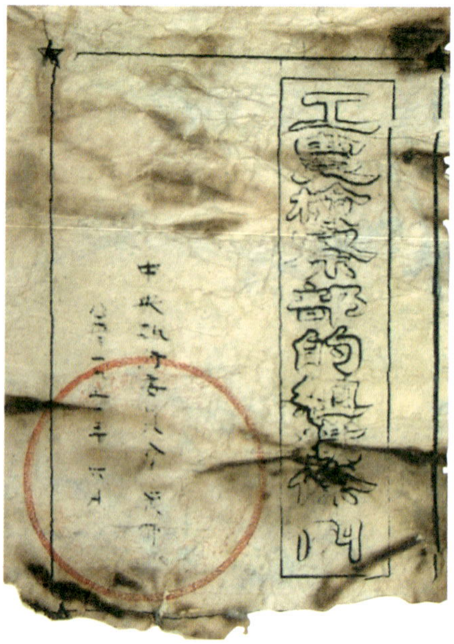

◎ 1931年11月，中华苏维埃第一次全国代表大会通过《工农检察部的组织条例》。

中央苏区工农检察机关组织系统表

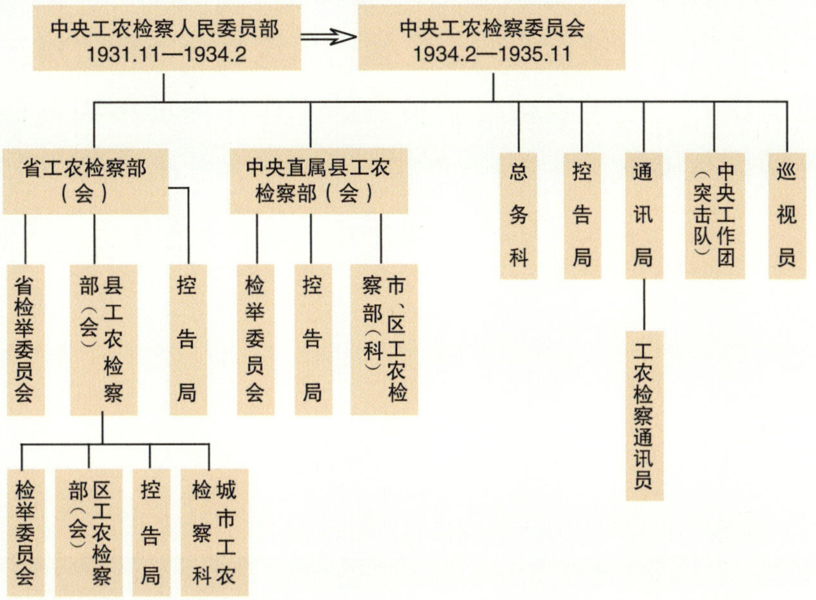

◎ 重建的中华苏维埃共和国工农检察委员会旧址

工农检察委员必须是党和苏维埃最好的干部，这个干部必须是群众中最有威信的同志，他们应该将全部精力用在他们自己的工作上，把工农检察委员会的工作作为苏维埃其他各个部门的榜样与模范。

——张闻天《苏维埃工作的改善与工农检察委员会》

◎ 工农检察员（油画，作者王勇，收藏于人民检察博物馆）

中央苏区工农检察机关领导人员名单

中央工农检察人民委员部（1931.11—1934.2）

部　长　何叔衡

副部长　高自立

委　员　董必武　刘少奇　张人亚　蔡书彬

中央工农检察委员会（1934.2—1935.11）

主　席　项　英

委　员　农　钿　朱克盛　李先保　滕代远
罗荣桓　蔡　畅　黄长娇　罗元杰
谢学连　刘列珠　范乐春　龚莲秀
赖荣光　王孚善　曾昭明　胡美水
冷　仪　张炳如　邹芳禧　董必武
王　秀　康保贵　吕广运　邓先钊
刘传家　王汉章　殷松瑞　叶胜芳
张　标　刘进文　庐同好　张振芳
项　英　吴秀英　丘荣光

工农检察机关的印章、臂章、控告箱

◎ 工农检察人民委员部（会）印章

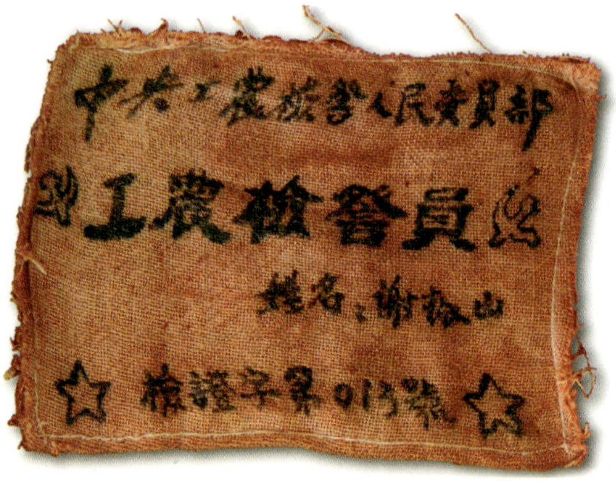

◎ 工农检察员臂章

◎ 中央工农检察人民委员部总务处印章

◎ 江西省兴国县高兴区工农检察部的控告箱

工农通讯员

工农检察部在各级政府机关、企业单位、群众团体、街道、村落中选出不脱产人员任“工农通讯员”，如发现苏维埃工作人员违法失职、侵害群众利益的行为，以通讯方式向工农检察部报告。

◎ 中央工农检察委员会旧址内的通讯员联络处

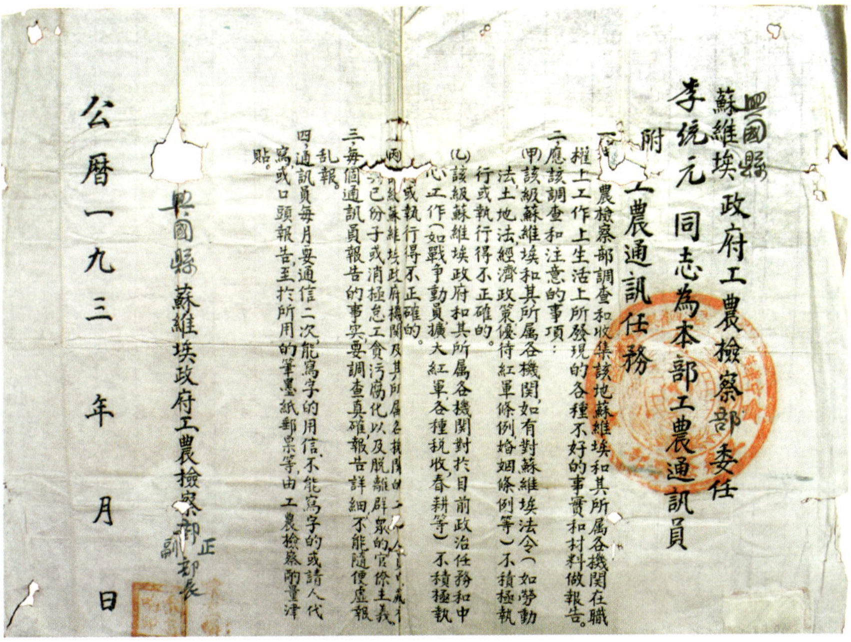

興國縣蘇維埃政府工農檢察部委任
李统元同志為本部工農通訊員

附工農通訊任務

一、工農檢察部調查和收集該地蘇維埃和其所屬各機關在職權上工作上生活上所發現的各種不好的事實和材料做報告。

二、應該調查和注意的事項：

(甲)該級蘇維埃和其所屬各機關，如有對蘇維埃法令(如勞動法、土地法、經濟政策、優待紅軍條例、婚姻條例等)不積極執行或執行得不正確的。

(乙)該級蘇維埃政府和其所屬各機關對於目前政治任務和中心工作(如戰爭動員、擴大紅軍、各種稅收、春耕等)不積極執行或執行得不正確的。

(丙)該級蘇維埃政府機關及其所屬各機關的[illegible]己分子或消極怠工、貪污腐化以及脫離群眾的官僚主義[illegible]

三、每個通訊員報告的事實，要調查真確，報告詳細，不能隨便虛報亂報。

四、通訊員每月要通信二次，能寫字的用信，不能寫字的或請人代寫或口頭報告，至於所用的筆墨紙郵票等，由工農檢察酌量津貼。

興國縣蘇維埃政府工農檢察部 正 副 部長

公曆一九三 年 月 日

◎ 兴国县苏维埃政府工农检察部委任李统元为本部工农通讯员的证书

突击队

突击队是人民群众在工农检察部指导下监督苏维埃工作的一种组织。每一支突击队只隶属于一个工农检察部，突击队之间没有上下级关系。

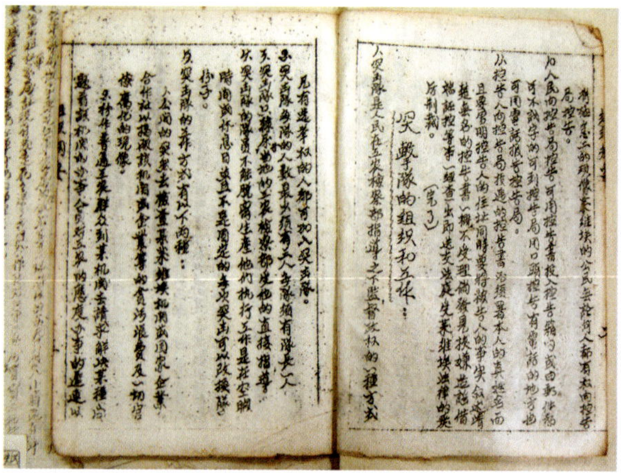

◎ 1932年8月，中央工农检察人民委员部部长何叔衡签发《突击队的组织和工作》。

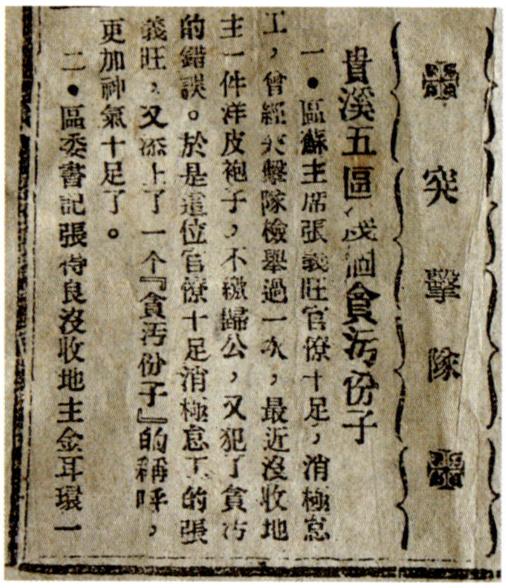

突擊隊

貴溪五區，戊湖貪污份子

一·區蘇主席張義旺官僚十足，消極怠工，曾經突擊隊檢舉過一次，最近沒收地主一件洋皮袍子，不繳歸公，又犯了貪污的錯誤。於是這位官僚十足消極怠工的張義旺，又添上了一個『貪污份子』的稱呼，更加神氣十足了。

二·區委書記張待良沒收地主金耳環一

◎ 1933年2月16日，《工农报》刊登的突击队工作情况。

◎ 突击队员臂章

轻骑队

轻骑队是受团组织直接领导，业务上受工农检察部指导的青年群众监察组织。其任务是揭露、检举、控告官僚主义、贪污浪费、消极怠工、行贿受贿等腐败现象。但它的职权范围只限于揭露、检举和控告，最后的处理权仍归检察机关和审判机关。

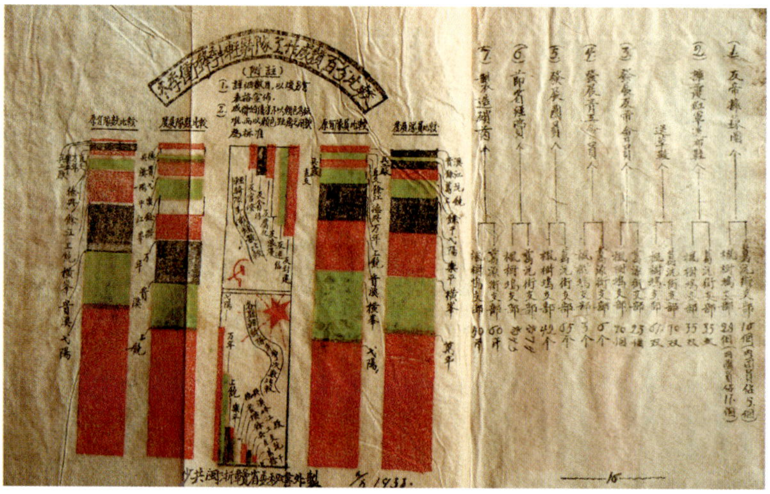

◎ 轻骑队工作统计表

中华苏维埃共和国省级检察机构分布图

◎ 闽浙赣省工农检察部办公旧址（横峰）

◎ 湘鄂赣省工农检察部、裁判部检察员、政治保卫局检察科办公旧址（万载）

◎ 湘赣省工农检察部、裁判部检察员办公旧址（永新）

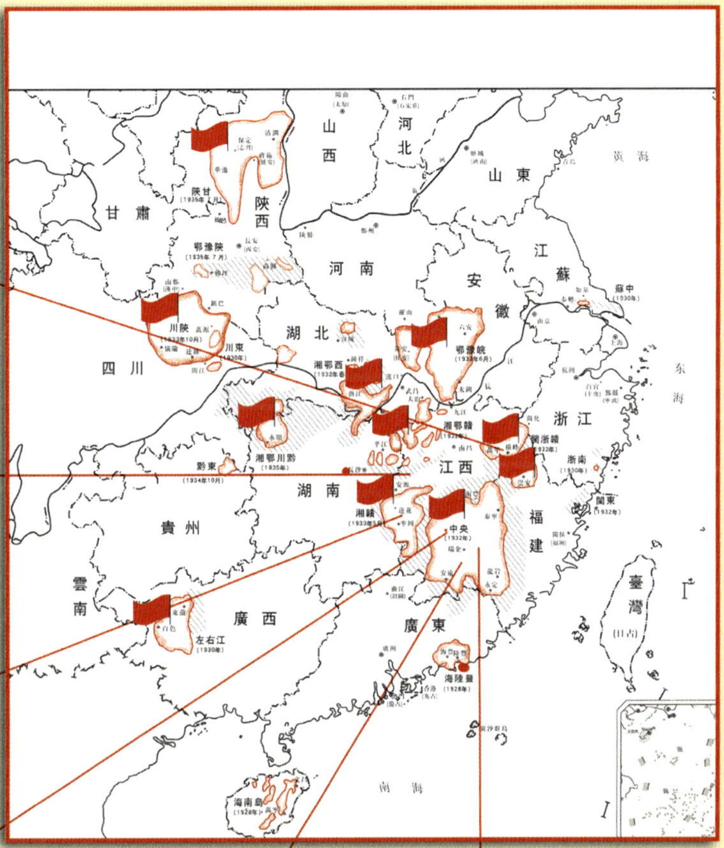

图例

革命根据地

游击根据地

游击区

注：本图根据地范围均取最大时期

◎ 江西省工农检察部办公旧址（兴国）

◎ 粤赣省工农检察部办公旧址（会昌）

◎ 福建省工农检察部、裁判部检察员、政治保卫局检察科办公旧址（长汀）

国家政治保卫局

国家政治保卫局系临时中央政府下设九部一局中的一局，负责反革命案件的侦查、逮捕、预审和出庭公诉。1931 年 12 月中央执行委员会通过的《处理反革命案件和建立司法机关的暂行程序》规定：“一切反革命的案件，都归国家政治保卫局去侦查、逮捕和预审，国家政治保卫局预审之后，以原告人资格，向国家司法机关提起公诉，由国家司法机关审讯和判决。”1932 年 6 月颁布的《裁判部的暂行组织及裁判条例》规定：“关于反革命的案件，国家政治保卫局可以派代表，代表国家为原告人。”1934 年 4 月 8 日，中央执行委员会颁布《中华苏维埃共和国司法程序》，宣布废止上述两个法律文件所规定的司法程序，扩大了地方政权机关处置反革命分子的权力。

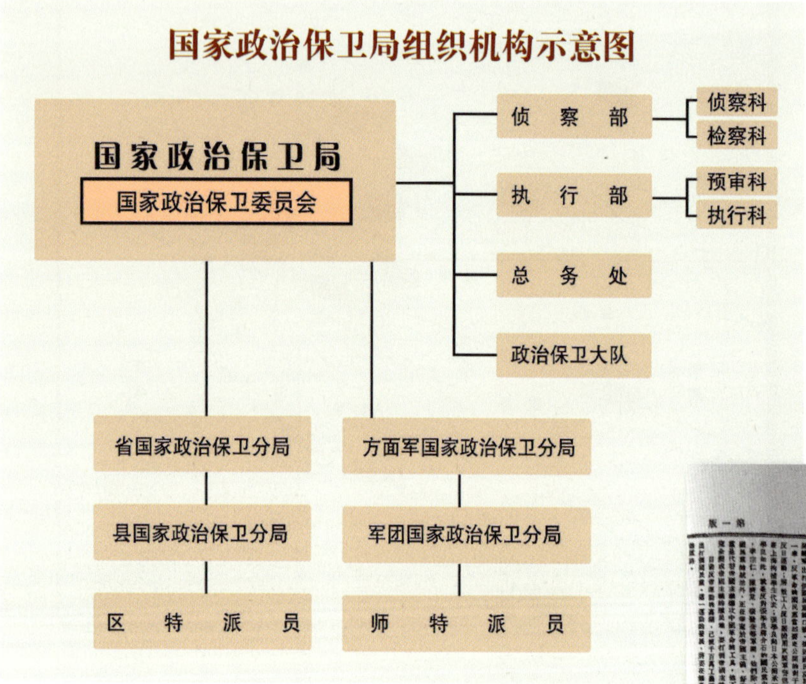

紅色中華

第三期

反對帝國主義瓜分中國和推翻國民黨的統治

中華蘇維埃共和國中央執行委員會訓令

◎ 1931年12月13日颁布的《中央执行委员会训令（第六号）》规定，国家政治保卫局负责反革命案件的侦查、逮捕和预审，以原告人资格向司法机关提起诉讼。

国家政治保卫局局长邓发

邓发（1906—1946），广东云浮人。1925 年加入中国共产党。1931 年 8 月任中华苏维埃中央革命军事委员会政治保卫处处长。1931 年 11 月起任中华苏维埃共和国中央执行委员会委员、国家政治保卫局局长。1946 年 4 月 8 日因飞机失事殉职。

控訴書 第廿九号

被控訴人 1.龍金安 男性 年廿七岁 系陵高坑區再市鄉田南村人 家庭經济地位貧農 A B团高坑區团部团長

2.張新標 男性 年卅九岁 系陵高坑区高坑××花溪村人 家庭經济地位貧農 A B团高坑区团部委員

3.鍾子山 男性 年卅一岁 系陵高坑區東里××古田村人 家庭經济地位貧農 A B团高坑区团部委員

4.江偉中 男性 年卅岁 系陵高坑区下雨××九夫村人 家庭經济地位貧農 A B团高坑区团部候补委員

5.刘福先 男性 年五十四岁 系陵高坑区下雨××龍丁村人 雇农 A B团高坑区团部委員

上列被控訴人等組織A B团積极作反革命活動……本局為要鞏固苏維埃政权 保障紅軍勝利 徹底粉碎敵人五次围剿和大举進攻起見 特代表国家提起控訴 间列各項如下

犯罪事实

1.龍金安曾混入共產党 自于一九三三年六月间由張新標介紹加入A B团……高坑区政府工作 非積极作反革命活動 組織A B团高坑区团部自任团長 並發展各××A B团鄉团部 破坏苏維埃对苏維埃的各種法令 故意不执行……

……罪事实均經直供不諱

2.張新標于一九三一年曾混入共產党……

◎ 国家政治保卫局提起的控诉书

◎《中华苏维埃共和国国家政治保卫局组织纲要》

◎ 重建的中华苏维埃共和国国家政治保卫局旧址

军事检查所

军事检查所是根据 1932 年 2 月中央执行委员会颁布的《军事裁判所暂行组织条例》组建起来的军事检察机关，分为初、高两级。高级军事检查所设所长一人、副所长二人、检察员若干人；初级军事检查所设所长一人、副所长一人、检察员若干人。

《军事裁判所暂行组织条例》规定，军事检查所是代表国家对于军事犯的原告机关，可以检查军队中以及与军事有关的一切犯法案件，向法院提出公诉，开庭审判时代表国家出庭告发。各级指挥员、政治委员发现军队中有犯法行为的证据时，可以将犯人逮捕，送交相应的军事检查所检察。经军事检查所检察作出结论后，再交军事裁判所审判。各级军事检查所在办案时，依法有权调用军事裁判所所在地的军部或者师部及其他军事机关所指定的部队。军事检查所的工作主要是检举查处和洗刷红军队伍中的贪污腐化分子、官僚主义分子、阶级异己分子，严肃查处违抗军令和逃跑军人，维护队伍纯洁和保证军令畅通。

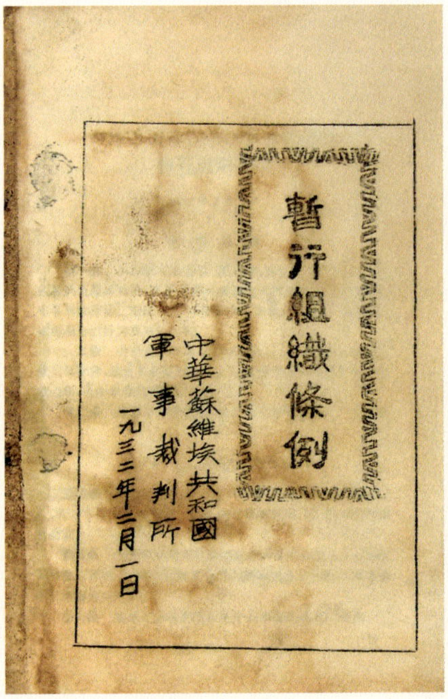

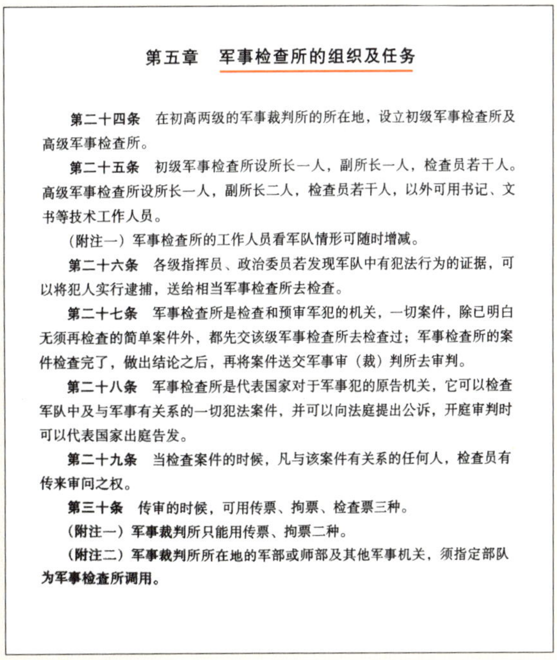

第五章　军事检查所的组织及任务

第二十四条　在初高两级的军事裁判所的所在地，设立初级军事检查所及高级军事检查所。

第二十五条　初级军事检查所设所长一人，副所长一人，检查员若干人。高级军事检查所设所长一人，副所长二人，检查员若干人，以外可用书记、文书等技术工作人员。

（附注一）军事检查所的工作人员看军队情形可随时增减。

第二十六条　各级指挥员、政治委员若发现军队中有犯法行为的证据，可以将犯人实行逮捕，送给相当军事检查所去检查。

第二十七条　军事检查所是检查和预审军犯的机关，一切案件，除已明白无须再检查的简单案件外，都先交该级军事检查所去检查过；军事检查所的案件检查完了，做出结论之后，再将案件送交军事审（裁）判所去审判。

第二十八条　军事检查所是代表国家对于军事犯的原告机关，它可以检查军队中及与军事有关系的一切犯法案件，并可以向法庭提出公诉，开庭审判时可以代表国家出庭告发。

第二十九条　当检查案件的时候，凡与该案件有关系的任何人，检查员有传来审问之权。

第三十条　传审的时候，可用传票、拘票、检查票三种。

（附注一）军事裁判所只能用传票、拘票二种。

（附注二）军事裁判所所在地的军部或师部及其他军事机关，须指定部队为军事检查所调用。

◎ 1932年2月1日，中央执行委员会颁布了《军事裁判所暂行组织条例》，对军事检查所的组织和任务作了规定。

军事检查所检察员配置图

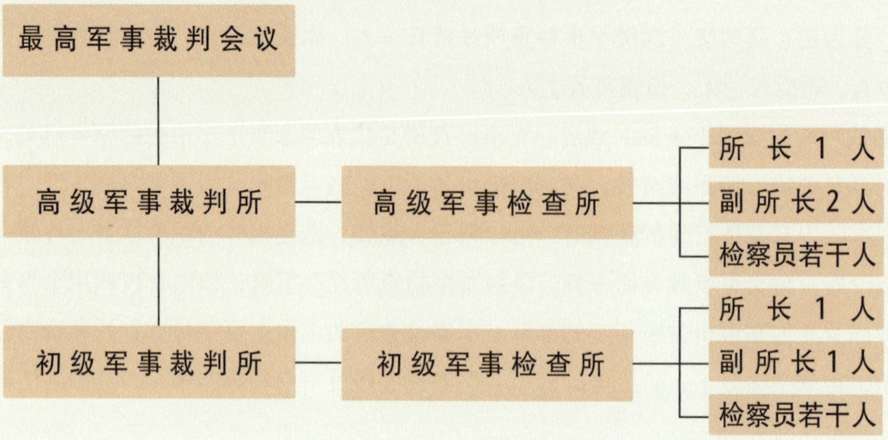

◎ 重建的中华苏维埃共和国中央革命军事委员会旧址

西北办事处检察机构

1935 年 11 月 3 日，中华苏维埃共和国中央执行委员会决定在陕西安定县（今子长县）瓦窑堡成立中华苏维埃共和国临时中央政府西北办事处，博古任主席。西北办事处的成立，不仅推动了西北各省苏维埃运动的发展，为陕甘宁边区政府的成立做了重要的组织准备和干部准备，而且也为人民检察制度在西北地区的创立和发展创造了条件。西北办事处下设七部一局：财政部、粮食部、土地部、国民经济部、教育部、司法内务部、劳动部和工农检察局。

1935 年 12 月 22 日，中华苏维埃共和国临时中央政府颁布《工农检察局的组织条例》，规定了工农检察局的组织、工作人员、工农检察机关的任务和工作方式。《工农检察局的组织条例》基本上仿照中央苏区的《工农检察部的组织条例》而制定，工农检察局的任务与中央苏区的工农检察部基本相同。

司法内务部统领各省、县司法（裁判）处，设国家检察长、国家检察员，省、县两级裁判部设国家检察员。

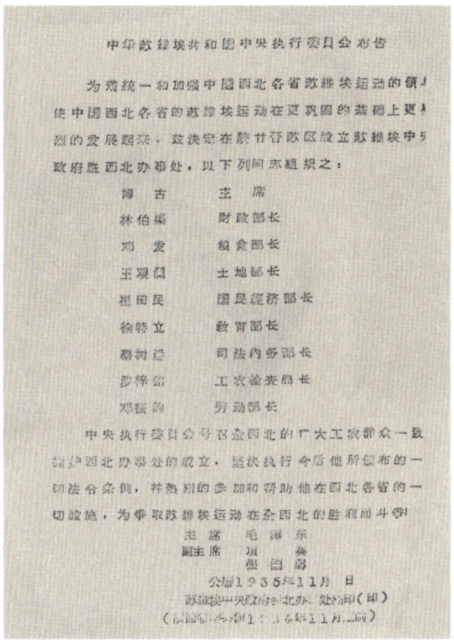

中华苏维埃共和国中央执行委员会布告

为着统一和加强中国西北各省苏维埃运动的领导，使中国西北各省的苏维埃运动在更巩固的基础上更大的发展起来，兹决定在陕甘晋苏区设立苏维埃中央政府驻西北办事处，以下列同志组织之：

博古	主席
林伯渠	财政部长
邓发	粮食部长
王观澜	土地部长
崔田民	国民经济部长
徐特立	教育部长
蔡树藩	司法内务部长
罗梓铭	工农检察局长
邓振询	劳动部长

中央执行委员会号召全西北的广大工农群众一致拥护西北办事处的成立，坚决执行今后他所颁布的一切法令条例，并热烈的参加和帮助他在西北各省的一切设施，为争取苏维埃运动在全西北的胜利而斗争！

主席 毛泽东
副主席 项英
张国焘

公历1935年11月 日

苏维埃中央政府驻西北办事处翻印（印）

（1935年11月）

◎ 中华苏维埃共和国中央执行委员会布告

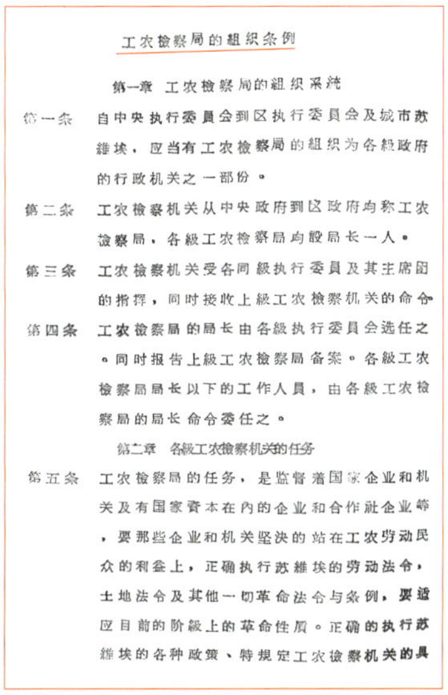

工农检察局的组织条例

第一章 工农检察局的组织系统

第一条 自中央执行委员会到区执行委员会及城市苏維埃，应当有工农检察局的組织为各級政府的行政机关之一部份。

第二条 工农检察机关从中央政府到区政府均称工农检察局，各級工农检察局均設局长一人。

第三条 工农检察机关受各同級执行委員及其主席团的指挥，同时接收上級工农检察机关的命令。

第四条 工农检察局的局长由各級执行委員会选任之。同时报告上級工农检察局备案。各級工农检察局局长以下的工作人員，由各級工农检察局的局长命令委任之。

第二章 各級工农检察机关的任务

第五条 工农检察局的任务，是监督着国家企业和机关及有国家資本在内的企业和合作社企业等，要那些企业和机关坚决的站在工农劳动民众的利益上，正确执行苏維埃的劳动法令，土地法令及其他一切革命法令与条例，要适应目前的阶級上的革命性质。正确的执行苏維埃的各种政策、特規定工农检察机关的具

◎《工农检察局的组织条例》

工农检察局局长罗梓铭

罗梓铭（1907—1939），湖南浏阳人，1927 年加入中国共产党，参加过湘赣边界秋收起义。1935 年 11 月任中华苏维埃共和国临时中央政府西北办事处工农检察局局长。1939 年 6 月 12 日，被国民党特务杀害于湖南平江。

国家检察长谢觉哉

谢觉哉（1884—1971），湖南宁乡人，是我国著名的政治家、法学家。1925 年加入中国共产党。第二次国内革命战争时期曾任中华苏维埃共和国临时中央政府主席毛泽东的秘书。1934 年 10 月参加长征。1935 年 10 月，中央红军到达陕北后，历任中华苏维埃共和国临时中央政府西北办事处秘书长、司法内务部部长、国家审计委员会主席，并以国家检察长名义行使公诉权。抗日战争时期，历任陕甘宁边区高等法院院长、中共中央党校副校长、中共陕甘宁边区中央局副书记、中共中央西北局常委、陕甘宁边区政府中央党团书记、边区政府秘书长。1941 年 11 月，在边区参议会二届一次会议上，被选为副议长。1946 年后，任中央法律问题研究委员会主任、中央法制委员会副主任。建国后，历任中央人民政府内务部部长、最高人民法院院长、中国政治法律学会副会长、全国政协副主席。

◎ 1947年在陕北，毛泽东和谢觉哉在一起。

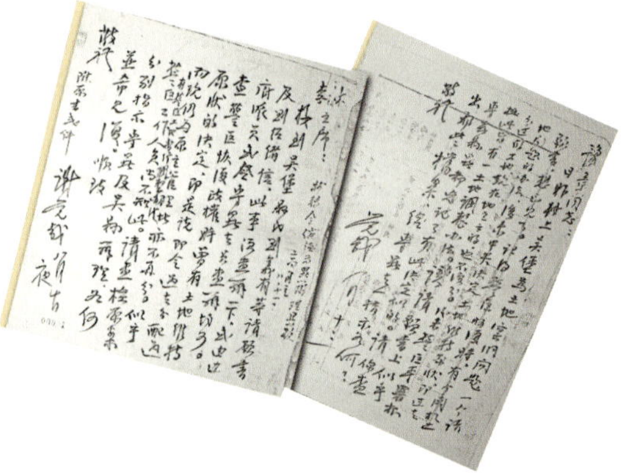

◎ 谢觉哉写给林伯渠主席、李鼎铭副主席的信（左）以及写给吴豫章的信（右）。

苏区检察工作

打击犯罪，惩治反革命，巩固工农民主政权，维护革命法制，是苏区检察机构的重要使命。苏区工农检察机关在监督法律法令实施和公职人员职务犯罪侦诉方面发挥了重要作用。法院（裁判部）检察长、检察员，工农检察部，国家政治保卫局，军事检查所根据职责分工，以“国家的原告人”身份，分别在指控普通刑事案件、反革命案件和军事犯罪案件方面发挥了重要作用。

监督法律法令实施

根据《工农检察部的组织条例》，各级工农检察部对各级苏维埃机关正确地执行政纲和策略、执行经济政策，对国家机关、企业执行一切革命法令实行监督。因此，工农检察部监督的范围非常广泛，从执法监督到工作检查，几乎涉及苏维埃政权的一切任务。

工农检察部执法监督和工作检查的主要内容

执法监督	检查指导土地法执法与查田运动	查处分田查田中的不法行为
		受中央政府委托进行专项检查
		调查研究没收分配和查田中的问题制定指导性文件
	婚姻法执法监督	
	劳动法执法监督	
	红军红属优待法执法监督	
工作检查	扩大红军检查	
	反逃兵斗争	
	赤色戒严	
	征集粮食、税收	

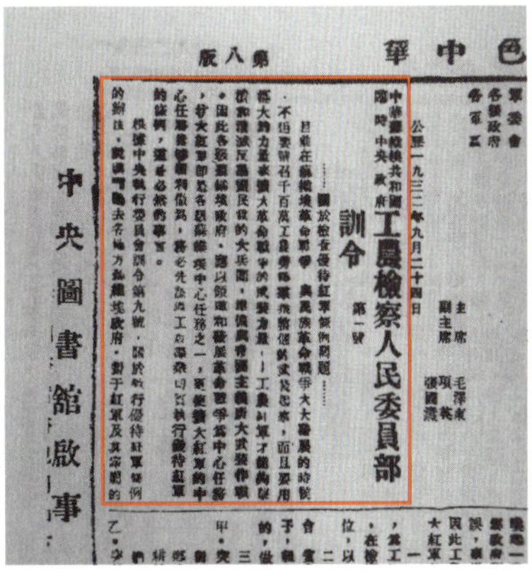
中华苏维埃共和国临时中央政府工农检察人民委员部
训令 第一号
公历一九三二年九月二十四日
关于检查优待红军条例问题

◎ 1932年9月，中央工农检察人民委员部发布训令（第一号）《关于检查优待红军条例问题》。

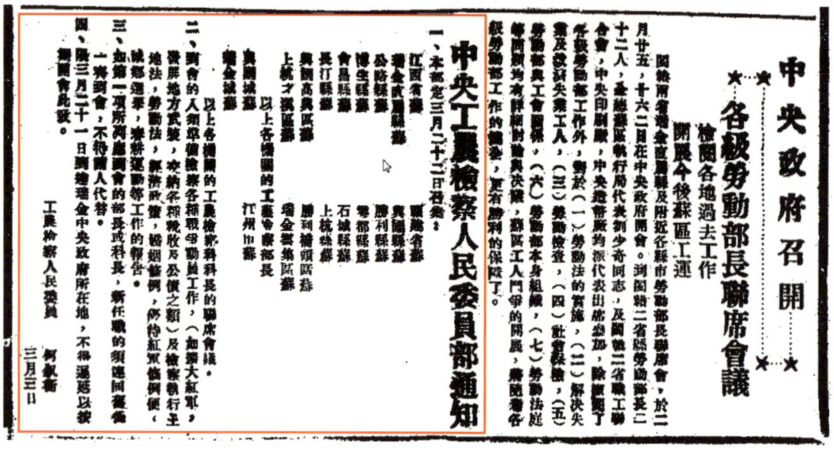

中央政府召開
各級勞動部長聯席會議
檢閱各地過去工作
開展今後蘇區工運

中央工農檢察人民委員部通知

一、本部定三月二十二日召集：

江西省蘇　閩贛省蘇

瑞金武陽區蘇　興國縣蘇

公略縣蘇　勝利縣蘇

博生縣蘇　雩都縣蘇

會昌縣蘇　石城縣蘇

長汀縣蘇　上杭縣蘇

興國高興區蘇　勝利橋頭區蘇

上杭才溪區蘇　瑞金壬田區蘇

以上各機關的工農檢察部長

興國城蘇　汀州市蘇

瑞金城蘇

以上各機關的工農檢察科科長的聯席會議。

二、到會的人須準備檢察各種戰爭動員工作，（如擴大紅軍，發展地方武裝，交納各種稅收及公債之類）及檢察執行土地法，勞動法，經濟政策，婚姻條例，優待紅軍條例，城鄉選舉，春耕運動等工作的報告。

三、如第一項所列應到會的部長或科長，新任職的須速同舊任一齊到會，不得請人代替。

四、限三月二十一日到達瑞金中央政府所在地，不得遲延以誤開會為要。

工農檢察人民委員　何叔衡

三月三日

◎ 1933年3月3日，中央工农检察人民委员部发出会议通知，要求有关工农检察部部长、科长到会并汇报战争动员工作和执法监督情况。

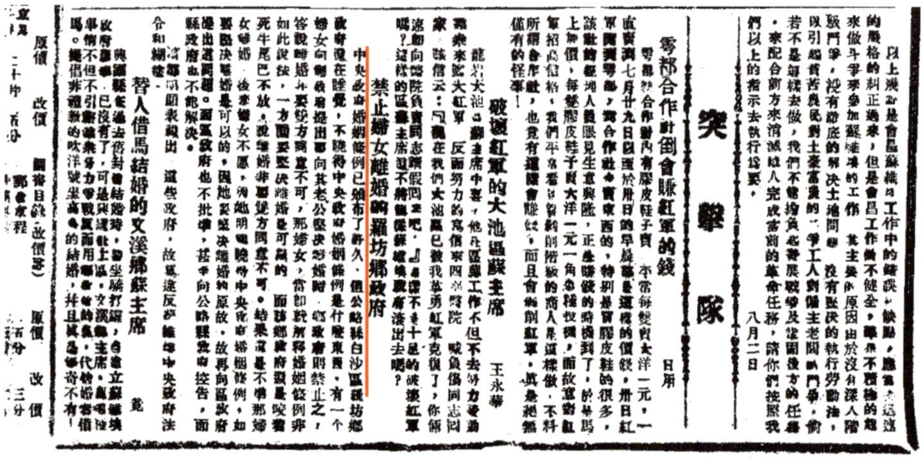

突擊隊

零都合作社倒會賺紅軍的錢

破壞紅軍的大池區蘇主席

王永華

禁止婦女離婚的羅坊鄉政府

替人借馬結婚的文溪鄉蘇主席

◎ 1932年8月4日，《红色中华》刊登反映突击队工作的《禁止妇女离婚的罗坊乡政府》，对县、区、乡政府违反婚姻条例的行为提出批评。

预审和出庭告发

《裁判部的暂行组织及裁判条例》规定，凡送到裁判部的案件，除简单明了，无须经过预审的案件之外，一切案件，必须经过检察员预审过，并且凡是一切犯法行为，检察员有检察之权。检察员是代表国家的原告人，开庭审案时，可以代表国家出庭告发。

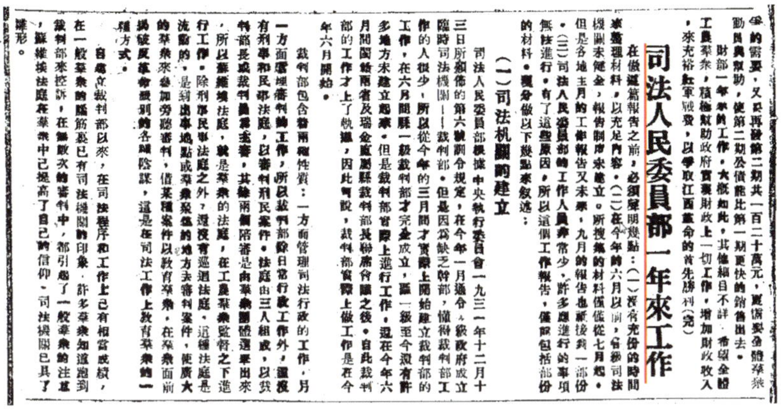

……金的需要，又只再發第二期共一百二十萬元，要靠全體群衆動員與幫助，使第二期公債能比第一期更快的銷售出去。財部一年來的工作，大概如此，其他細目不詳。希望全體工農群衆，積極幫助政府實現財政上一切工作，增加財政收入，來充裕紅軍餉發，以爭取江西革命的首先勝利（完）

司法人民委員部一年來工作

在做這篇報告之前，必須聲明幾點：（一）沒有充份的時間來整理材料，以充足內容。（二）在今年的六月以前，各級司法機關未健全，報告制度未建立。所搜集的材料僅僅從七月起，但是各地五月的工作報告又未來，九月的報告也祇接到一部份。（三）司法人民委員部的工作人員非常少，許多應進行的事項無法進行。有了這些原因，所以這個工作報告，僅就包括部份的材料。現分做以下幾點來敘述：

（一）司法機關的建立

司法人民委員部根據中央執行委員會一九三一年十二月十三日所頒佈的第六號訓令規定，在今年一月通令各級政府成立臨時司法機關——裁判部。但是因為缺乏幹部，懂得裁判部工作的人很少，所以從今年的三月間才實際上開始建立裁判部的工作，在六月間縣一級裁判部才完全成立，區一級至今還有許多地方未建立起來。但是裁判部實際上進行工作，還在今年六月間閩贛兩省及瑞金直屬縣裁判部長聯席會議之後。自此裁判部的工作才上了軌道，因此可說，裁判部實際上做工作是在今年六月開始。

裁判部包含着兩種性質：一方面管理司法行政的工作，另一方面還擔任着審判的工作，所以裁判部除日常行政工作外，還設有刑事和民事法庭，以審判刑民案件。法庭由三人組成，以裁判部長或裁判員為主審，其餘兩個陪審是由群衆團體選舉出來，所以蘇維埃法庭，就是群衆的法庭，在工農群衆監督之下進行工作。除刑事民事法庭之外，還設有巡迴法庭，這種法庭是流動的，是到出事地點或群衆聚集的地方去審判案件，使廣大的群衆來參加旁聽審判，借某種案件以教育群衆，在群衆面前揭破反革命派別的各種陰謀，這是在司法工作上教育群衆的一種方式。

自建立裁判部以來，在司法程序和工作上已有相當成績，在一般群衆的腦筋裏已有司法機關的印象，許多群衆知道跑到裁判部來控訴，在每次的審判中，都引起了一般群衆的注意，蘇維埃法庭在群衆中已提高了自己的信仰，司法機關已具了雛形。

◎ 1932年11月7日，《红色中华》刊登梁柏台的文章《司法人民委员部一年来工作》。该文披露，1932年7-9月，全苏区各级裁判部判处无罪释放481人，占所有判决人数的29.3%。

检察长梁柏台出庭公诉熊仙壁案

1934年3月25日，最高法院组织最高特别法庭审理熊仙壁案。最高特别法庭临时检察长梁柏台出庭告发，宣读控诉书。熊仙壁曾任中央执行委员、于都县苏维埃主席，对反革命分子纵容，不执行上级命令，贪污和包庇贪污。法庭判处熊仙壁监禁一年，期满后剥夺公权一年。

◎ 绘图　乔　毅

反贪斗争

苏区革命政权建立之初，就坚决同腐败现象作斗争，着力打造廉洁勤政的苏维埃干部队伍。“苏区干部好作风，自带干粮去办公”的佳话流传至今。

◎ 苏区反对贪污浪费的漫画

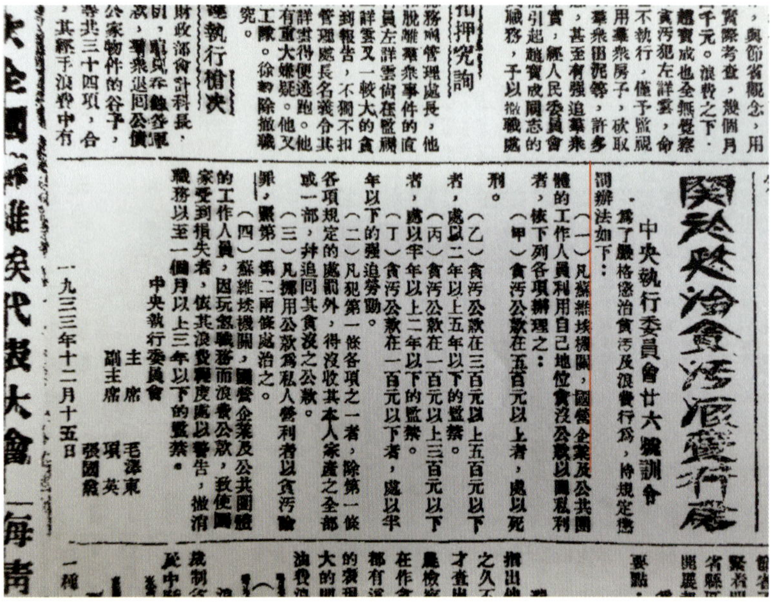

關於懲治貪污浪費行為

中央執行委員會廿六號訓令

為了嚴格懲治貪污及浪費行為，特規定懲罰辦法如下：

（一）凡蘇維埃機關，國營企業及公共團體的工作人員利用自己地位貪沒公款以圖私利者，依下列各項辦理之：

（甲）貪污公款在五百元以上者，處以死刑。

（乙）貪污公款在三百元以上五百元以下者，處以二年以上五年以下的監禁。

（丙）貪污公款在一百元以上三百元以下者，處以半年以上二年以下的監禁。

（丁）貪污公款在一百元以下者，處以半年以下的強迫勞動。

（二）凡犯第一條各項之一者，除第一條各項規定的處罰外，得沒收其本人家產之全部或一部，并追回其貪沒之公款。

（三）凡挪用公款為私人營利者以貪污論罪，照第一第二兩條處治之。

（四）蘇維埃機關，國營企業及公共團體的工作人員，因玩忽職務而浪費公款，致使國家受到損失者，依其浪費輕重處以警告，撤消職務以至一個月以上三年以下的監禁。

中央執行委員會
主席 毛澤東
副主席 項英 張國燾

一九三三年十二月十五日

◎ 1933年12月15日，中央执行委员会颁布《关于惩治贪污浪费行为》的第26号训令。

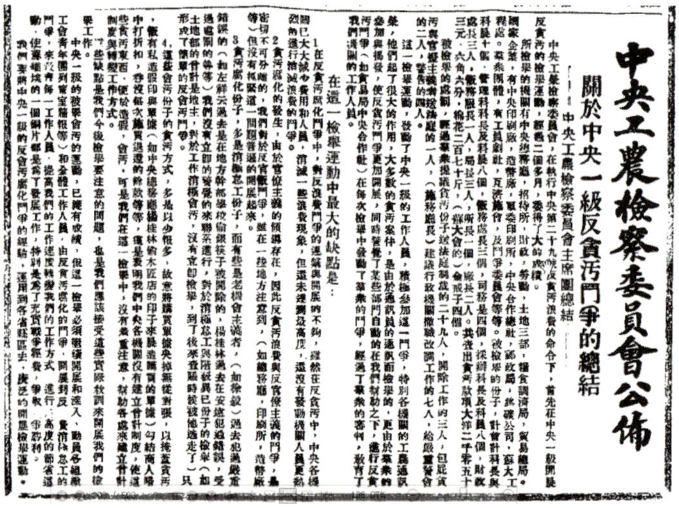

中央工農檢察委員會公佈

關於中央一級反貪污鬥爭的總結

——中央工農檢察委員會主席團總結

中央工農檢察委員會，在執行中央第二十九號反貪污浪費的命令下，首先在中央一級開展反貪污的檢舉運動，經過二個多月，獲得了大的成績。

所檢舉的機關有中央總務廳，招待所，財政，勞動，土地三部，糧食調濟局，貿易總局。國家企業，有中央印刷廠，造幣廠，軍委印刷所，中央合作總社，郵政局，鎢礦公司，蘇大工程處。群眾團體，有工農劇社，互濟總會，及鬥爭委員會等等。被檢舉的份子，計會計科長與科長十個，管理科科長及科員八個，總務處長三個，司務長四個，採辦科長及科員八個，財政處長三人，總務股長一人，局長三人，所長一個，廠長二人。共查出貪污款項大洋二千零五十三元，六角六分，棉花二百七十斤，（蘇大會的）金戒子四個。

被檢舉的處罰，經過群眾提議貪污份子送法庭制裁的二十九人，開除工作的三人，包庇貪污與官僚主義者送法庭的一人，（總務總長）建議行政機關撤職改調工作的七人，給嚴重警告的二人，警告的四人。

這一檢舉運動，發動了中央一級的工作人員，積極參加這一鬥爭，特別各機關的工農通訊員，他們起了很大的作用，大多數的貪污案件，是由於通訊員的通訊而檢舉的，更由於群眾的參加與揭發，使反貪污鬥爭更加開展，同時警覺了某些部門自動的在我們幫助之下，進行反貪污鬥爭（如貿易局中央合作社）在每次檢舉中發動了群眾的鬥爭，經過了群眾的審判，教育了我們滲爛的工作人員。

在這一檢舉運動中最大的缺點是：

1 在反貪污底化鬥爭中，對反浪費鬥爭的進行與開展尚不夠，雖然在反貪污中，中央各機關已大大減少浪費……

◎ 1934年3月27日，中央工农检察委员会在《红色中华》上公布《关于中央一级反贪污斗争的总结》。

◎ 苏区时期的刘少奇

中央工农检察人民委员部委员刘少奇严查中央企业贪污案

在中华苏维埃共和国时期，刘少奇同志任中共中央政治局候补委员、总工会委员长，兼中央工农检察人民委员部委员。其间，主持查办了两个工业企业财会人员贪污案件：中央印刷厂厂长杨其鑫、中央造币厂厂长陈祥生任人唯亲，分别任用兄杨其兹、内兄凌全香为本厂会计科长。因缺乏监管，两会计科长采取少支出多报账、虚列工人工资的手段，贪污公款，后被判刑。两个厂长也因此受到处分。此案中人事任用与管理方面的教训，发人深省。

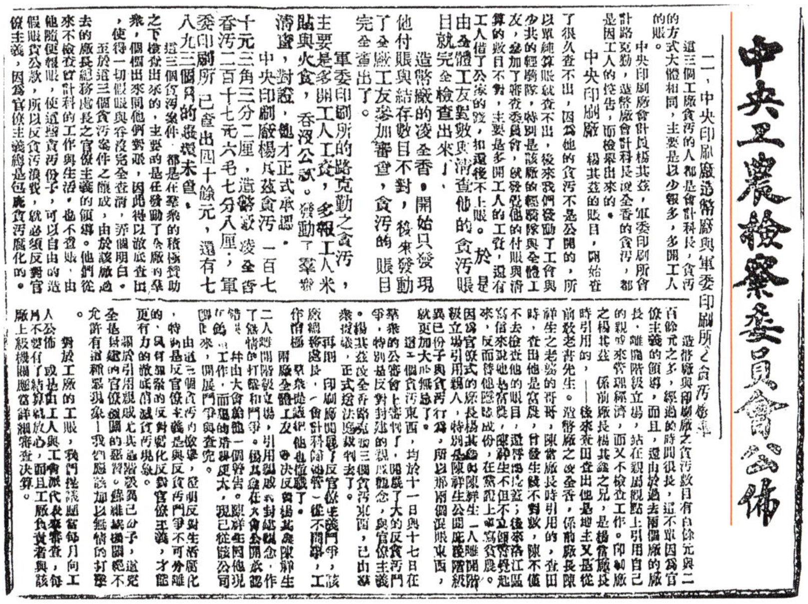

中央工農檢察委員會公佈

二、中央印刷廠造幣廠與軍委印刷所之貪污案

這三個工廠貪污的人都是會計科長，貪污的方式大體相同，主要是以少報多，多開工人的賬。

中央印刷廠會計員楊其茲，軍委印刷所會計路克勤，造幣廠會計科長凌全香的貪污，都是因工人的控告，而檢舉出來的。

中央印刷廠　楊其茲的賬目，開始查了很久查不出，因爲他的貪污不是公開的，所以單純算賬就查不出，後來我們發動了工會與少共的輕騎隊，特別是該廠的輕騎隊與全體工友，參加了審查委員會，就發現他的付賬與清算的數目不對，主要是多開工人的工資，還有工人借了公家的錢，扣還後不上賬。於是由全體工友對數與清查他的貪污賬目就完全檢查出來了。

造幣廠的凌全香，開始只發現他付賬與結存數目不對，後來發動了全廠工友參加審查，貪污的賬目完全查出了。

軍委印刷所的路克勤之貪污，主要是多開工人工資，多報工人米貼與火食，吞沒公款。發動了群衆清查，對證，他才正式承認。

中央印刷廠楊其茲貪污一百七十元三角三分二厘，造幣廠凌全香貪污二百十七元六毛七分八厘；軍委印刷所已查出四十餘元，還有七八九三個月的賬還未查。

揭破這三個貪污案件，都是在群衆的積極贊助之下檢舉出來的，主要的是在發動了全廠的群衆，個個出來同他們對証，因此得以澈底查出，使得一切假賬與吞沒完全查清，弄個明白。

至於這三個貪污案件之形成，由於該廠過去的廠長總務處長之官僚主義的領導。他們從來不檢查會計科的工作與生活，也不查賬，由他隨便報賬，使這些貪污份子，可以自由的造假賬貪公款，所以反貪污浪費，就必須反對官僚主義，因爲官僚主義總是包庇貪污腐化的。

造幣廠與印刷廠之貪污數目有百餘元與二百餘元之多，經過的時間很長，這不單因爲官僚主義的領導，而且，還由於過去兩個廠的廠長，離開階級立場，站在親屬觀點上引用自己的親戚來管理經濟，而又不檢查工作。印刷廠之楊其茲　係前廠長楊其鑫之兄，是楊廠長從時引用的，——後來查出他是地主又是從前敎老書先生。造幣廠之凌全香，係前廠長陳祥生之老婆的哥哥，陳當廠長時引用的，查田時，查出他是富農，會發生賬不對數，陳不但不去檢查他的賬目，還替他掩蓋；後來陳祥生寫信來說他是富農，反而替他隱瞞成份，在黨內上寫貧農。

因爲官僚式的廠長楊其鑫與陳祥生二人離開階級立場引用親人，特別是陳祥生公開庇護階級異己份子與貪污行爲，所以那兩個狠賬東西就更加大小無總了。

這二個貪污東西，均於十一日與十七日在[illegible]群衆的公審會上[illegible]特別反對封建的親戚觀念，開展了大的反貪污官僚主義鬥爭。

楊其茲，凌全香[illegible]三個貪污東西，已由群衆提議，正式送法庭裁判去了。

[illegible]

◎ 《红色中华》对工农检察委员会查办贪污案件的报道

◎ 苏区时期的邓小平

县委书记邓小平支持查办谢步升贪污杀人案

时任瑞金县委书记的邓小平同志，知悉群众举报当时的瑞金县叶坪村苏维埃主席谢步升在打土豪中利用职务之便，将大量没收的财产据为己有，奸淫有夫之妇、又将其丈夫杀害的情况后，大力支持中央工农检察人民委员部侦破此案。1932 年 5 月，谢步升案开庭审理，一审机关为瑞金县裁判部；二审机关是临时最高法庭，国家原告人为中央工农检察人民委员部工作人员张振芳（后任突击局局长）、陈子丰（后任控告局局长）。一审判决谢步升死刑，二审维持原判。这是中华苏维埃共和国成立后枪决的第一个贪污分子。

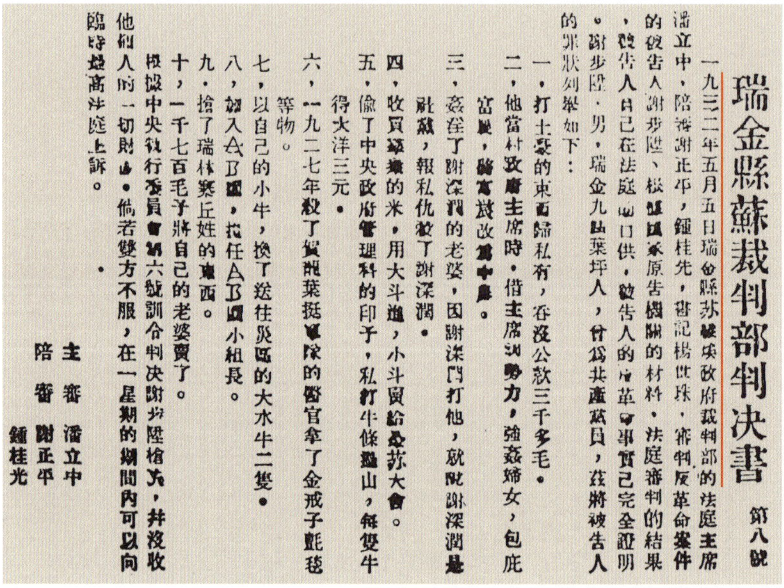

瑞金縣蘇裁判部判決書　第八號

一九三二年五月五日瑞金縣蘇維埃政府裁判部的法庭主席潘立中，陪審謝正平，鍾桂先，書記楊世珠，審判反革命案件的被告人謝步陞，根據國家原告機關的材料，法庭審判的結果，被告人自己在法庭的口供，被告人的反革命事實已完全證明。謝步陞，男，瑞金九區葉坪人，曾為共產黨員，茲將被告人的罪狀列舉如下：

一，打土豪的東西歸私有，吞沒公款三千多毛。

二，他當村政府主席時，借主席的勢力，強姦婦女，包庇富農，將富農改為中農。

三，姦淫了謝深潤的老婆，因謝深潤打他，就說謝深潤是社黨，報私仇殺了謝深潤。

四，收買群衆的米，用大斗進，小斗賣給區蘇大會。

五，偷了中央政府管理科的印子，私打牛條過山，每隻牛得大洋三元。

六，一九二七年殺了賀龍葉挺軍隊的醫官拿了金戒子毡毯等物。

七，以自己的小牛，換了送往災區的大水牛二隻。

八，加入AB團，擔任AB團小組長。

九，搶了瑞林寨丘姓的東西。

十，一千七百毛子將自己的老婆賣了。

根據中央執行委員會第六號訓令判決謝步陞槍決，并沒收他個人的一切財產。倘若雙方不服，在一星期的期間內可以向臨時最高法庭上訴。

主審　潘立中

陪審　謝正平　鍾桂光

"县太爷"倒卖烟土案

1932年初，中共胜利县临时县委书记钟圣谅、县苏维埃主席钟铁青、县委组织部长钟学湘，伙同县苏维埃机关工作人员朱伟葵、李华艳，将缴获的鸦片烟土私自倒卖、侵吞赃款。1933年3月，江西省苏维埃政府裁判部分别判处钟铁青、钟学湘、朱伟葵、李华艳死刑，判处钟圣谅监禁两年。这是苏区查处的第一起县级主要领导干部贪污腐败被判处极刑、重刑的案件，在苏区引起了极大轰动。

腐化贪污份子——
钟学湘等判处死刑

基建主任胆大妄为贪污案

加紧开展反贪污浪费的斗争！
在苏维埃的法律下
判决了反动贪污钜案
左祥云枪决；徐毅处六年监禁
管永才刘兆山各处禁闭半年
赵宝成罚苦役一年

1933年10月，为迎接第二次全国苏维埃代表大会的召开，中央执行委员会决议批准在瑞金沙洲坝和叶坪两地，分别兴建中央政府大礼堂、红军烈士纪念塔、红军检阅台、红军烈士纪念亭和博生堡、公略亭，时称中央苏区"六大建筑"。中央政府总务厅为此专门成立了大会基建工程所，左祥云任主任，负责组织六大工程的施工。其间，左祥云贪污大洋246元7角。中央工农检察人民委员部根据群众举报，组织力量迅速查处了这一案件。1934年2月13日，苏维埃最高法院判处左祥云死刑。这是我党历史上最早的较高级别干部因贪污等腐败问题而被判处死刑的案件。

◎ 中央苏区"六大建筑"中的红军烈士纪念塔、中央政府大礼堂、博生堡和红军烈士纪念亭。

镇反除恶

苏区颁布了《处理反革命案件和建立司法机关的暂行程序》《中华苏维埃共和国司法程序》《中华苏维埃共和国惩治反革命条例》等法律、法令，查处了大批反革命分子。

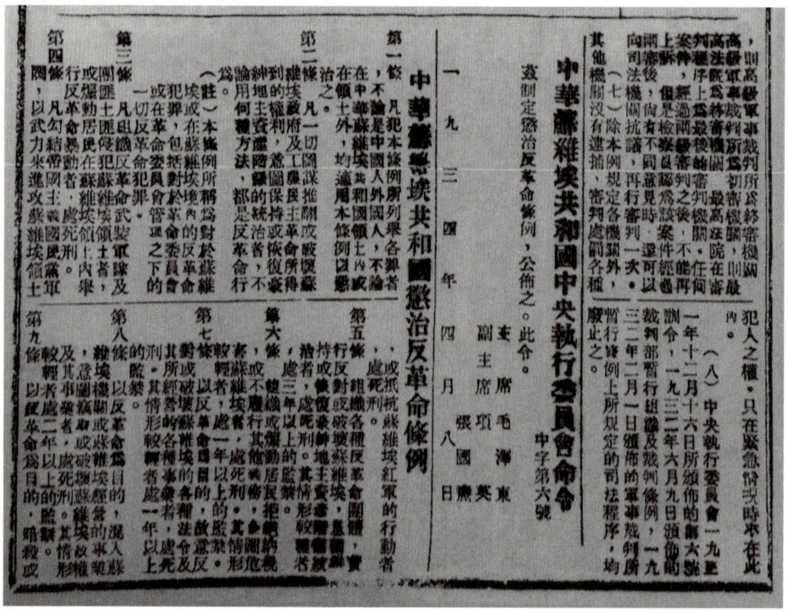

，則高級軍事裁判所為終審機關；高級軍事裁判所為初審機關，則最高法院為終審機關。最高法院在審判程序上為最高審判機關，任何案件經過兩級審判之後，不能再上訴。但是檢察員認為該案件經過兩審後，尚有不同意見時，還可以向司法機關抗議，再行審判一次。

（七）除本例規定各機關外，其他機關沒有逮捕、審判處罰各種犯人之權。只在緊急情況時不在此內。

（八）中央執行委員會一九三一年十二月十六日所頒佈的第六號訓令，一九三二年六月九日頒佈的裁判部暫行組織及裁判條例，一九三三年三月一日頒佈的軍事裁判所暫行條例上所規定的司法程序，均廢止之。

中華蘇維埃共和國中央執行委員會命令

中字第六號

茲制定懲治反革命條例，公佈之。此令。

主席 毛澤東

副主席 項英 張國燾

一九三四年四月八日

中華蘇維埃共和國懲治反革命條例

第一條 凡犯本條例所列舉各罪者，不論是中國人或外國人，不論在中華蘇維埃共和國領土內或在領土外，均適用本條例以懲治之。

第二條 凡一切圖謀推翻或破壞蘇維埃政府，及工農民主革命所得到的權利，意圖保持或恢復豪紳地主資產階級的統治者，不論用何種方法，都是反革命行為。

（註）本條例所稱為對於蘇維埃或在蘇維埃境內的，包括對於革命委員會或在革命委員會管理之下的一切反革命犯罪。

第三條 凡組織反革命武裝軍隊及團匪土匪侵犯蘇維埃領土者，或煽動居民在蘇維埃領土內舉行反革命暴動者，處死刑。

第四條 凡勾結帝國主義、國民黨、軍閥，以武力來進攻蘇維埃領土，或抵抗蘇維埃紅軍的行動者，處死刑。

第五條 [illegible]

第六條 [illegible]

第七條 [illegible]

第八條 [illegible]

第九條 [illegible]

◎ 1934年4月8日，中央执行委员会颁布《惩治反革命条例》。

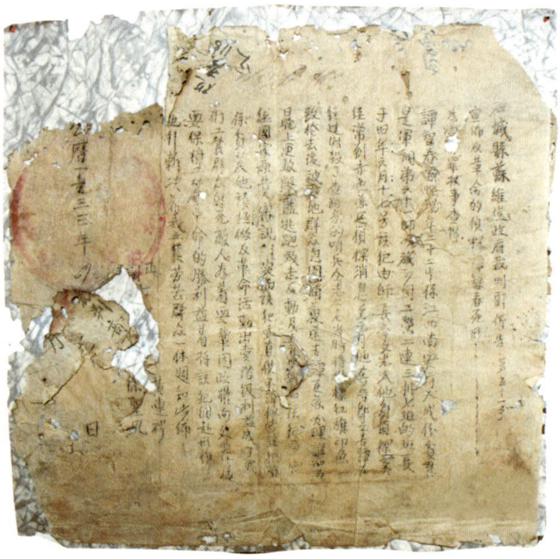

◎ 1933年4月，石城县苏维埃政府裁判部布告，宣布反革命侦探谭智春死刑。

◎ 1933年4月，石城县苏维埃政府裁判部布告，宣布反革命分子赖裕香、曾瑞珍等死刑。

信康事件——镇压反革命巩固革命政权

1933年，地处苏区边界地区的信康县多次发生反革命分子胁迫士兵和工农群众“反水”的事件。1934年春，中央工农检察委员会派出一个工作团进驻信康。经查，该县没有执行《土地法》，贫雇农分假田，土豪劣绅仍然占有大量土地，县苏维埃机关混入了不少反革命分子和坏分子，充当敌人的内应。办案中，检察工作团与其他部门驻信康的工作人员一道，开展轰轰烈烈的查田、查阶级的群众运动，镇压了一批反革命分子。

◎ 绘图　陈一文

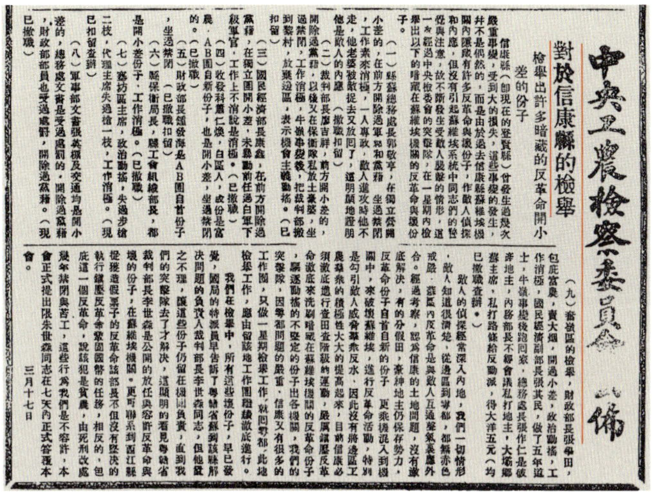

中央工農檢察委員會佈

對於信康縣的檢舉

檢舉出許多暗藏的反革命開小差的份子

信康縣（即現在的登賢縣）曾發生過幾次嚴重事變，受到大的損失，這些事變的發生，并不是偶然的，而是由於過去信康縣蘇維埃機關內隱藏有許多反革命與壞份子，作敵人偵探和內應，但沒有引起蘇維埃系統中同志們的警覺與注意，故不斷發生受敵人襲擊的慘形，這一次經過中央檢委會的突擊隊，在一星期內檢舉出以下的暗藏在蘇維埃機關的反革命與壞份子。

（一）縣蘇總務處長郭敬亨，在獨立營開小差的，在前方開除過軍籍和黨籍，坐過禁閉，工作素來消極，一人專政，敵人進攻時他不走，他老婆被敵捉去又放回了，這明顯地證明他是敵人的內應（撤職扣留）

（二）裁判部長廖吉祥，前方開小差的，開除過黨籍，以後又在保衛隊私放土豪婆，坐過禁閉，工作消極，牛嶺事變後，把裁判部搬到黎村，放棄邊區，表示機會主義動搖。（已扣留）

（三）國民經濟部長康鑫，在前方開除過黨籍，在獨立團開小差，未暴動前任過白軍下級軍官，工作上不消說是消極。（已撤職）

（四）收發科蕭仁煥，白區人，成份是富農，AB團自新份子，也是開小差，坐過禁閉的。（已撤職）

（五）財政部長賴發海是AB團自首份子，坐過禁閉（已撤職扣留）

（六）縣保衛局長，縣工會組織部長，都是開小差份子，工作消極。（已撤職）

（七）塞坊區主席，政治動搖，失過步槍二枝，代理主席失過槍一枝，工作消極。（現已扣留查辦）

（八）軍事部文書張英標及交通均是開小差的，總務處文書是受過處罰的，開除過黨籍，財政部部員也受過處罰，開除過黨籍。（現已撤職）

（九）畲嶺區的檢舉，財政部長張學田，包庇富農，賣大烟，開過小差，政治動搖，工作消極，國民經濟副部長張其民，做了五年道士，牛嶺事變後跑回家，總務處長張作仁是破落地主，內務部長不夠會議私打地主，大塘鄉蘇主席，私打路條給反動派，得大洋五元（均已撤職查辦。）

敵人的偵探經常深入內地，我們一切情形敵人知道很清楚，從邊區到瑞都，都無赤色戒嚴，蘇區內反革命是與敵人互通聲氣裏應外合。經過考察，認為信康的土地問題，沒有徹底解決，有的分假田，豪紳地主仍保存勢力，反革命份子自首自新的份子更乘機混入到機關中，來破壞蘇維埃，進行反革命活動，特別是勾引敵人威脅群衆反水，因此沒有將邊區工農群衆的積極性大大的提高起來，目前信康必須徹底進行查田查階級的運動，嚴厲鎮壓反革命徹底來洗刷暗藏在蘇維埃機關的反革命份子，驅逐動搖的不堅定的份子出各機關，我們的突擊隊，因等都問題的嚴重，信康又有很多的工作團，只做一星期檢舉工作，就回瑞都，此地檢舉工作，應由留該地工作團繼續徹底進行。

我們在檢舉中，所有這些壞份子，早已發覺，國局的特派員早告訴了粵贛省蘇到該縣解決問題的負責人裁判部長李世森同志，但他置之不理，讓這些份子仍留在機關負責，直到我們的突擊隊去了才解決，這顯明的看見粵贛省裁判部長李世森是公開的放任與容許反革命與壞的份子，在蘇維埃機關。更可聯系到西江縣擬造假票子的反革命案該部長不但沒有堅決的執行鎮壓反革命鞏固國際的任務，相反的，包庇這一個反革命，說該犯是貧農，由死刑改處擬年禁閉與苦工，這些行為我們是不容許，本會正式提出限李世森同志在七天內正式答覆本會。

三月十七日

游击队长咎由自取

李军彪，于都石浣潭人，白莲教徒，曾加入三总会，为土匪头目。混入革命队伍后，当过会昌游击队队长、瑞金赤卫军第五连连长。经检察机关查实，其犯罪事实有三：任游击队长时，与队员江某之妻勾搭成奸，并密谋杀死了江某；私刑拷打民女，乱抓人，勒索穷人，严重败坏该队军纪；接受贿赂，以游击队名义到三军团政治部保释会昌水西坝反动首领欧阳球、土匪李长林。1932年8月5日，江西省苏维埃裁判部对李军彪判处死刑。本案国家原告人为江西省政治保卫分局秘书长周兴。

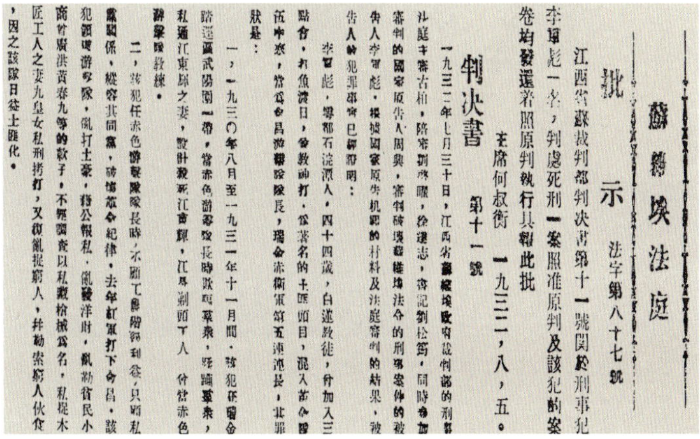

蘇維埃法庭

批示　法字第八十七號

江西省蘇裁判部判決書第十一號關於刑事犯李軍彪一名，判處死刑一案照准原判及該犯的案卷均發還着照原判執行具報此批

主席何叔衡　一九三二，八，五。

判決書　第十一號

一九三二年七月三十日，江西省蘇維埃政府裁判部的刑事法庭審古柏，陪審劉來勝，徐建志，書記劉松筠，同時參加審判的國家原告人周興，審判破壞蘇維埃法令的刑事案件的被告人李軍彪，根據國家原告機關的材料及法庭審判的結果，被告人的犯罪事實已經證明：

李軍彪，雩都石浣潭人，四十四歲，白蓮教徒，曾加入三點會，打魚渡日，會教師打，係著名的土匪頭目，混入革命會昌游擊隊隊長，瑞金赤衛軍第五連連長，其罪狀是：

一，一九三〇年八月至一九三一年十一月間，該犯任會昌赤色游擊隊長時，踏遍武陽圍一帶，當赤色游擊隊長時敢與羣衆，姪踊羣衆，私通江東縣之妻，設計殺死江吉輝，江為剃頭工人　曾當赤色游擊隊教練。

二，該犯任赤色游擊隊隊長時，不顧工農階級利益，只顧私黨關係，縱容其同黨，破壞革命紀律，去年紅軍打下會昌，該犯調遣游擊隊，亂打土豪，待公報私，亂發洋財，亂勒貧民小商曾廣洪黃春九等的款子，不報國賬以私藏槍械為名，私提木匠工人之妻九皇女私刑拷打，又復亂捉窮人，并勒索窮人伙食，因之該隊日益土匪化。

◎ 绘图　吴吉仁

苏区检察机构领导人

何叔衡

何叔衡（1876—1935），湖南宁乡人，中国共产党创始人之一。1921 年 7 月出席中国共产党第一次全国代表大会。大革命失败后，赴苏联学习。1930 年 7 月回国后，在上海担任共产国际救济总会和全国互济会的主要负责人。1931 年秋到达瑞金。在中华苏维埃第一、二次全国代表大会上被选为中华苏维埃共和国中央执行委员，并在第一届中央执行委员会第一次全体会议上当选为中央政府工农检察人民委员部人民委员。1932 年 2 月任中华苏维埃共和国临时最高法庭主席。1934 年 10 月，中央红军主力北上抗日后，留守赣南，继续坚持游击战争。1935 年 2 月底，在长汀县水口镇迳村被敌包围，壮烈牺牲。

◎ 1932年11月何叔衡（左二）在苏区的工作照

项英

项英（1898—1941），湖北武昌人。1922年加入中国共产党。曾任中华全国总工会执行委员和湖北省总工会委员长。第三、四、五届中央委员，第六届中央政治局委员、常委。1930年8月起任中共中央长江局书记、苏区中央局代理书记、中央革命军事委员会主席。1931年11月任中央执行委员会副主席，中央人民委员会副主席。1934年2月起兼任中央工农检察委员会主席。为苏维埃政权建设包括法制建设作出了重要贡献。在领导中央工农检察委员会期间，查处了“于都事件”等苏区干部贪污腐化、以权谋私的大要案。抗日战争爆发后，任中共中央东南局书记、新四军副军长。1941年3月14日，被叛徒杀害。

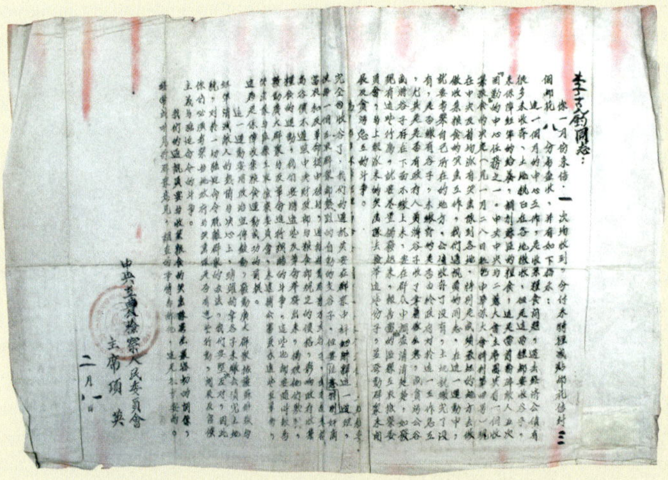

李克钧同志：

你一月的来信，一次均收到……

中央工农检察人民委员会
主席 项英
二月八日

◎ 中华钨矿公司组织科长李克钧是中央工农检察委员会选任的工农检察通讯员，他向中央工农检察委员会书面反映矿山的问题。图为1934年2月8日项英给李克钧的回信。

◎ 项英办公室

董必武

董必武（1886—1975），湖北红安人，中国共产党创始人之一。1933 年起，历任苏区中央工农检察人民委员部委员、中央工农检察委员会副主席、中共中央监察委员会书记、临时最高法庭主席、最高法院院长。1934 年 6 月，代理中央工农检察委员会主席。长征到达陕北后，任苏维埃中央政府西北办事处最高法院院长。全国解放后，曾任政务院副总理、最高人民法院院长、中华人民共和国代主席等职。

梁柏台

梁柏台（1899—1935），浙江新昌人。1922 年进入莫斯科东方大学学习，同年加入中国共产党。1931 年任苏区中央司法委员会委员、中央司法部副部长。1934 年 2 月，任中央司法人民委员部部长兼最高法院委员、临时检察长。任职期间，参与多起重大案件的审判和检察工作，积累了丰富的检察工作经验。1935 年 3 月上旬，在江西于都山区负伤，不久在大余被暗杀。

高自立

高自立（1900—1950），江西萍乡人。1926 年加入中国共产党。1933 年 8 月任中央工农检察人民委员部委员、副部长、代理部长。1934 年 1 月在中华苏维埃第二次全国代表大会上当选为中央执行委员、中央政府人民委员会委员。同年 8 月被中共中央派赴苏联出席共产国际“七大”，被选为大会主席团委员、共产国际监察委员会委员。1937 年回国，曾任陕甘宁边区政府副主席兼民政厅厅长、代理主席等职。1950 年 1 月在沈阳病逝。

在革命根据地的创建和发展中，在建立红色政权、探索革命道路的实践中，无数革命先辈用鲜血和生命铸就了以坚定信念、求真务实、一心为民、清正廉洁、艰苦奋斗、争创一流、无私奉献等为主要内涵的苏区精神。这一精神既蕴涵了中国共产党人革命精神的共性，又显示了苏区时期的特色和个性，是中国共产党人政治本色和精神特质的集中体现，是中华民族精神新的升华，也是我们今天正在建设的社会主义核心价值体系的重要来源。

——2011 年 11 月 4 日习近平在纪念中央革命根据地创建暨中华苏维埃共和国成立 80 周年座谈会上的讲话

第二章

历经风雨 薪火相传

LIJINGFENGYU
XINHUOXIANGCHUAN

抗日战争与解放战争时期的人民检察

1937—1949

3

1934年10月，中共中央机关和中央红军撤离中央苏区，踏上向西突围的征途，开始长征。1935年10月19日，中央红军到达陕西吴起镇，实现了伟大的战略转移。1937年1月，中共中央领导机关迁驻延安。此后，延安成为指引中国革命方向、照耀中华民族前程的红星。1937年7月7日，“卢沟桥事变”爆发，日本帝国主义发动了全面侵华战争。在中华民族面临着亡国灭种的危急关头，国共两党开始了第二次国共合作。1937年7月17日，国民党正式承认了陕甘宁革命根据地的合法地位。1937年9月，以国共两党合作为基础的抗日民族统一战线正式形成。中华苏维埃共和国临时中央政府西北办事处正式更名为陕甘宁边区政府。

抗日战争开始后，八路军、新四军以及我党领导的其他抗日武装，遵照党中央、毛泽东同志的指示，向敌后挺进，放手发动群众，广泛开展游击战争。到1945年8月抗日战争结束时，共建立了陕甘宁、晋察冀、晋冀豫、冀鲁豫、晋绥、冀热辽、山东、苏北、苏中、苏浙皖、浙东、淮北、淮南、皖中、河南、鄂豫皖、湘鄂、东江、琼崖等19个大的解放区。

在各抗日根据地，随着民主政权的建立，检察制度有了新发展，陕甘宁、晋察冀、晋冀鲁豫、山东等抗日根据地均建立了检察机构。这一时期人民检察制度的特点是基本上实行审检合署，在法院内设检察处，配备检察人员。包括检察机构在内的司法机关的设置，以抗日根据地的实际状况和需要为依据，以便民简政为原则，实行政府领导司法机关的体制。

陕甘宁边区成立了高等法院，内设检察处，设检察长及检察员，独立行使检察职权。1946年，陕甘宁边区高等法院检察处召开了首届检察业务研究会，制定了新中国成立前首部关于检察办案程序方面的单行法规——《陕甘宁边区暂行检察条例》，陕甘宁边区高等法院检察处改为陕甘宁边区高等检察处，在司法体制上实行审检分立。晋察冀边区检察官配置在各级法院，首席检察官由各辖区的地方行政长官兼任。县司法处设检察官一人，由县长兼任。晋冀鲁豫边区检察制度的特色是赋予了检察机关对法院的判决实行监督的权力。检察长如果对高等法院的判决有不同意见，有权向边区政府提出控告。边区政府接受其控告，可组织特别法庭或交高等法院复审。在山东抗日根据地，为了便于领导和加强检察工作，1941年4月，山东省抗日民主政府决定建立各级检察委员会。这是检察委员会制度的开端，是民主集中制原则在检察制度中的贯彻和体现，是人民检察制度的一项创举。

解放战争时期，随着革命战争的节节胜利，解放区迅速扩展。各解放区基本沿袭了原来根据地行之有效的检察制度，多数实行审检合署，专职检察人员不多，有的由公安机关代行检察职务。关东解放区的检察制度有新的发展，赋予检察机关广泛的法律监督权，首席检察官由人民代表大会选举产生。

新民主主义革命时期的人民检察制度，自土地革命战争时期诞生，经抗日战争与解放战争时期，历经风雨，薪火相传。在挽救民族危亡的抗日战争时期，检察机关把镇压汉奸反动派和保护人民权利作为中心任务，保卫抗日民主政权；在夺取全国政权的解放战争时期，检察机关努力维护解放区的生产生活秩序，巩固新生人民政权。新民主主义革命时期的人民检察为新中国检察制度提供了宝贵的历史经验。

陕甘宁边区的检察制度

1937 年 7 月 7 日，“卢沟桥事变”爆发，日本帝国主义发动了全面侵华战争。在中华民族面临着亡国灭种的危急关头，国共两党开始了第二次国共合作。1937 年 7 月 17 日，国民党正式承认了陕甘宁革命根据地的合法地位。1937 年 9 月，以国共两党合作为基础的抗日民族统一战线正式形成。中华苏维埃共和国临时中央政府西北办事处正式更名为陕甘宁边区政府。在陕甘宁边区政权和法制建设中，检察制度也逐步发展起来。

◎ 延安龙湾山陕甘宁边区高等法院旧址全貌

陕甘宁边区高等法院检察处

1937年9月6日，在抗日统一战线原则的指导下，中共中央将陕甘宁革命根据地改建为陕甘宁边区政府，边区高等法院先于边区政府于1937年7月9日成立。边区高等法院的历任院长是谢觉哉、董必武、雷经天、李木庵、王子宜和马锡五。1939年1月，陕甘宁边区第一届参议会决定在边区高等法院设置检察处。1941年1月21日，李木庵任边区高等法院检察处检察长，刘临福、折永年任检察员。李木庵任检察长期间，检察体制有过一次短暂的审检并立的改革：检察工作直接对边区参议会负责，受边区政府直接领导，行政事务仍由高等法院管辖。此后边区推行“精兵简政”，检察处和检察员被裁撤。1945年12月，陕甘宁边区司法会议提出重新建立检察制度。1946年5月5日，陕甘宁边区第三届参议会常驻会决定在边区高等法院设置检察处，批准任命马定邦为检察长。

◎ 人民检察博物馆实景。在陕甘宁边区，检察长、检察员在类似这样的窑洞里办公。

◎ 陕甘宁边区高等法院全体人员合影

《陕甘宁边区高等法院组织条例》
（1939 年 4 月）

高等法院检察处，设检察长及检察员，独立行使其检察职权。

检察长的职权

执行检察任务；

指挥并监督检察员的工作；

处理检察员的一切事务；

分配并督促检察案件的进行；

决定案件的裁定或公诉。

检察员的职权

侦查案件；

裁定案件；

搜集证据；

提起公诉，撰拟公诉书；

协助担当自诉；

充当诉讼当事人或公益代表人；

监督判决的执行；

在执行职务时，如有必要，可要求当地军警帮助。

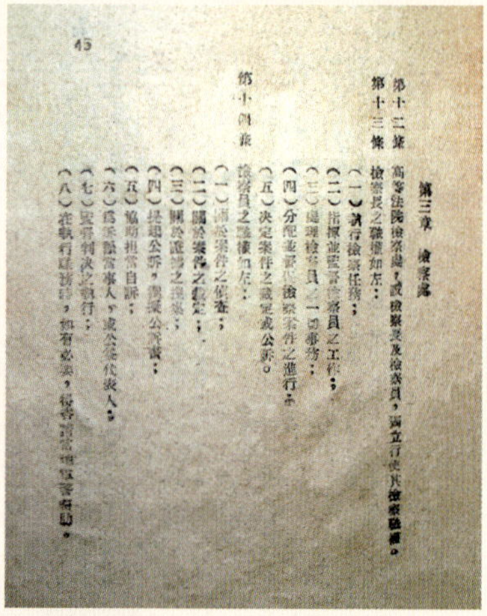

45

第三章 檢察處

第十二條 高等法院檢察處，設檢察長及檢察員，獨立行使其檢察職權。

第十三條 檢察長之職權如左：

（一）執行檢察任務；

（二）指揮並監督檢察員之工作；

（三）處理檢察員之一切事務；

（四）分配並督促檢察案件之進行；

（五）決定案件之裁定或公訴。

第十四條 檢察員之職權如左：

（一）關於案件之偵查；

（二）關於案件之裁定；

（三）關於證據之搜集；

（四）提起公訴，撰擬公訴書；

（五）協助擔當自訴；

（六）為訴訟當事人，或公益代表人；

（七）監督判決之執行；

（八）在執行職務時，如有必要，得咨請當地軍警幫助。

◎《陕甘宁边区政策条例汇集》

陕甘宁边区高等法院组织机构示意图（1940 年）

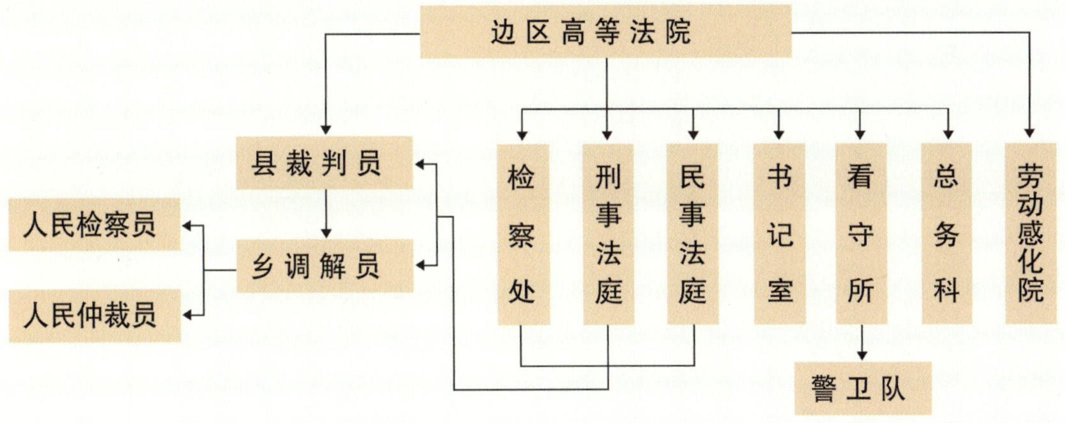

马锡五审判方式与人民司法群众路线

1943 年，马锡五同志从事司法工作后，亲自参加案件审判实践，经常下乡，深入调查研究，进行巡回审判，及时纠正一些错案，解决了一些缠讼多年的疑难案件，因而受到群众欢迎。人们把这种贯彻群众路线，实行审判与调解相结合的办案方法，亲切地称之为“马锡五审判方式”。人民司法中的群众路线，在检察工作中也得到了贯彻和体现。

◎ 马锡五

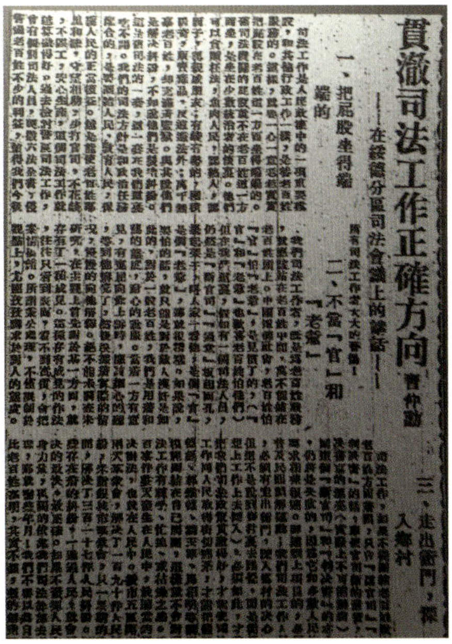

貫徹司法工作正確方向 習仲勳

——在綏德分區司法會議上的講話——

一、把屁股坐得端端的

二、不當「官」和「老爺」

三、走出窯門，深入鄉村

◎ 1944年11月5日，《解放日报》刊载习仲勋在绥德分区司法会议上《贯彻司法工作正确方向》的讲话。

首届检察业务研究会

1946年7月23日，陕甘宁边区高等法院检察处召开首届检察业务研究会，会议由马定邦检察长主持，对检察工作的范围、组织机构和工作制度进行了研讨。这是新民主主义革命时期唯一一次检察业务研讨会。

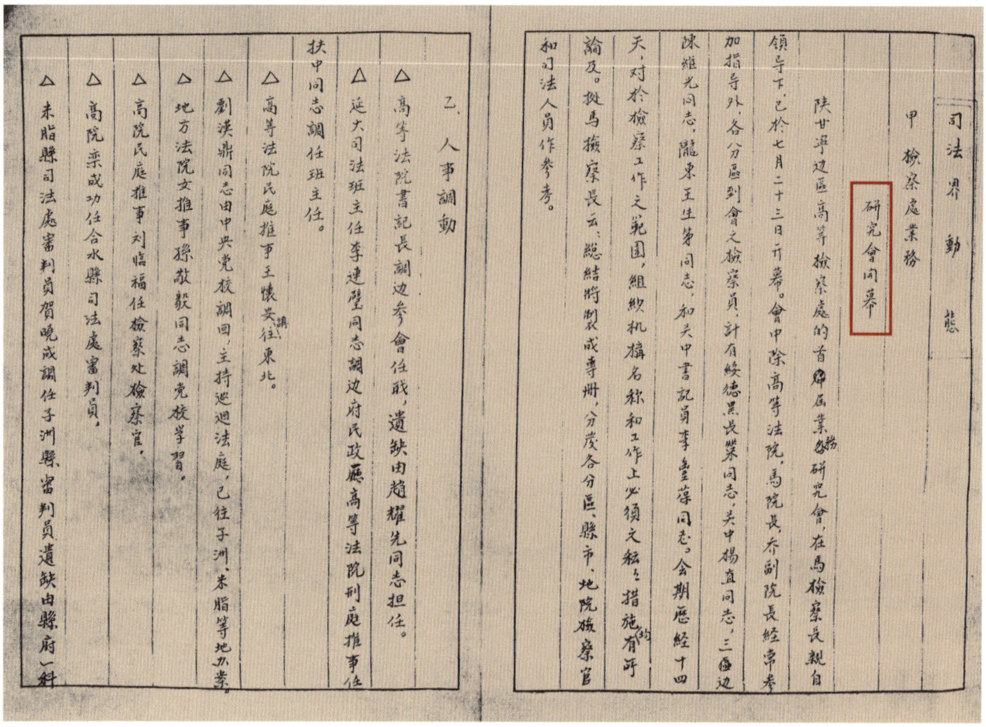

司法界動態

甲 檢察處業務

研究會開幕

陝甘寧边區高等檢察處的首屆業務研究會，在馬檢察長親自領导下，已於七月二十三日开幕。會中除高等法院，馬院長，乔副院長經常参加指导外，各分區到會之檢察員，計有綏德黑長榮同志，关中楊直同志，三邊陳維光同志，隴東王生第同志，和关中書記員李塗萍同志。会期歷經十四天，对於檢察工作之範圍，組織机構名称和工作上必須之紜紜措施的有所論及。擬馬檢察長云：總結將制成專册，分发各分區、縣市、地院檢察官和司法人員作参考。

乙、人事調動

△高等法院書記長謝边参會任職，遺缺由趙耀先同志担任。

△延大司法班主任李建壁同志調边府民政廳高等法院刑庭推事任，扶中同志調任班主任。

△高等法院民庭推事王懷安調往東北。

△劉漢鼎同志由中央党校調回，主持巡迴法庭，已往子洲、米脂等地办案。

△地方法院女推事孫敬毅同志調党校学習。

△高院民庭推事刘臨福任檢察处檢察官。

△高院栾成功任合水縣司法處審判員。

△米脂縣司法處審判員賀曉成調任子洲縣審判員，遺缺由縣府一科

◎ 陕甘宁边区高等法院编发的《司法通讯》对首届检察业务研究会的报道

◎ 探讨检察业务（油画，作者肖玮，收藏于人民检察博物馆）

陕甘宁边区高等检察处

1946 年 10 月 19 日，陕甘宁边区政府发布命令，改边区高等法院检察处为“边区高等检察处”，马定邦任检察长，规定高等检察处受边区政府领导，独立行使职权，各分区设高等检察分处，各县市设检察处，均直接受高等检察处领导。1946 年 10 月，边区政府公布《陕甘宁边区暂行检察条例》，对检察机关办理各类案件应遵循的程序作了规定，这是新民主主义革命时期首部关于检察办案程序的单行法规。同年 11 月，边区政府发布命令，规定了各级检察机关的职权、组织及领导关系，在司法体制上体现了审检并立。1947 年 3 月，国民党军队进犯陕甘宁边区，各级检察机关基本停止了工作。1949 年 2 月，边区政府和边区高等法院联合决定，由于干部非常缺乏，检察制度可暂不建立，其职务仍由公安机关和群众团体代为执行。

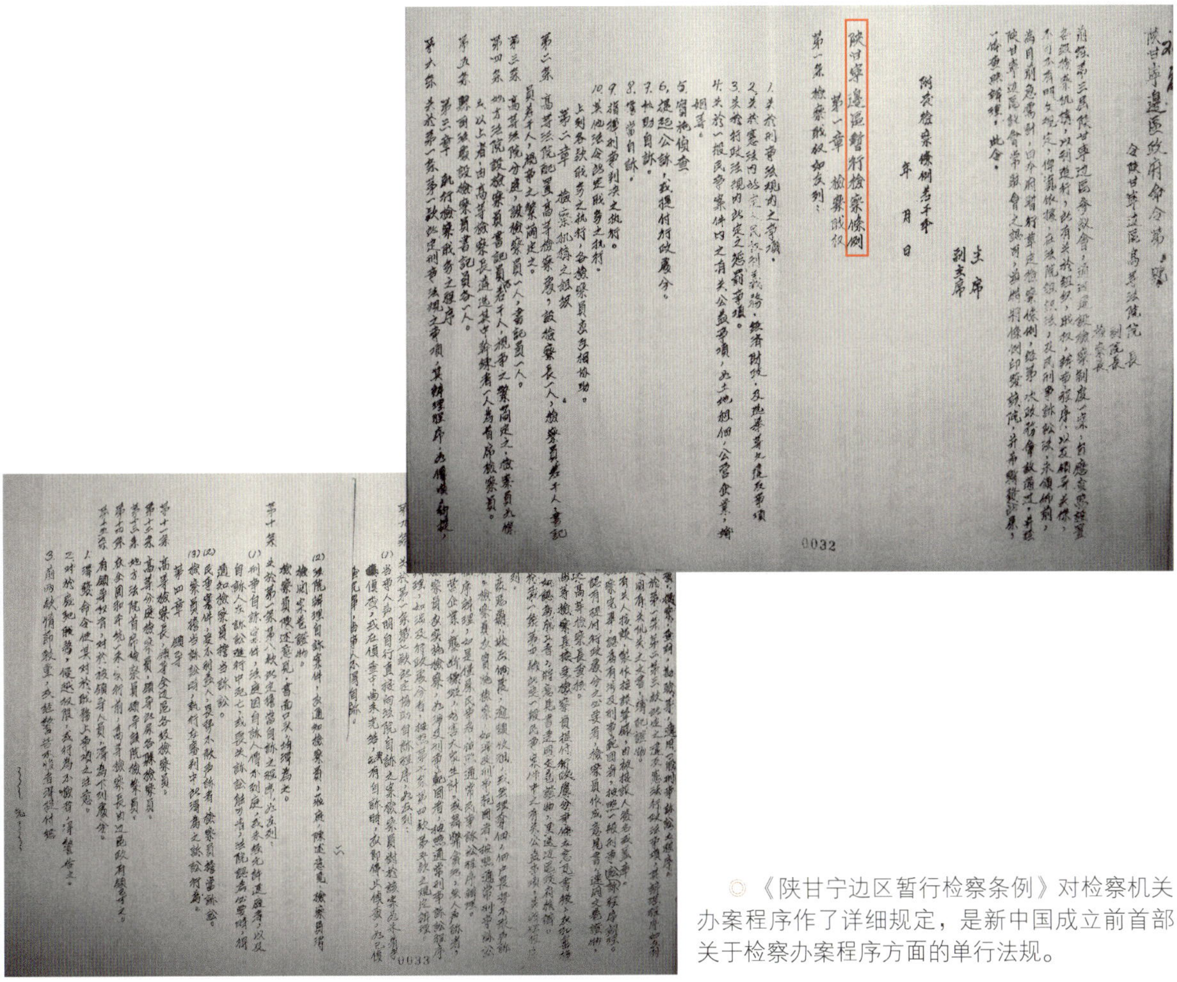
陕甘宁边区暂行检察条例

第一章 检察职权

◎《陕甘宁边区暂行检察条例》对检察机关办案程序作了详细规定，是新中国成立前首部关于检察办案程序方面的单行法规。

《陕甘宁边区政府命令》
（1946 年 11 月）

各级检察机关的职权

检举一切破坏民主政权，侵犯人民权利的违法行为；

检举各级公务人员触犯行政法规的行为；

检举违反政策事项（如违反租佃条例）的行为。

对于违反法律的行为，即向各同级法庭提起公诉；对于违反纪律的行为，呈送边区政府核办，给予行政处分。

各级检察机关的组织

边区高等检察处设检察长一人，检察员二人，主任书记员一人，书记员二人。

各分区设高等检察分处，设检察员一人，书记员一人。

各县（市）设检察处，设检察员一人，书记员一人。小县则设检察员一人。

各级检察机关的领导关系

高等检察处受边区政府的领导，独立行使检察权。

各高等检察分处及县（市）检察处均直接受高等检察长的领导。

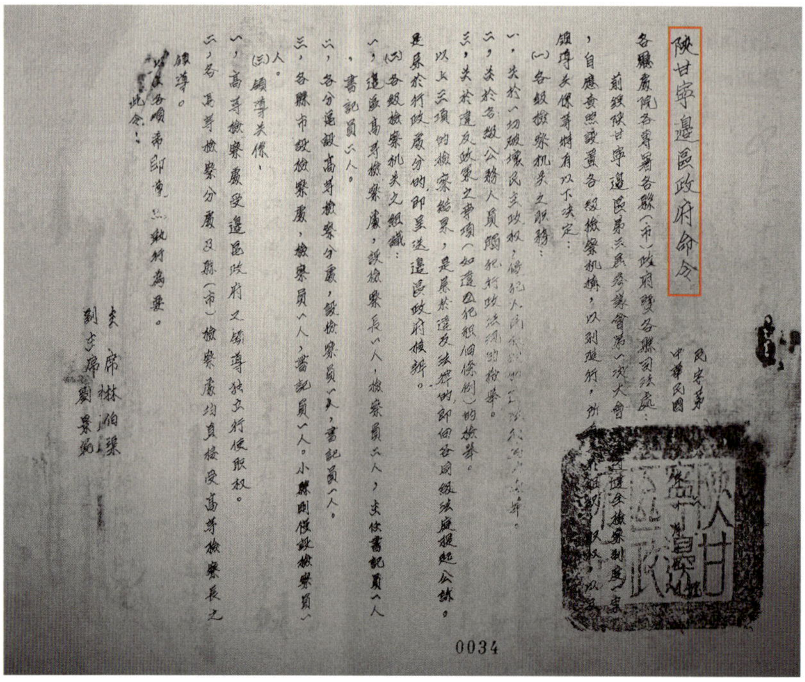
陕甘宁边区政府命令

各县处院各专署各县（市）政府暨各县司法处：

前经陕甘宁边区第三届参议会第一次大会[illegible]，自应责照设置各级检察机构，以利施行，所有[illegible]领导关系等特有以下决定：

（一）各级检察机关之职务：

一、关于一切破坏民主政权，侵犯人民权利[illegible]。

二、关于各级公务人员触犯行政法规的检举。

三、关于违反政策之事项（如违反租佃条例）的检举。

以上三项的检察结果，是属于违反法律的即向各同级法庭提起公诉。是属于行政处分的即呈送边区政府核办。

（二）各级检察机关之组织：

一、边区高等检察处，设检察长一人，检察员二人，主任书记员一人，书记员二人。

二、各分区设高等检察分处，设检察员一人，书记员一人。

三、各县市设检察处，检察员一人，书记员一人。小县则仅设检察员一人。

（三）领导关系：

一、高等检察处受边区政府之领导独立行使职权。

二、各高等检察分处及县（市）检察处均直接受高等检察长之领导。

以上各项希即遵照执行为要。

此令！

主席 林伯渠

副主席 刘景范

中华民国

0034

◎《陕甘宁边区政府命令》规定了各级检察机关的职权、组织及领导关系。

陕甘宁边区检察机构领导人

李木庵

李木庵（1884—1959），湖南桂阳人，著名法学家。1925年加入中国共产党。第一次国内革命战争时期，任国民革命军第17军政治部主任。大革命失败后，转入地下革命活动。1935年在西安组织抗日救亡活动，参与推动张学良和杨虎城两将军发动西安事变。后历任陕甘宁边区高等法院代院长、陕甘宁边区高等法院检察处检察长、边区政府法制委员、中共中央法律委员会委员等职。建国后，历任中央人民政府司法部党组书记、副部长，政治法律委员会委员，法制委员会委员。1955年任最高人民法院顾问，曾参与起草《中国人民政治协商会议共同纲领》《中共中央关于废除国民党的六法全书与确定解放区的司法原则的指示》《中华人民共和国刑法（草案）》等。

◎ 李木庵用过的砚台、签名章

马定邦

马定邦（1908—1975），陕西延川人。1926年加入中国共产主义青年团，1927年转为中国共产党员，1935年2月重新加入中国共产党。抗日战争和第二次国内革命战争时期，历任中共中央党校班主任、中共神府特区党校校长、陕甘宁边区党委组织部和中共中央西北局组织部科长。1946年5月后，任陕甘宁边区高等法院检察处检察长、陕甘宁边区高等检察处检察长。1947年后，历任绥德行政督察专员公署副专员兼陕甘宁边区高等法院绥德分庭庭长、中共清涧县委书记、中共绥德地委组织部长、黄龙地委组织部长、陕北区党委组织部长。新中国成立后，历任中共陕西省委组织部副部长、中共中央组织部副处长、中共中央财贸部干部处长、国务院财贸办公室副主任、中共中央财贸部政治副主任，中共八大代表。

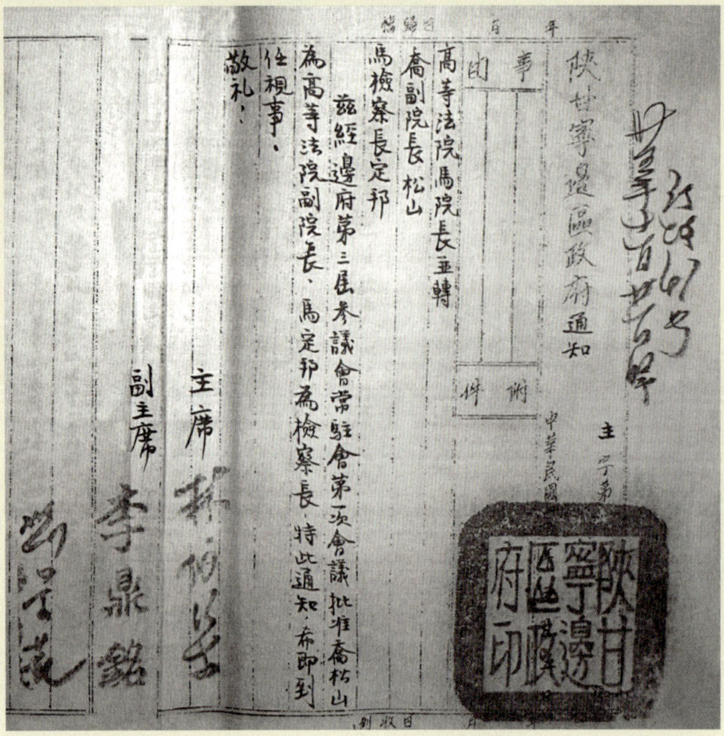
陕甘宁边區政府通知

事由

附件

高等法院馬院長並轉
喬副院長松山
馬檢察長定邦
茲經邊府第三屆參議會常駐會第一次會議批准喬松山為高等法院副院長、馬定邦為檢察長，特此通知，希即到任視事。
敬礼。

主席

副主席 李鼎銘

陕甘寧邊區政府印

◎ 陕甘宁边区政府关于马定邦任检察长的通知

陕甘宁边区检察机构办理的典型案件

黄克功杀人案

黄克功，江西南康人，1911 年出生。1929 年参加革命，犯罪前任抗日军政大学六队队长。1937 年 10 月 5 日，因求婚不成，枪杀陕北公学女生刘茜。1937 年 10 月 11 日，陕甘宁边区高等法院由雷经天担任审判长，在陕北公学公开审理此案，胡耀邦、王卓超、徐时奎作为公诉人出庭执行任务、陈述意见。法庭当庭宣布判处黄克功死刑。

黄克功枪杀刘茜案，虽说是一件普通的刑事案件，但当时陕甘宁边区高等法院处理这个案件所体现的法制的严肃性、民主性和平等精神，对新中国成立后的法制建设和司法实践产生了深远的影响。正如著名的民主战士李公朴所预言：“它为将来的新中国建立了一个好的法律榜样。”

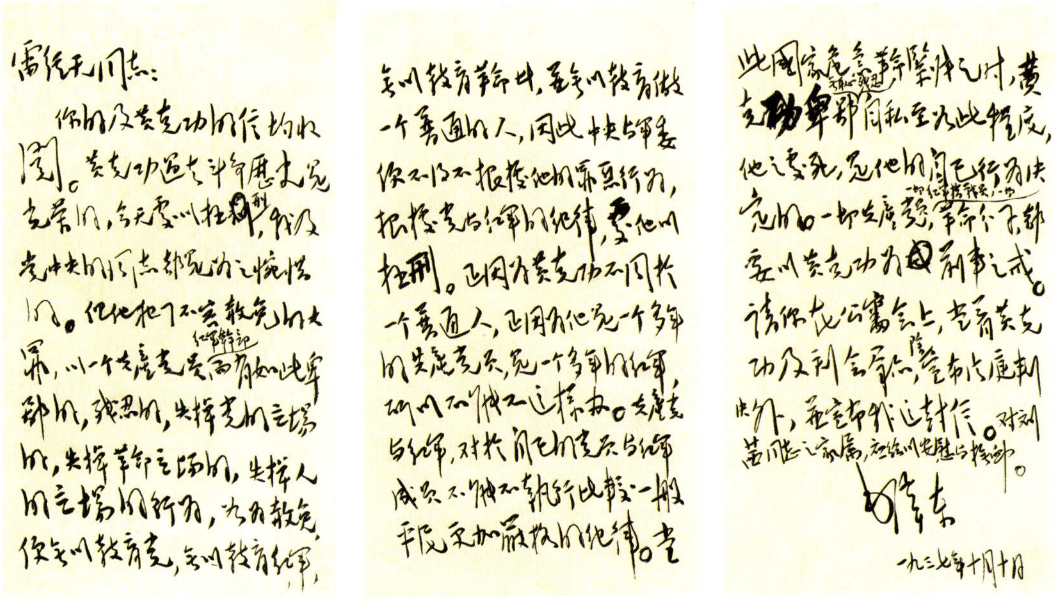

雷经天同志：

你的及黄克功的信均收阅。黄克功过去斗争历史是光荣的，今天处以极刑，我及党中央的同志都是为之惋惜的。但他犯了不容赦免的大罪，以一个共产党员红军干部而有如此卑鄙的，残忍的，失掉党的立场的，失掉革命立场的，失掉人的立场的行为，如为赦免，便无以教育党，无以教育红军，无以教育革命者，并无以教育做一个普通的人。因此中央与军委便不得不根据他的罪恶行为，根据党与红军的纪律，处他以极刑。正因为黄克功不同于一个普通人，正因为他是一个多年的共产党员，是一个多年的红军，所以不能不这样办。共产党与红军，对于自己的党员与红军成员不能不执行比较一般平民更加严格的纪律。当此国家危急革命紧张之时，黄克功卑鄙无耻残忍自私至如此程度，他之处死，是他自己的行为决定的。一切共产党员，一切红军指战员，一切革命分子，都要以黄克功为前车之戒。请你在公审会上，当着黄克功及到会群众，除宣布法庭判决外，并宣布我这封信。对刘茜同志之家属，应给以安慰与抚恤。

毛泽东

一九三七年十月十日

◎ 毛泽东就黄克功案给雷经天的信

◎ 1937年10月，抗日军政大学政治部副主任胡耀邦（左三）在公审黄克功枪杀刘茜一案中，作为机关团体的代表，与边区保安处王卓超、法院检察官徐时奎一同作为公诉人出席法庭。

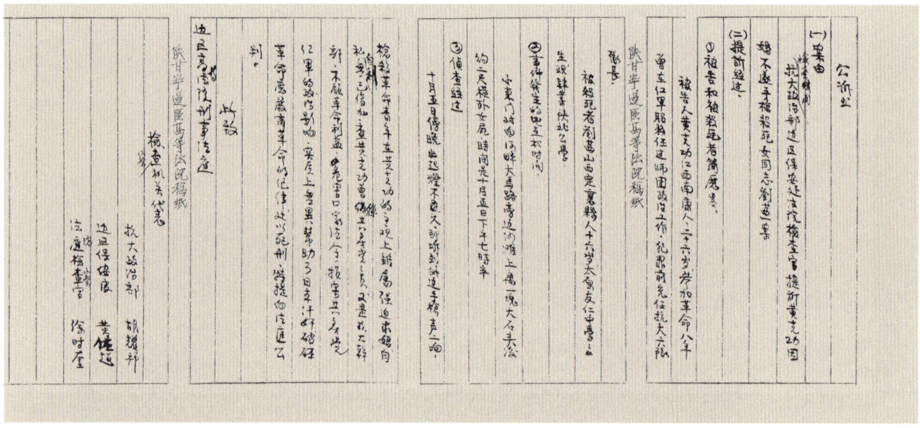

公诉书

（一）案由

检查机关 抗大政治部边区保安处法院检查官提诉黄克功因

婚不遂手枪杀死女同志刘茜一案

（二）提诉经过

①被告和被杀死者简历

被告人黄克功江西南康人，二十六岁参加革命八年

曾在红军服务任过师团政治工作，犯罪前充任抗大六队

陕甘宁边区高等法院稿纸

队长。

被杀死者刘茜山西定襄县人十六岁太原友仁中学之

生现肄业陕北公学

②事件发生的地点和时间

小东门外面河畔大马路旁边河滩上离一块大石头没

约二丈模外女尸，时间是十月五日下午七时半

③侦查经过

十月五日傍晚由延煤不远处，即听到河边手枪声二响。

枪杀革命青年黄克功的主观上妄图逼迫求婚向

私利已自借加重其罪……

新，不顾革命利益，危害国家法令，损害共产党

红军的政治影响，实属上要果，帮助了日本汉奸破坏

革命应严肃革命的纪律处以死刑，特提向法庭公

判。

此致

边区高等法院刑事法庭

陕甘宁边区高等法院稿纸

检查机关代表

抗大政治部 胡耀邦

边区保安处 黄佐超

法院检查官 徐时奎

◎ 黄克功案的公诉书

◎ 黄克功在抗大（后排右二）

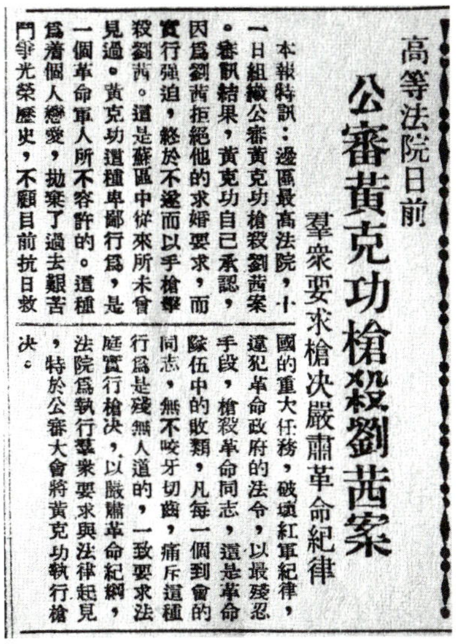

高等法院日前
公審黃克功槍殺劉茜案
羣衆要求槍決嚴肅革命紀律

本報特訊：邊區最高法院，十一日組織公審黃克功槍殺劉茜案。審訊結果，黃克功自已承認，因爲劉茜拒絕他的求婚要求，而實行强迫，終於不遂而以手槍擊殺劉茜。這是蘇區中從來所未曾見過。黃克功這種卑鄙行爲，是一個革命軍人所不容許的。這種爲着個人戀愛，拋棄了過去艱苦鬥爭光榮歷史，不顧目前抗日救國的重大任務，破壞紅軍紀律，違犯革命政府的法令，以最殘忍手段，槍殺革命同志，這是革命隊伍中的敗類，凡每一個到會的同志，無不咬牙切齒，痛斥這種行爲是殘無人道的，一致要求法庭實行槍決，以嚴肅革命紀綱，法院爲執行羣衆要求與法律起見，特於公審大會將黃克功執行槍決。

◎《新中华报》关于案件的报道

◎ 黄克功杀人案（绘图　乔　毅）

肖玉璧贪污渎职案

肖玉璧，陕西清涧人。1933 年参加革命。1938 年 7 月至 1939 年 2 月任靖边县张家畔税务局局长期间共计贪污公款 3300 元。1939 年 4 月，潜逃至绥德为蒙骑独立旅招募新兵，企图升官发财，叛变革命。1941 年 2 月回家，被政府发现捕获，送交边区保安处。同年 6 月转送边区高等法院检察处，7 月 18 日由检察员刘临福出庭公诉。高等法院依边区《惩治贪污暂行条例》判处肖玉璧死刑。1942 年 1 月 5 日的《解放日报》就此发表评论：在“廉政政治”的地面上，不容许有一个“肖玉璧”式的莠草生成。有了，就拔掉它！

◎ 绘图　陈一文

李清远特务案

李清远，24 岁，台湾人。1937 年 3 月由台湾到满洲。1938 年 7 月到日本特务机关设立的“三兴公司”服务，受日本特务机关指示，于 7 月 5 日以卖烟叶为名，与汉奸王忠至太原一带刺探中国军情，散布谣言。当地群众报告八路军游击队，遂将该犯逮捕解送至陕甘宁边区高等法院，经检察机关侦查证据确凿，提起公诉。1939 年 1 月 11 日，高等法院判处李清远死刑。

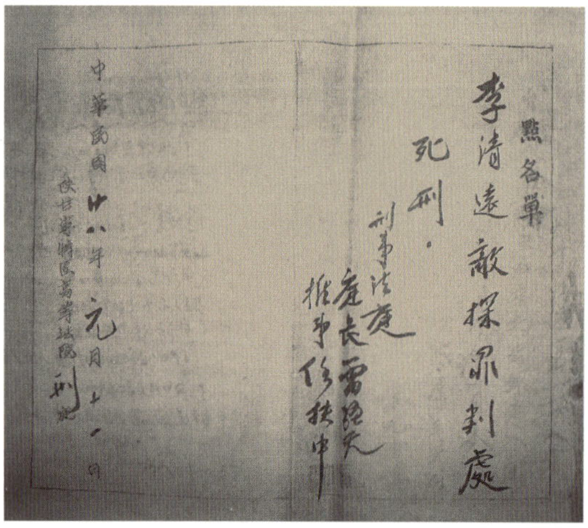

點名單

李清遠 敵探罪判處

死刑。

刑事法庭

庭長雷經天

推事任扶中

中華民國廿八年元月十一日

陝甘寧邊區高等法院刑庭

◎ 李清远点名单

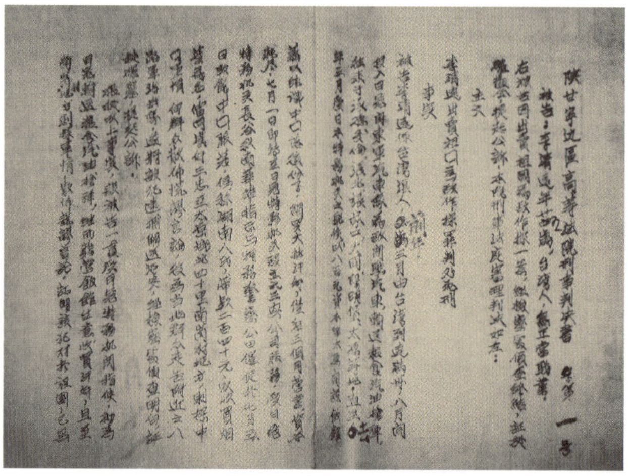

陝甘寧邊區高等法院刑事判決書 字第一号

◎ 李清远案刑事判决书

晋察冀等抗日民主政权的检察制度

抗日战争时期，除陕甘宁边区外，在晋察冀边区、晋冀鲁豫边区、山东抗日根据地也有检察制度的实践。

晋察冀边区的检察制度

1938 年 2 月，晋察冀边区成立临时高等法院，王斐然任院长。1943 年 2 月 4 日，晋察冀边区行政委员会颁布《晋察冀边区法院组织条例》，规定各级法院设首席检察官 1 人，检察官若干人，得以该管辖地区地方行政长官兼任首席检察官；县司法处设检察官 1 人，由县长兼理之。

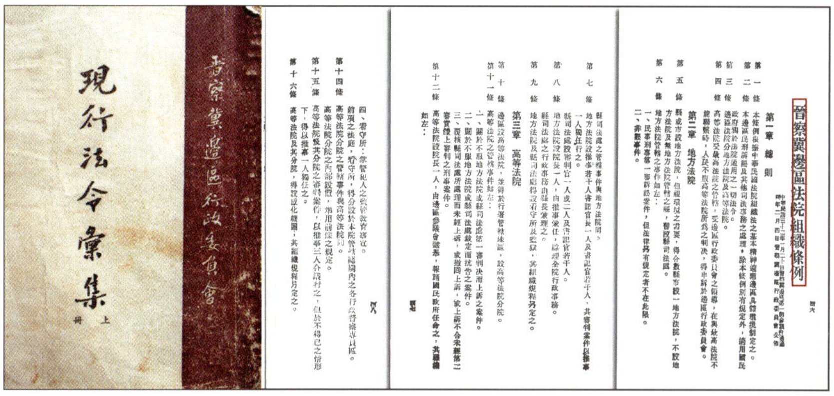

◎ 1943年2月4日，晋察冀边区行政委员会公布《晋察冀边区法院组织条例》。

晋察冀边区法院内设检察官示意图

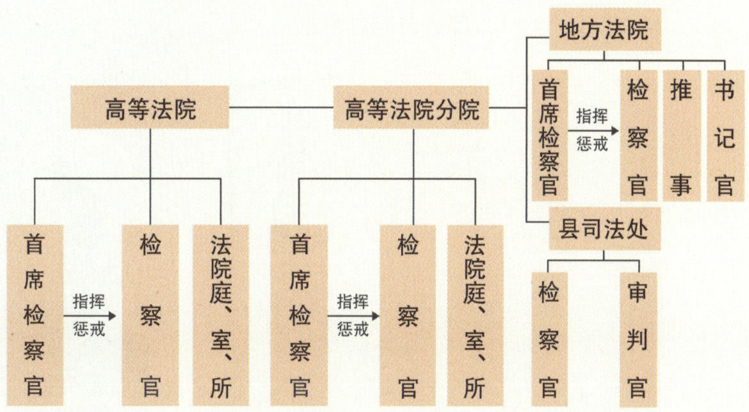

《晋察冀边区法院组织条例》
（1943 年 2 月）

检察官的配置

各级法院各设首席检察官一人，检察官若干人，并得以该管辖地区之地方行政长官兼任首席检察官。县司法处设检察官一人，由县长兼理之。

检察官的职权

实施侦查、提起公诉、协助自诉、实行公诉、担当自诉及指挥刑事裁判之执行；其他法令所定职务之执行。

各级检察官之间的关系

检察官服从首席检察官之指挥；各级法院之首席检察官得亲自处理所属检察官之事务，并得将其转移于其他所属检察官处理。

检察机关的司法行政监督权限

高等法院首席检察官监督全边区之检察官；高等法院分院首席检察官监督该区域内之检察官；地方法院首席检察官监督法院之检察官。有监督权的检察官对于被监督的检察官有提起注意、警告和依法惩罚惩戒的处分权。

廖甦杀人案

廖甦，男，28 岁，江苏江都县人，原系晋察冀边区自新学艺所所长。1941 年 11 月 26 日，廖甦认为自新学艺所学员王福生在反扫荡过程中屡次盗窃，不堪教育，遂密派管理员谷锦融发动群众挖坑将王福生活埋。1942 年 3 月 1 日，廖甦被判处死刑。

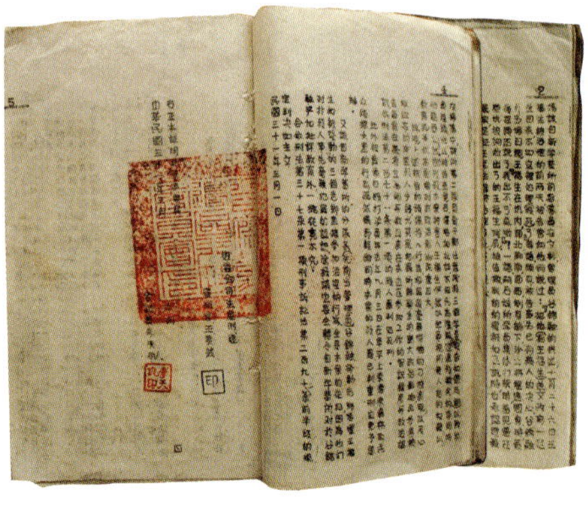

◎ 廖甦杀人案判决书

◎ 绘图　陈一文

晋冀鲁豫边区的检察制度

1941 年 9 月，晋冀鲁豫边区成立高等法院，浦化人任院长。1941 年 10 月 15 日公布的《晋冀鲁豫边区高等法院组织条例》规定，高等法院设置检察处，设检察长 1 人，检察员若干人，由院长呈请边区政府任命。检察长对高等法院的判决如有不同意见，有权向边区政府提出控告。边区政府可组织特别法庭或交还高等法院复审。1946 年 3 月，晋冀鲁豫边区《关于公安司法关系及城市管理分工的指示》规定，公安局代行司法部门的检察权，以检察机关的资格向司法机关起诉。1948 年 1 月，晋冀鲁豫边区设审检厅。1948 年 9 月，晋察冀边区和晋冀鲁豫边区合并，成立华北人民政府。

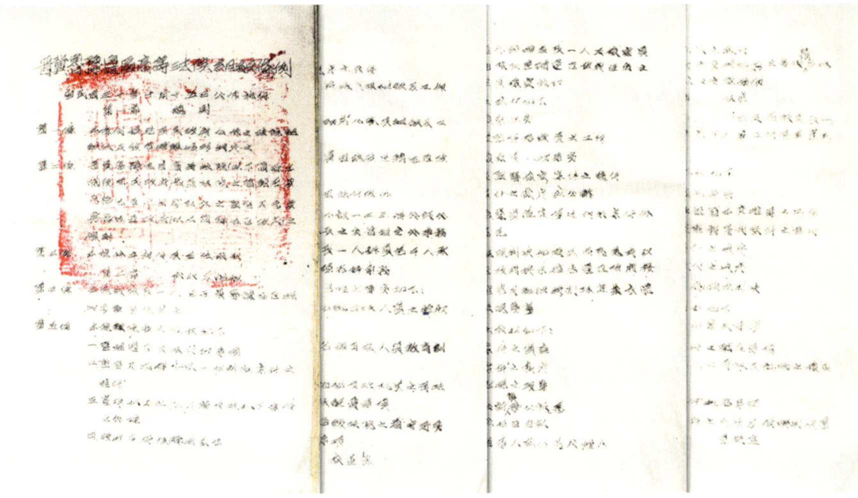

◎《晋冀鲁豫边区高等法院组织条例》

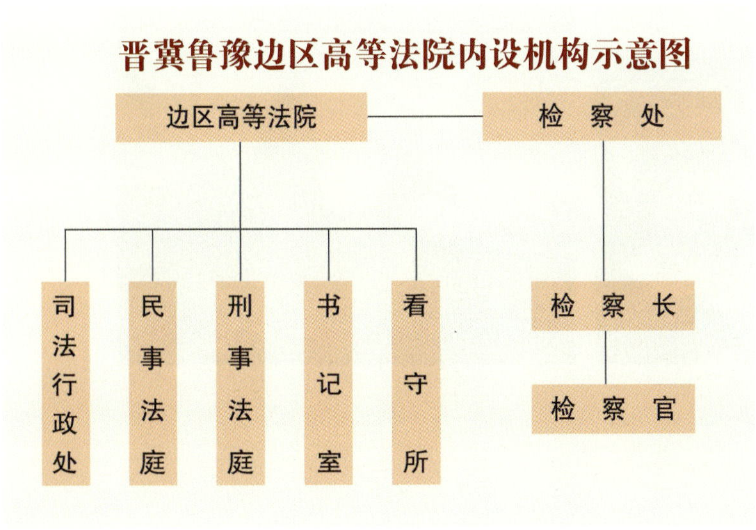

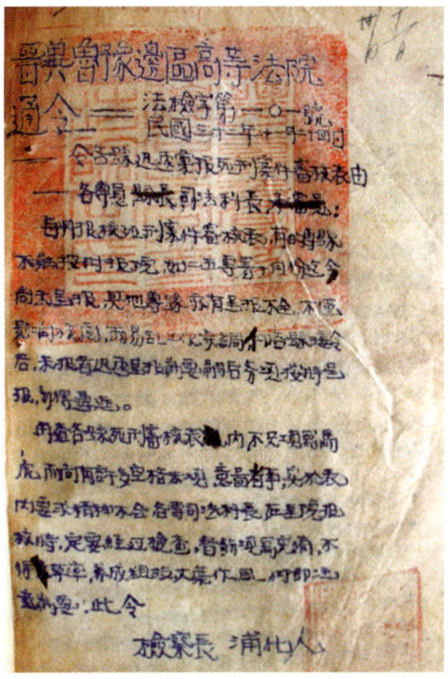
晉冀魯豫邊區高等法院
通令——法檢字第一〇一號
民國三十二年十一月廿四日

檢察長 浦化人

◎ 1943年11月24日，晋冀鲁豫边区高等法院院长兼检察长浦化人签发的通令。

郭有则、郭贵法杀人案

郭有则，女，22岁。郭贵法，男，37岁。均系山西省壶关县人。1934年郭有则与郭怀兴结婚。1940年郭有则与郭贵法通奸。二犯为达到结婚之目的，遂屡起谋害郭怀兴之心。1943年农历二月初六晚，郭有则到其任村武委会主任的兄长处窃取地雷一枚，交给郭贵法。二犯将地雷埋于郭怀兴送粪所经路口，企图将郭怀兴炸死。翌日，郭怀兴踏响地雷，重伤数处，左眼失明。此案经晋冀鲁豫边区高等法院审检处起诉，法院依法判处郭有则、郭贵法死刑。

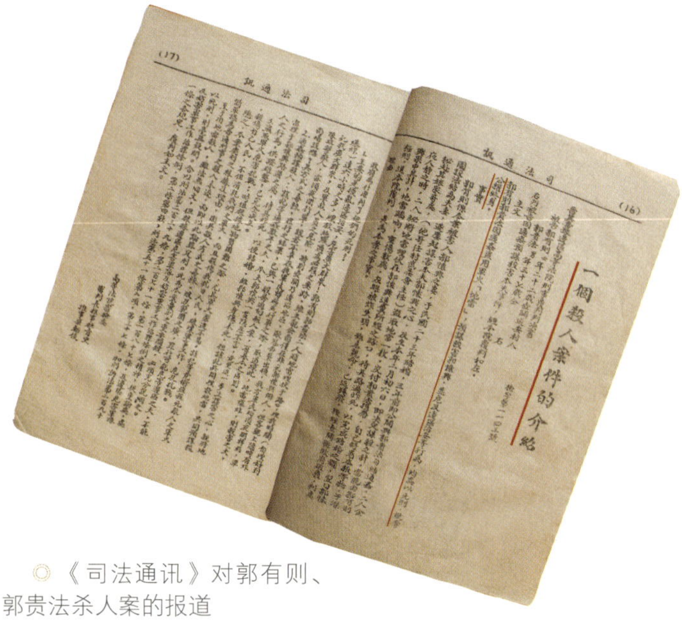
(17)
司法通訊
(16)
一個殺人案件的介紹

◎《司法通讯》对郭有则、郭贵法杀人案的报道

◎绘图　熊　帆

山东抗日根据地的检察制度

1941年4月23日，山东省临时参议会通过《改进司法工作纲要》和《各级检察委员会组织条例》。《各级检察委员会组织条例》规定，为加强检察制度保障人权，保证政令之进行及检举违法失职人员，特成立各级检察委员会。各级检察委员会与各级行政委员会及同级法院系平行关系。这是检察委员会制度的开端，是民主集中制原则在检察制度中的贯彻和体现，是人民检察史上的一项制度创举。新中国成立后，发展和完善了检察委员会制度，形成了具有鲜明中国特色的检察决策机制。

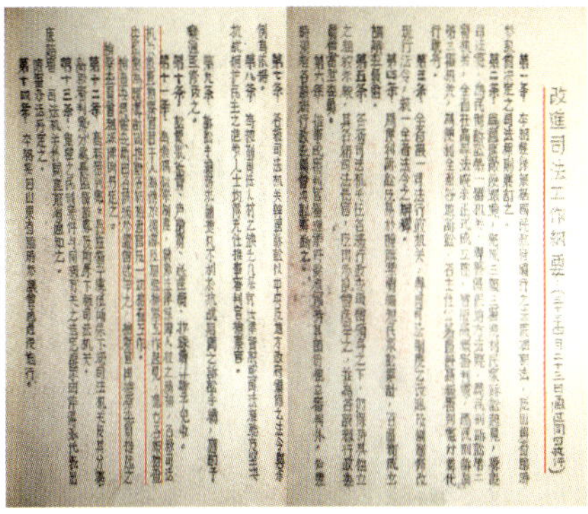
改进司法工作纲要

◎《改进司法工作纲要》

山东抗日根据地法院组织机构示意图

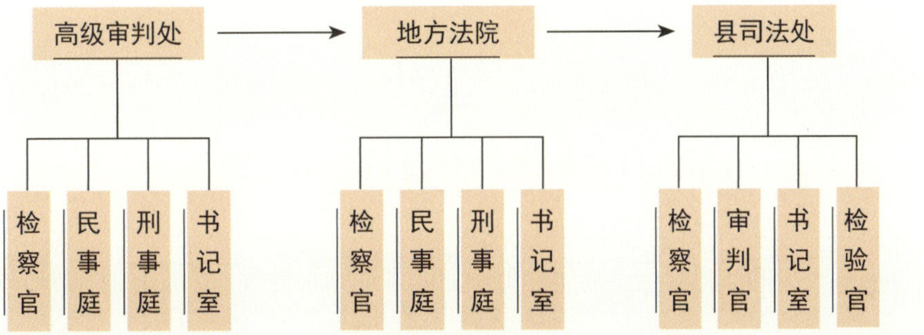

山东省各级军事法庭组织机构示意图（1945年）

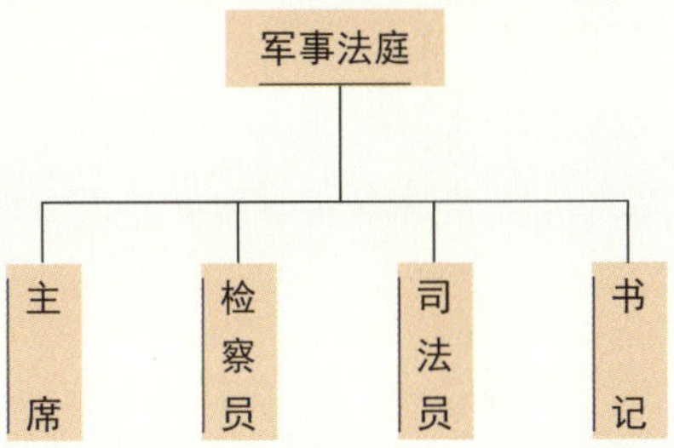

◎ 1945年通过的《山东省各级军事法庭组织条例》规定：各军事法庭设主席一人，检察员一人，司法员二人，书记一人。一般以各该军管区之公安局长为检察员。

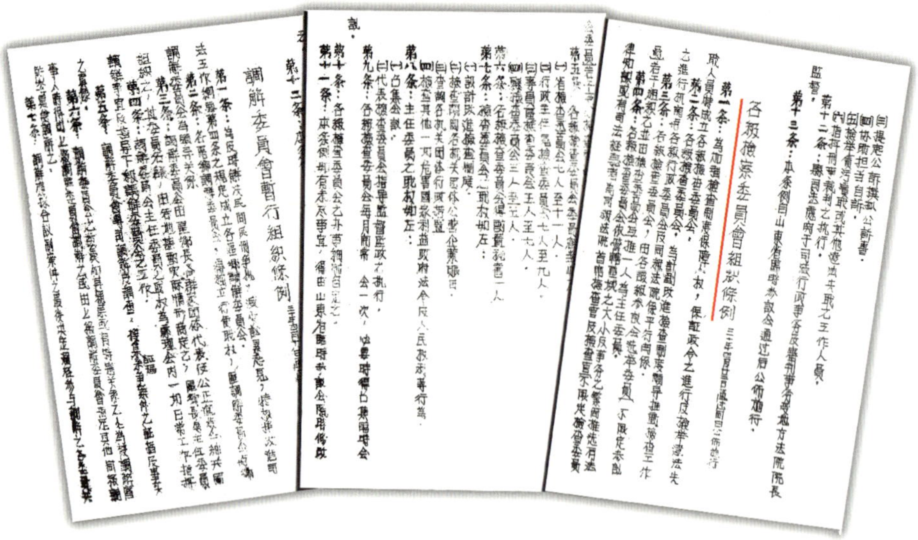

◎ 1941年4月，山东省临时参议会颁布《各级检察委员会组织条例》，规定在司法制度中，建立与同级行政委员会和同级法院平行的三级检察委员会，由它推选、领导设在法院机构内的检察官，开展检察工作。

山东抗日根据地检察委员会示意图

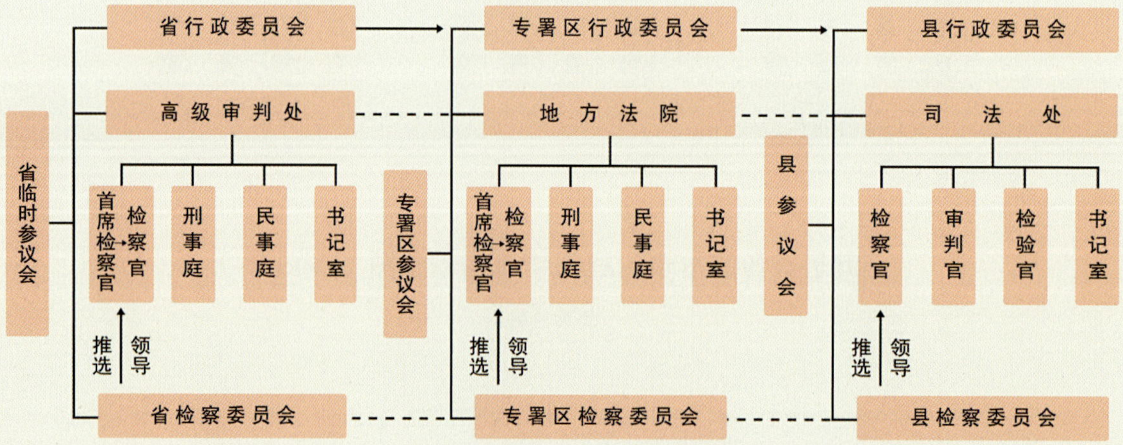

解放区人民政权的检察制度

1945 年 8 月，抗日战争取得了胜利，中国革命进入了解放战争时期。随着革命战争的节节胜利，解放区迅速扩展。各解放区基本沿袭了原来根据地的检察制度，多数实行审检合署，专职检察人员不多，有的由公安机关代行检察职务。关东解放区的检察制度有新的发展，1947 年 6 月《关东各级司法机关暂行组织条例草案》规定，关东高等法院首席检察官由关东人民代表大会选举产生，关东所有各机关各社团，无论公务人员或一般公民，对于法律是否遵守的最高检察权，均由检察官实行之。

东北解放区的检察制度

1946 年 1 月 30 日，大连市临时参议会选举于会川为大连地方法院院长兼首席检察官，在法院内设检察庭。同年 8 月 25 日，由旅大公安总局局长赵东斌兼首席检察官。1947 年 4 月 3 日，旅大地区各界人民代表大会决定成立关东高等法院，下设司法行政处、审判庭、编研室、检察官室等工作部门，院长为周旭东，乔理清为首席检察官（继任者裴华夏）。1947 年 6 月，关东行政公署颁布《关东各级司法机关暂行组织条例草案》。

1946 年 10 月，《东北各级司法机关暂行组织条例》规定，各级法院设检察员一至五人。检察员的职权是实施侦查、处分，提起公诉，实行上诉，协助自诉，指挥刑事裁判的执行等。

关东高等法院机构示意图（1947 年）

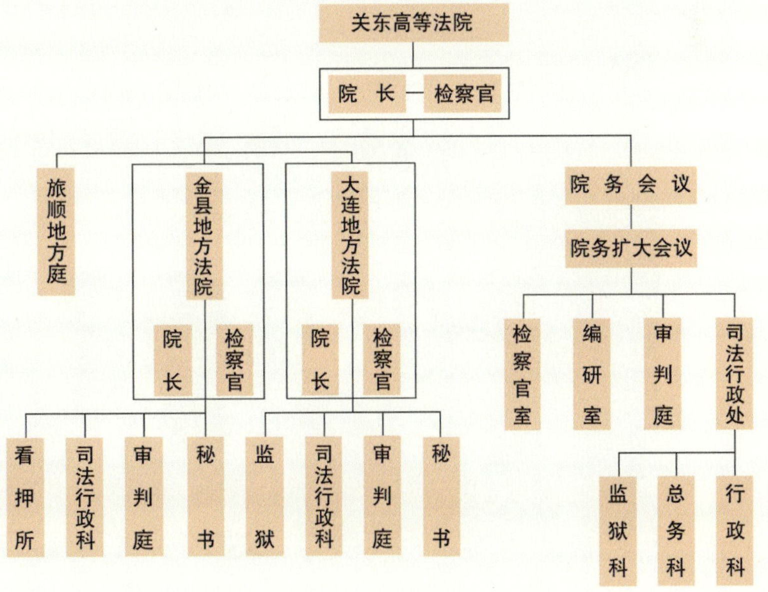

《关东各级司法机关暂行组织条例草案》
（1947年6月）

检察机关的设置

关东各级司法机关分别配置检察官。高等法院设首席检察官及检察官若干人；地方法院或司法处（科）设检察官，如在二人以上者得设首席检察官，视工作之繁简得酌设书记官若干人。

检察官的组织关系

关东高等法院首席检察官由关东人民代表大会选举之，任期至下届关东人民代表大会选举后止，连选得连任。高等法院首席检察官之下各级检察官，由高等法院首席检察官任免之。

检察官的职权

实施侦查、处分，提起公诉，实行上诉，协助自诉，担当自诉人及指挥刑事裁判之执行；其他法令所定职务之执行。

关东所有各机关各社团，无论公务人员或一般公民，对于法律是否遵守之最高检察权，均由检察官实行之。

◎ 关东高等法院检察官室办公地址（现大连市旅顺口区和顺街45号）

关东解放区检察机构领导人

◎ 于会川，1946年1月至1946年5月任大连地方法院院长、首席检察官。1946年5月2日逝世于大连。

◎ 赵东斌，1946年8月至1948年12月任大连地方法院首席检察官。

◎ 乔理清，1947年4月至1948年10月任关东高等法院首席检察官。1949年10月22日逝世于大连。

◎ 裴华夏，1948年10月至1950年10月任关东高等法院首席检察官、旅大市人民检察署副检察长。1954年逝世于北京。

张本政反革命案

1894 年，张本政于威海投靠日本特务高桥。甲午战争时，张本政为日军带路攻占旅顺要塞。日俄战争中，又为日军带路攻占东鸡冠山。1932 年、1937 年，日寇进攻上海时，他的全部船只供日本侵略者使用。1940 年，日本举行“纪元二千六百年”的纪念，他亲赴日本献金庆贺。1941 年，太平洋战争爆发，张本政的总吨位 4.4 万吨船只供日军使用。“捐献”飞机 44 架，并亲赴日本参加飞机命名典礼。1947 年 1 月 15 日，大连地方法院在市政府礼堂开庭公开审判大汉奸张本政附敌祸国一案，代理检察官宋光出庭公诉了张本政充当日军侵华帮凶、残害同胞等八大罪状。大连地方法院经过审理，根据当时情况，以“附逆祸国罪”判处张本政有期徒刑 12 年。在保外就医期间，他化装逃往天津。同年，被人民政府逮捕归案。1951 年 5 月 10 日，经公审被判处死刑，剥夺公民权利终身。

◎ 绘图　袁小斌

关东解放区检察制度的重要特点

1. 首席检察官由人民代表大会选举产生，开创了检察机关由国家权力机关产生之先河。

2. 赋予检察机关法律监督职能，为新中国将检察机关的性质定位为法律监督机关奠定了实践基础。

3. 确定了检察机关实行民主集中制组织原则。领导和工作方式为集体讨论、首长总结，体现了检察工作民主和集中的有机统一。

4. 确定了有检察官或首席检察官参加的院务会议、院务联席（扩大）会议、各庭工作研讨会等会议制度，推动了检察工作规范化建设。

5. 确定了监所检察制度。检察官有权受理刑事被告对于看守所之处遇有不当之申诉，并报告首席检察官；首席检察官有权核准审批人犯保外就医和监外执行事宜。

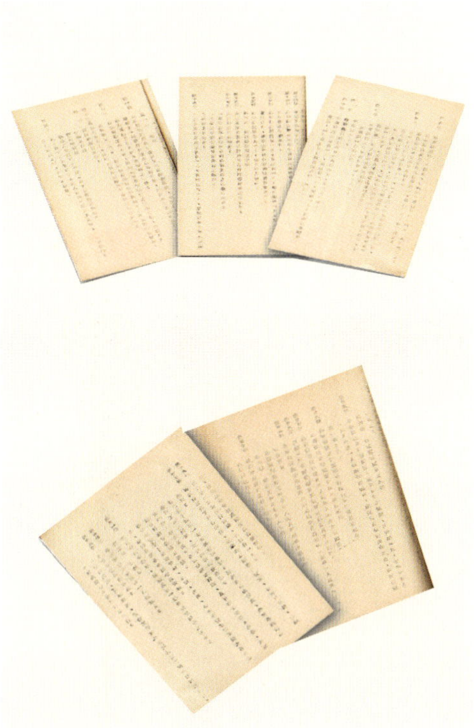

◎《东北各级司法机关暂行组织条例》

东北各级法院组织机构示意图

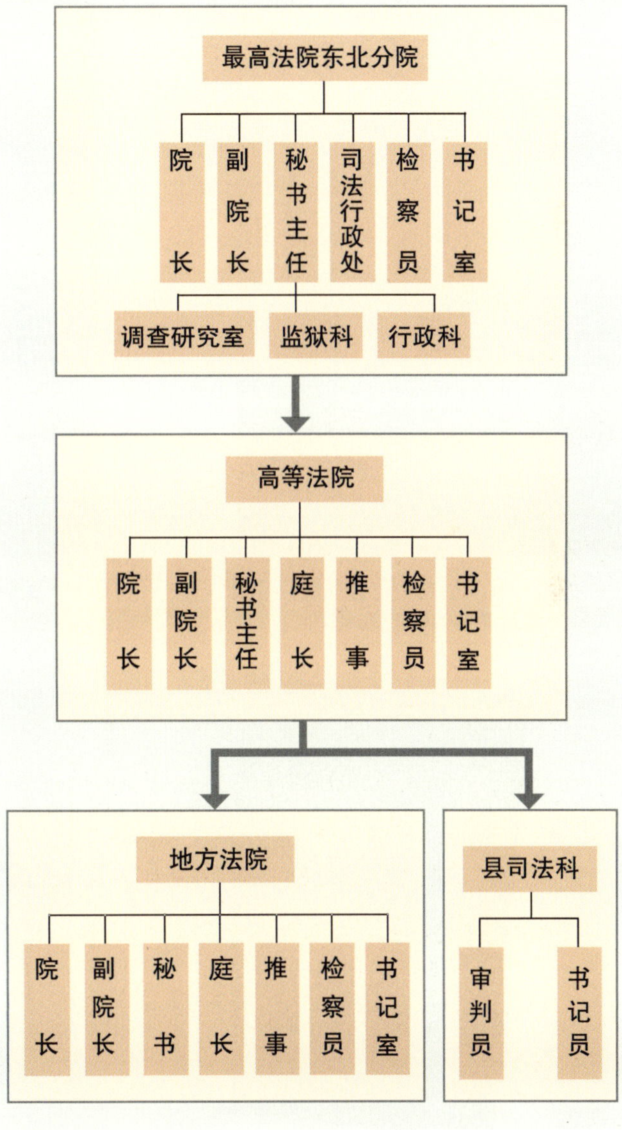

太原市军事管制委员会
特别法庭检察处

1949年4月24日，太原解放，太原市军事管制委员会对山西旧机构进行接管与改制。同年7月1日，颁布了《太原市军事管制委员会特别法庭暂行办法（草案）》，规定特别法庭检察处设首席检察官1人，检察官2人，首席检察官和检察官掌握预审、侦查、公诉、辩论等事宜。太原市公安接管组组长程谷梁兼任首席检察官，王林、李成瑞为检察官，田夫为主任书记官。

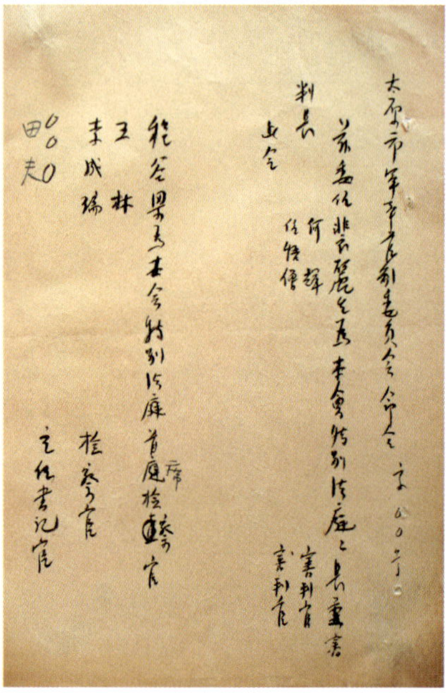

◎ 太原市军事管制委员会任命程谷梁为特别法庭首席检察官的命令

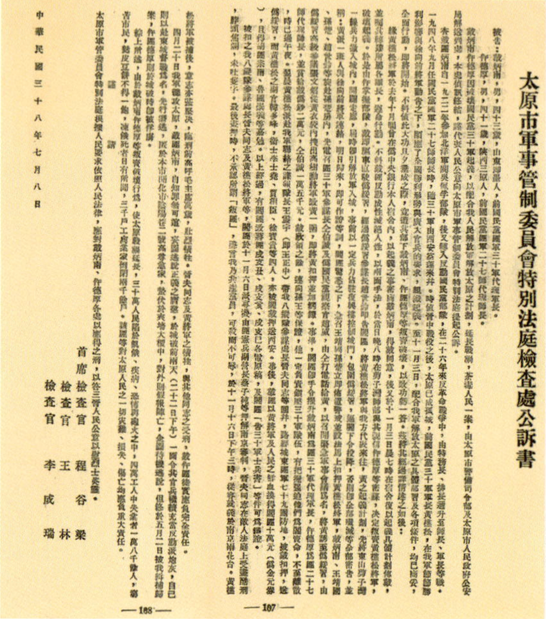

太原市軍事管制委員會特別法庭檢查處公訴書

首席檢查官 程谷梁
檢查官 王林
檢查官 李成瑞

中華民國三十八年七月八日

◎ 太原市军事管制委员会特别法庭检察处公诉书

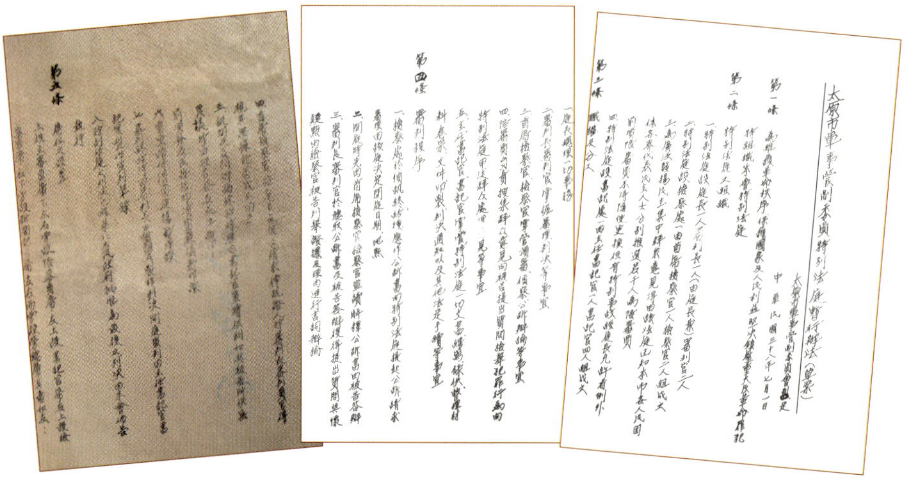

◎ 1949年7月1日颁布的《太原市军事管制委员会特别法庭暂行办法（草案）》

戴炳南、仵德厚反革命案

戴炳南系国民党原30军军长，仵德厚系国民党原30军27师师长。在国民党原30军军长黄樵松准备起义时，戴、仵二犯向阎锡山告密，致使起义失败。黄樵松将军和解放军参谋晋夫等被扣送南京，惨遭杀害。经太原市军事管制委员会特别法庭检察处起诉后，二犯分别被判处死刑和有期徒刑10年。

南……行槍決 徒刑十年

七月八日

黃樵松夫人來電 要求嚴懲戴匪炳南 軍管會複電慰問

太原市軍事管制委員會 特別法庭特種刑事判決書

短評 首惡者必辦

太原各界代表會議發表 擁護判處戴仵兩匪

◎《山西日报》关于案件的报道和评论

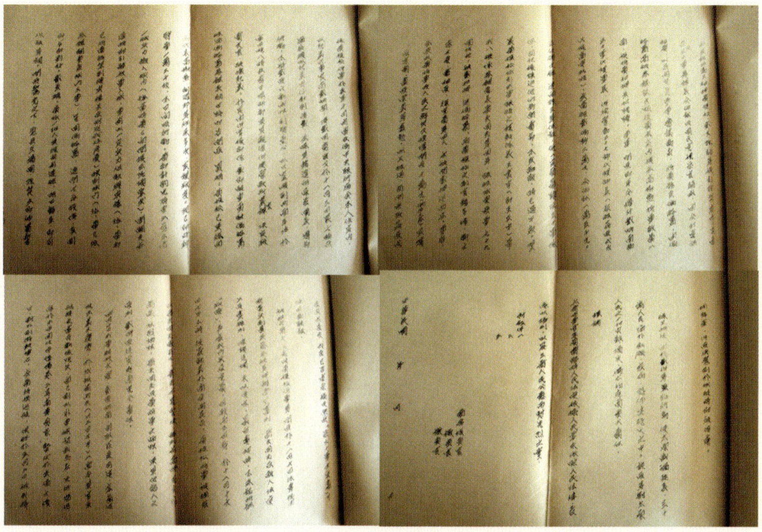

◎ 太原市军事管制委员会特别法庭检察处公诉书

◎ 绘图　丘　玮

白志沂、杨贞吉、续如辑、薄毓相反革命案

白志沂，原任太原市市长、“铁血师”司令等军政要职；杨贞吉，原为阎锡山三大特务头子之一；续如辑，曾任山西省政府民政厅厅长、五区专员兼保安司令等军政职务；薄毓相，原为阎锡山的骨干。四犯一贯与人民为敌，残害人民，罪大恶极。1949 年 8 月 23 日，太原市军事管制委员会特别法庭检察处将四犯向特别法庭提起公诉。四犯均被判处死刑。

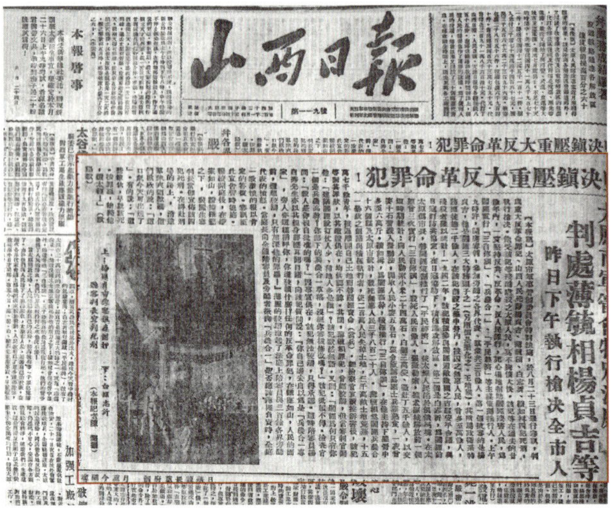

山西日報

決心鎮壓重大反革命罪犯

判處薄毓相楊貞吉等

昨日下午執行槍決全市人

◎《山西日报》对白志沂、杨贞吉、续如辑、薄毓相反革命案的报道

◎ 绘图　丘　玮

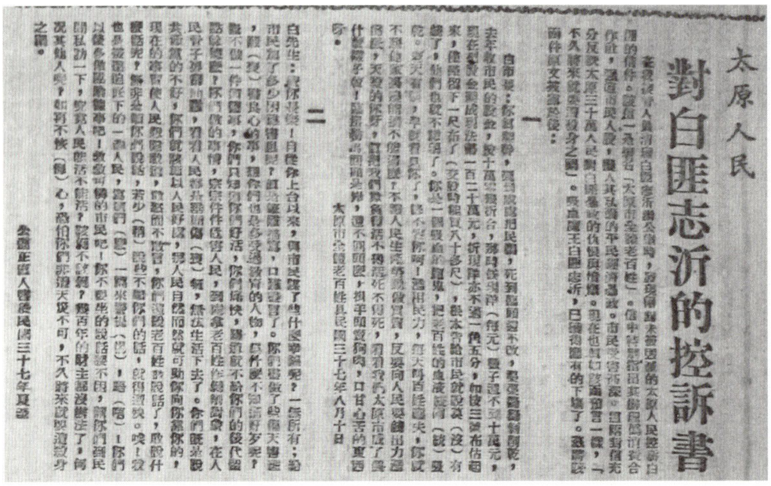

太原人民

對白匪志沂的控訴書

太原市全體老百姓具民國三十七年八月十日

◎ 报纸刊载白志沂、杨贞吉、续如辑、薄毓相反革命案的控诉书

新民主主义革命时期人民检察的历史经验

在中国共产党各级组织对革命根据地实行一元化领导下，检察机关从建立之初，就形成了坚持党的绝对领导的优良传统。

在党领导的工农民主政权、抗日民主政权、人民政权建设中，检察机关始终围绕党的中心工作，坚持以人民为中心，依法履职，保障人民群众的根本利益。

检察体制由审检合署向审检并立发展以及检察机关由国家权力机关产生的制度实践，为确立新中国检察机关的法律地位，形成检察机关由人民代表大会产生，检察与审判平行设置的国家机构体制奠定了实践基础。

检察机关负责刑事案件的侦查、预审和起诉，表明中国革命政权在诉讼制度上采取国家公诉制，从司法制度上肯定了检察机关的地位，初步明确了公安、检察、审判机关工作所遵循的基本原则。

检察委员会这一组织形式的创造，为新中国检察制度贯彻民主集中制原则，形成中国特色的检察决策机制提供了制度经验。

第四章

建国立宪 崭新篇章

JIANGUOLIXIAN
ZHANXINPIANZHANG

新中国成立初期和社会主义建设
道路探索中的人民检察

1949—1966

4

1949年9月21日，在中国人民解放战争即将取得全国胜利的前夕，中国人民政治协商会议第一届全体会议在北平举行。会议肩负起时代和人民的重托，代表全国人民的意志，选举中华人民共和国中央人民政府委员会，并且制定了两个具有历史意义的开国文献——《中国人民政治协商会议共同纲领》和《中华人民共和国中央人民政府组织法》，为创建新中国国家制度奠定了政治基础和法律基础。

根据《中国人民政治协商会议共同纲领》和《中华人民共和国中央人民政府组织法》的规定，中央人民政府组织最高人民检察署，作为国家的最高检察机关。最高人民检察署检察长、副检察长和委员均由中央人民政府委员会任免。最高人民检察署的职权是对政府机关、公务人员和全国国民之严格遵守法律，负最高的检察责任。

1949年10月1日，中央人民政府任命罗荣桓为最高人民检察署检察长。同年10月22日，最高人民检察署检察委员会议在中南海勤政殿举行第一次会议。罗荣桓检察长宣布最高人民检察署成立，并要求尽快制定检察署组织大纲，从速建立机构，开展检察工作。1949年11月1日，最高人民检察署启用印信，正式办公。同年12月20日，毛泽东主席批准《中央人民政府最高人民检察署试行组织条例》。这是新中国关于检察制度的第一个单行法规。

1950年2月21日，毛泽东主席批准《最高人民检察署一九五〇年工作计划纲要》，明确1950年检察机关的首要工作是建立各级检察机构。1950年9月4日，中共中央向全党发出了《关于建立检察机构问题的指示》，要求1951年全国普遍建立各级人民检察署。正是由于党中央和中央人民政府的重视，1950年重点建立人民检察机关的计划基本实现。到年底，最高人民检察署设在全国五大行政区的检察分署全部建立，全国50个省、直辖市和省一级行政区有47个建立了检察机构，并在一些重点专区和市、县建立了人民检察署。

1950年7月26日至8月1日，经中央人民政府批准，最高人民检察署、最高人民法院、司法部和法制委员会联合召开第一届全国司法会议，同时也是第一届全国检察工作会议。为了加强人民检察制度的建设，最高人民检察署根据第一届全国司法会议的精神，加紧进行了有关检察制度的立法工作。在实施《中央人民政府最高人民检察署试行组织条例》的基础上起草《中央人民政府最高人民检察署暂行组织条例》，并进一步修改了《各级地方人民检察署组织通则》。这两个法律文件施行了三年，推进了新中国检察制度的建设。

检察机关的创建是在相当困难的条件下进行的。由于新民主主义革命时期的检察机构没有延续下来，因而创建新中国检察机关时，既无组织基础，又缺乏工作经验，一切不得不从头做起。再加上中国历史上缺乏民主和法制的传统，检察工作又是一项新的工作，它的性质、任务是什么，为什么有了公安机关和人民法院还要设置检察机关等问题，很少为人们了解，甚至出现了检察机关“可有可无”的片面观点。面对这种情况，新建立的检察机关和刚刚走上新岗位的检察干部，没有消极等待，而是依靠各级党委的领导，一方面广泛宣传检察工作，一方面积极投入当时的社会改革、镇压反革命、“三反”“五反”等实际斗争中去，依靠群众，埋头苦干，以有限的人力和物力，抓重点，办大案，检举要犯，平反冤狱，以实际成绩显示了检察工作的重要作用，扩大了检察机关的影响。

新中国基本完成了土地改革等各项社会改革之后，党中央公布了过渡时期的总路线和总任务。从 1953 年起，我国进入社会主义改造和大规模的经济建设时期，并开始执行国家建设的第一个五年计划。为保证总路线、总任务的实现，中共中央十分重视国家的法制建设。1954 年 9 月 15 日至 28 日，中华人民共和国第一届全国人民代表大会第一次会议在北京召开，颁布了新中国第一部宪法，改“人民检察署”为“人民检察院”，明确了检察机关的宪法地位；会议选举张鼎丞为最高人民检察院检察长；通过了《全国人民代表大会组织法》、《地方各级人民代表大会和地方各级人民委员会组织法》和《人民检察院组织法》，确立了各级人民检察院检察长候选提名制、列席人大会议制及任免制，系统地规定了人民检察院的设置、职权，行使职权的程序，组织与活动的原则等内容，进一步健全和完善了新中国人民检察制度。人民检察制度翻开了崭新篇章。

1954 年至 1957 年上半年，是人民检察事业发展的大好时期，全国检察组织机构体系基本建成，各级人民检察院依法开展各项业务工作。

在组织机构方面，1954 年 8 月，最高人民检察署设在东北、西北、华东、中南、西南五大行政区的分署，随着各大行政区的撤销而全部撤销；1955 年 1 月，最高人民检察院铁路水上运输检察院成立；1955 年 9 月，最高人民检察院军事检察院成立；1955 年底，全国各地人民检察院已基本建立起来；最高人民检察院机关内设机构也重新调整设立。1958 年 6 月，最高人民检察院设立最高人民检察院西藏分院。

在业务工作方面，各级人民检察院已全部担负起审查批捕、审查起诉工作。1956

年，全国检察机关审查公安机关侦查终结移送起诉的案件共269250件，其中决定起诉的200484件；检察机关侦查终结的案件26128件，其中决定起诉的25929件；审查投案自首的案件19202件，其中决定起诉的2250件；审查内部肃反案件6802件，其中决定起诉的2241件。以上四项合计决定起诉的案件共为230904件。全国各省、自治区、直辖市的平均起诉率为71.9%，最高起诉率为87.87%，最低起诉率为51.63%。这些数字充分说明，按照法律程序办事，决不是可有可无的形式，而是有效地防止了把一些无罪的人或者可以免予处罚的人交付审判。审判监督和对刑罚的执行监督也有所进展。1956年，经过各级人民检察院按照上诉程序和审判监督程序提出抗诉的案件共有2700件。在当年经法院重新审理的1429件中，决定改判和发回更审的有1159件，占81.11%。这对于正确执行法律，防止和纠正冤假错案以及重罪轻判和轻罪重判现象，起到了良好的作用。在一般监督和处理人民申诉方面，各级检察机关也做了许多工作，处理了一批违法乱纪的案件；对于参与民事诉讼工作，进行了一些试点。

1957年反右斗争扩大化，党的指导思想开始出现“左”的偏差。此后1958年的“大跃进”运动和1959年庐山会议后的反右倾斗争，使“左”的错误进一步延续。经过这三次运动的冲击，从中央到地方刮起了一股对检察机关的“取消风”，给检察工作造成了严重影响。1960年11月，公安部、最高人民检察院、最高人民法院三机关实行合署办公，最高人民检察院仅保留二三十人。

总的来看，新中国成立后17年的人民检察，确立了检察机关的宪法地位，“一府两院”的国家机构体制得以基本定型；检察机构和队伍有了很大发展，在国家政治和社会生活中逐步发挥着维护法律统一正确实施的重要作用。同时，由于各种因素的影响，检察工作也受到了一些质疑和冲击，符合国情的检察体制和工作机制处在实践和探索之中。

新中国成立初期的检察工作

中华人民共和国成立，开辟了中国历史的新纪元。新中国在总结新民主主义革命时期人民检察实践经验的基础上，学习、借鉴社会主义法系国家检察制度，建构了共和国的新型检察体制。新中国成立初期的检察机关虽然组织机构尚不够健全，但是一边建设一边工作，积极投入到镇压反革命、“三反”“五反”“新三反”等斗争中，依靠群众，埋头苦干，以有限的人力和物力，抓重点，办大案，检举要犯，平反冤狱，以实际成绩彰显了检察工作的重要作用，扩大了检察机关的影响。

◎ 1949年9月21日至30日，中国人民政治协商会议第一届全体会议在北平召开。图为北平群众在新华门前庆祝会议的召开。

人民检察署的建立

根据《中国人民政治协商会议共同纲领》和《中华人民共和国中央人民政府组织法》的规定：中央人民政府委员会组织最高人民检察署，作为国家的最高检察机关。最高人民检察署的职权是："对政府机关、公务人员和全国国民之严格遵守法律，负最高的检察责任。"1949 年 11 月 1 日，最高人民检察署正式办公。

◎ 1949年9月21日，中国人民政治协商会议第一届全体会议在北平举行。

◎ 中国人民政治协商会议选举了中华人民共和国中央人民政府委员会，制定了两个具有历史意义的开国文献——《中国人民政治协商会议共同纲领》和《中华人民共和国中央人民政府组织法》。

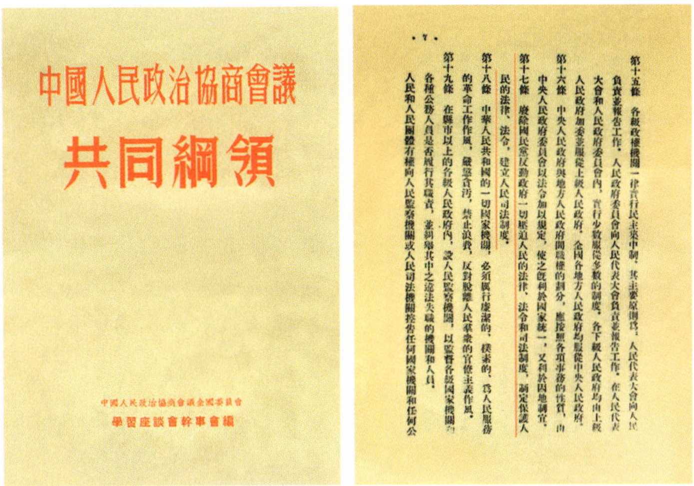

中國人民政治協商會議

共同綱領

中國人民政治協商會議全國委員會

學習座談會幹事會編

·7·

第十五條　各級政權機關一律實行民主集中制。其主要原則爲：人民代表大會向人民負責並報告工作。人民政府委員會向人民代表大會負責並報告工作。在人民代表大會和人民政府委員會內，實行少數服從多數的制度。各下級人民政府均由上級人民政府加委並服從上級人民政府。全國各地方人民政府均服從中央人民政府。

第十六條　中央人民政府與地方人民政府間職權的劃分，應按照各項事務的性質，由中央人民政府委員會以法令加以規定，使之既利於國家統一，又利於因地制宜。

第十七條　廢除國民黨反動政府一切壓迫人民的法律、法令和司法制度，制定保護人民的法律、法令，建立人民司法制度。

第十八條　中華人民共和國的一切國家機關，必須厲行廉潔的、樸素的、爲人民服務的革命工作作風，嚴懲貪污，禁止浪費，反對脫離人民羣衆的官僚主義作風。

第十九條　在縣市以上的各級人民政府內，設人民監察機關，以監督各級國家機關和各種公務人員是否履行其職責，並糾舉其中之違法失職的機關和人員。

人民和人民團體有權向人民監察機關或人民司法機關控告任何國家機關和任何公

◎《中国人民政治协商会议共同纲领》为创建新中国国家制度奠定了政治基础和法律基础。

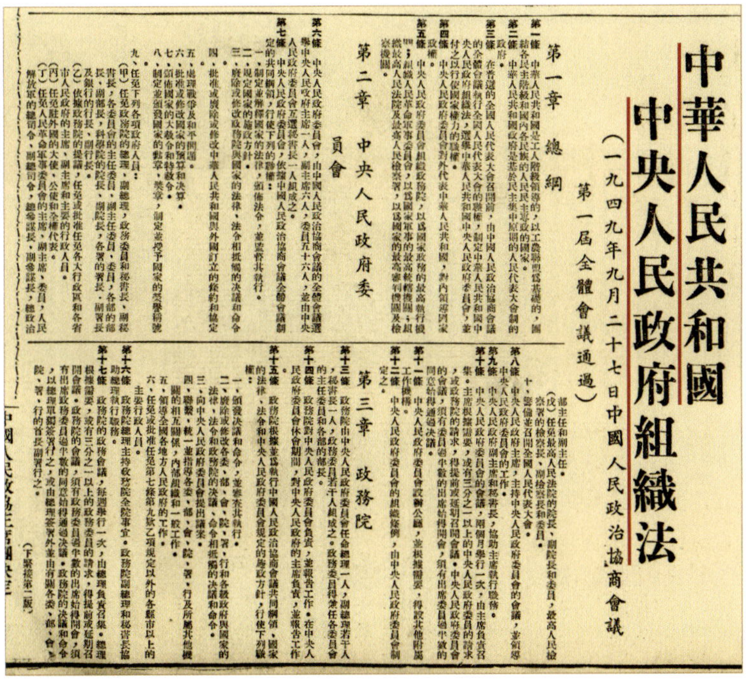

中華人民共和國中央人民政府組織法

（一九四九年九月二十七日中國人民政治協商會議第一屆全體會議通過）

第一章　總綱

第二章　中央人民政府委員會

第三章　政務院

（下轉第二版）

◎1949年9月30日，《人民日报》刊发《中华人民共和国中央人民政府组织法》。该法规定了中央人民政府最高人民检察署的设置、职权、人员配置等事项。根据《中国人民政治协商会议共同纲领》和《中华人民共和国中央人民政府组织法》的规定，中央人民政府委员会组织最高人民检察署，作为国家的最高检察机关。最高人民检察署的职权是："对政府机关、公务人员和全国国民之严格遵守法律，负最高的检察责任。"

共和国第一任检察长　罗荣桓

罗荣桓（1902—1963），湖南衡山（今衡东）人。1927年加入中国共产党。1934年1月被选为中华苏维埃共和国中央候补执行委员。抗日战争期间任八路军115师政委。解放战争中参与指挥辽沈战役、平津战役。1949年10月至1954年9月任最高人民检察署检察长。1954年6月任中央人民政府人民革命军事委员会副主席。1955年11月任中国人民解放军监察委员会书记。1955年9月被授予中华人民共和国元帅军衔。中共第七届中央委员、第八届中央政治局委员，第一届、第二届全国人大常委会副委员长。

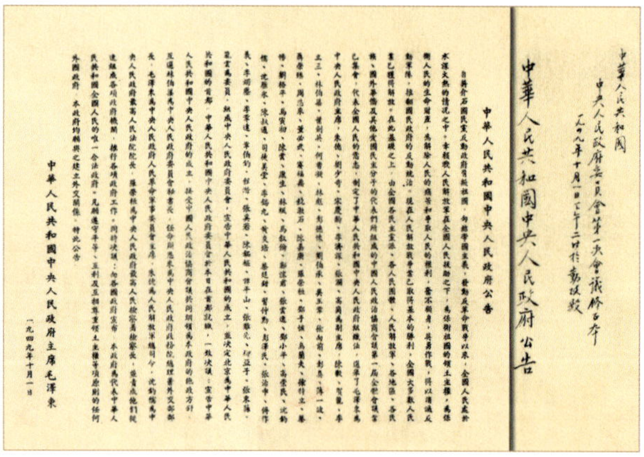

中華人民共和國中央人民政府公告

中華人民共和國中央人民政府主席　毛澤東

一九四九年十月一日

◎ 1949年10月1日，中华人民共和国中央人民政府发布公告：罗荣桓为中央人民政府最高人民检察署检察长。

中央人民政府任命通知書

府字第　號

茲經中央人民政府委員會第一次會議通過任命羅榮桓為中央人民政府最高人民檢察署檢察長

特此通知

主席

一九四九年十月一日

中華人民共和國中央人民政府之印

◎ 毛泽东签署的任命状

◎ 罗荣桓检察长用过的公文包和砚台

◎ 1949年10月1日，罗荣桓检察长在天安门城楼上参加开国大典（前排左起：朱德、罗荣桓、陈毅、刘伯承、贺龙）。

最高人民检察署副检察长

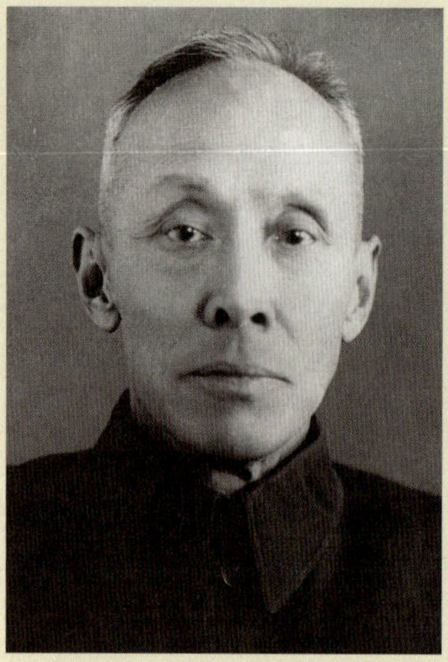

李六如

李六如（1887—1973），湖南平江人。早年参加同盟会和辛亥革命。1913 年留学日本。1921 年加入中国共产主义青年团，同年转入中国共产党。参加了第一次国共合作和北伐战争，任国民革命军第二军师党代表兼政治部主任。1927 年参加湘赣边界秋收起义，任中共湖南省委特派员。1930 年到中央苏区，任福建省苏维埃政府内务部、财政部部长，中华苏维埃共和国临时中央政府国家银行总行副行长、代行长。1937 年到延安，任毛泽东办公室秘书长、延安行政学院代院长、中共中央财经部副部长。1945 年后任中共热河省委常委、热河省人民政府秘书长、东北财经委员会副主任、东北财政经济干部学校校长。新中国成立后，任最高人民检察署副检察长，政务院政法委员会委员，第二届、第三届全国政协常委。“文革”中受迫害，于 1973 年 4 月 10 日逝世。

蓝公武

蓝公武（1887—1957），江苏吴江人。1911 年毕业于日本东京帝国大学哲学系。1913 年赴德国留学。1917 年后任《国民公报》社长、《晨报》董事、北洋政府国会议员。先后参加了辛亥革命和护国、护法运动。1923 年后在中国大学任教。1931 年后积极支持中国共产党的秘密工作。抗日战争时期，因宣传抗日救国主张，曾被日本宪兵司令部拘禁。1945 年任察哈尔省人民政府教育厅厅长、北岳行署民政厅厅长、华北人民政府副主席兼民政厅厅长。新中国成立后，任最高人民检察署副检察长、政务院政法委员会委员、第一届全国人大常委、第一届全国政协委员。1957 年病逝后，根据其生前遗愿被追认为中国共产党党员。

最高人民检察署检察委员会议委员

最高人民检察署检察委员会议委员：罗瑞卿、杨奇清、何香凝、李锡九、周新民、陈少敏、许建国、汪金祥、李士英、卜盛光、冯基平。

罗瑞卿（1906—1978）

杨奇清（1911—1978）

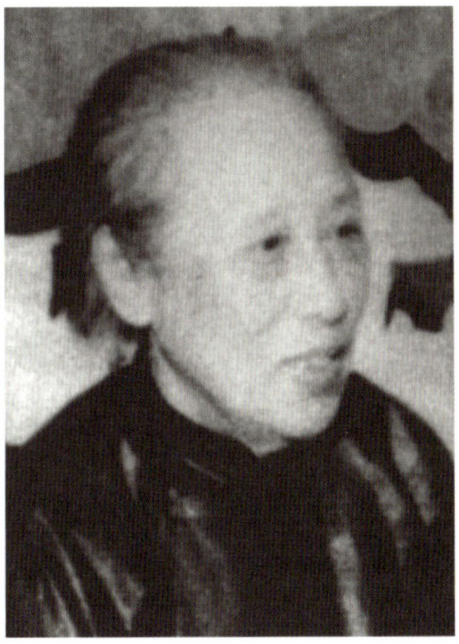

何香凝（1878—1972）

李锡九（1873—1952）

周新民（1896—1979）

陈少敏（1902—1977）

许建国（1903—1977）

汪金祥（1907—1983）

李士英（1912—2001）

卜盛光（1907—1984）

冯基平（1911—1983）

最高人民检察署的设置

1949 年 10 月 22 日，最高人民检察署检察委员会议在中南海勤政殿举行第一次会议，会议由罗荣桓主持，全体成员出席。罗荣桓宣布最高人民检察署成立，并要求尽快制定检察署组织大纲，从速建立机构，开展检察工作。会议对最高人民检察署的组织机构和干部配备问题进行了讨论，并推举了李六如、蓝公武、罗瑞卿、杨奇清、周新民五人为检察署组织大纲的起草人。

1949 年 11 月 1 日，最高人民检察署启用印信，正式办公。次日，最高人民检察署检察委员会议通过《中央人民政府最高人民检察署试行组织条例》，并报请中央人民政府审批。同年 12 月 20 日，中央人民政府主席毛泽东批准了这个条例，这是新中国关于检察制度的第一个单行法规。

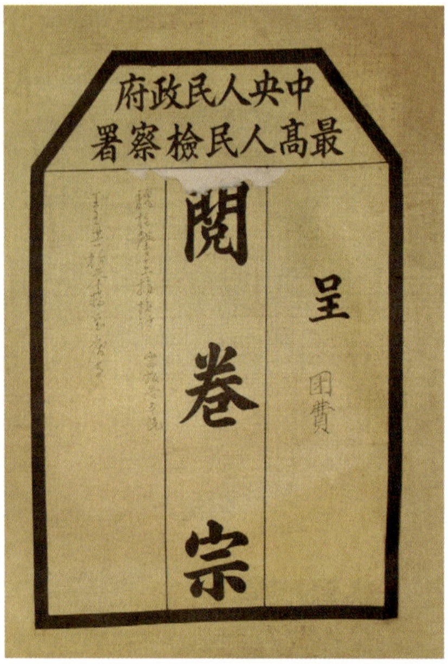

◎ 最高人民检察署的阅卷宗

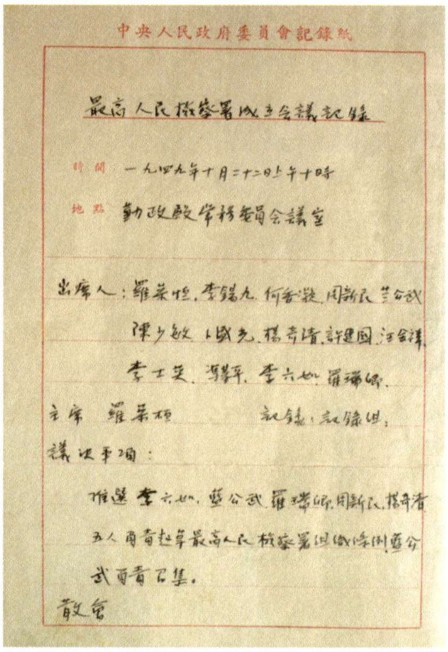

◎ 1949年10月22日，最高人民检察署检察委员会议第一次会议记录

◎ 最高人民检察署按中央人民政府发布的启用“中央人民政府最高人民检察署”印信令正式办公。

《中央人民政府最高人民检察署试行组织条例》
（1949 年 12 月）

最高人民检察署的职权

检察全国各级政府机关及公务人员和全国国民是否严格遵守人民政协共同纲领及人民政府的政策方针与法律、法令。

对各级司法机关之违法判决提起抗议。

对刑事案件实行侦查，提起公诉。

检察全国司法与公安机关犯人改造所及监所之违法措施。

对于全国社会与劳动人民利益有关之民事案件及一切行政诉讼，均得代表国家公益参与之。

处理人民不服下级检察署不起诉处分之声请复议案件。

领导体制

实行垂直领导。全国各级检察署均独立行使职权，不受地方机关干涉，只服从最高人民检察署之指挥。

实行检察委员会议与检察长负责制相结合的制度。检察委员会议“以检察长为主席，如检察委员会议意见不一致时，取决于检察长”。检察委员会议的任务是，“议决有关检察之政策方针、重大案件及其他重要事项，并总结经验”。

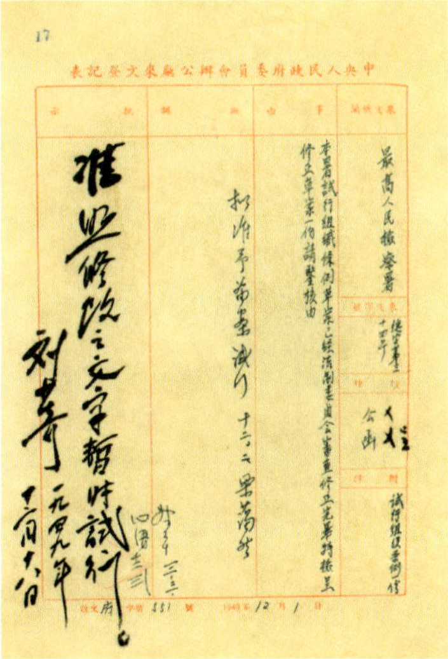

◎ 刘少奇对《中央人民政府最高人民检察署试行组织条例》的批示

最高人民检察署组织机构图（1950 年）

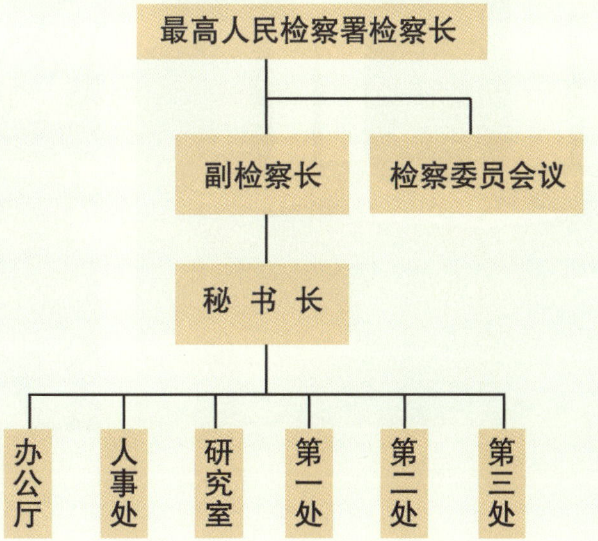

最高人民检察署（院）办公地址

◎ 最高人民检察署（院）办公地址（1949—1958）：司法部街72号（现人民大会堂位置）。该大楼是1906年落成的德式建筑。原为清末的大理院，民国时期的北平地方法院。新中国成立后，最高人民法院、最高人民检察署（院）在此办公。建人民大会堂时，此楼被拆除。

◎ 最高人民检察署办公室陈设

◎ 大楼一侧

地方各级人民检察署的建立

1950 年 1 月 29 日，中共中央转发《最高人民检察署关于建立机构与开展工作的通报》，要求各大区中央局、分局和省、市委保证其实施。《通报》提出重点建立、逐步发展的方针，确定了各级机关的名称和设置。

1950 年 2 月 21 日，中央人民政府主席毛泽东批准了《最高人民检察署一九五〇年工作计划纲要》，明确 1950 年检察机关的首要工作是建立各级检察机构。

为了加速检察机构的建立和检察干部的配备，1950 年 8 月，中央人民政府主席毛泽东批准了最高人民检察署制定的《各级检察署工作人员任免暂行办法》。

鉴于一些地方建立检察机构进展不快，1950 年 9 月 4 日，中共中央再次向全党发出了《关于建立检察机构问题的指示》，强调指出检察机关是国家的法律监督机关，是人民民主专政的重要武器，必须加以重视，要求在 1951 年普遍建立各级人民检察署。

在 1950 年内，先后四次分别由中共中央发布指示和经中央人民政府主席毛泽东批准下达文件，督促检察机关的建设。这充分表明中共中央和中央人民政府对检察工作的重视。1950 年年底，最高人民检察署设在全国五大行政区的检察分署全部建立，全国 50 个省、直辖市和省一级行政区有 47 个建立了检察机构，并在一些重点专区和市、县建立了人民检察署。

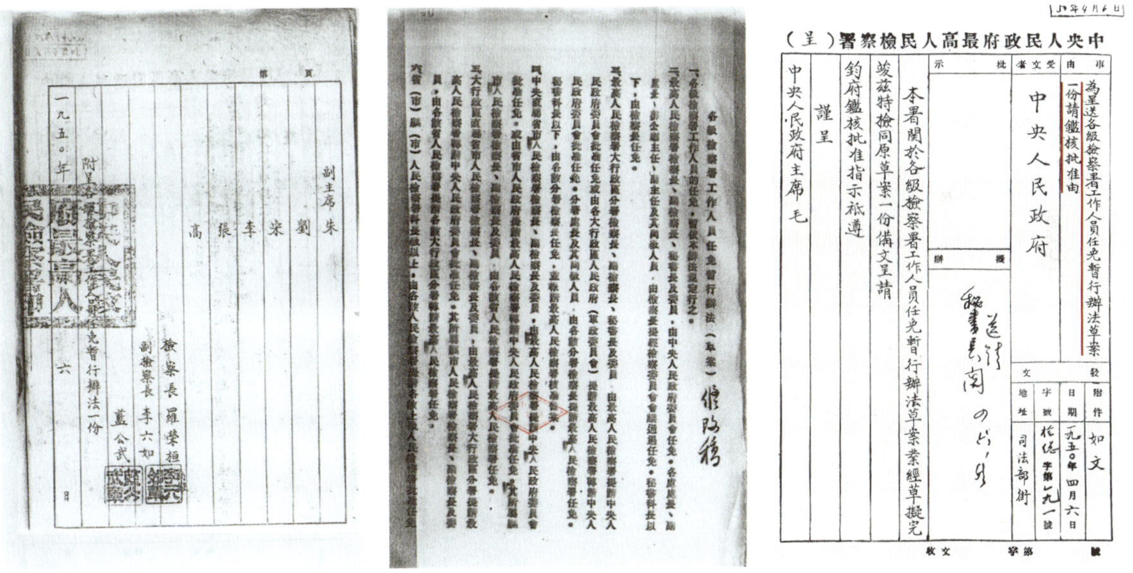

副主席 朱
劉
宋
李
張
高

附呈……免暫行辦法一份

檢察長 羅榮桓
副檢察長 李六如
藍公武

各級檢察署工作人員任免暫行辦法（草案）

中央人民政府最高人民檢察署（呈）

事由：為呈送各級檢察署工作人員任免暫行辦法草案一份請鑒核批准由

受文者：中央人民政府

批示

擬辦

發文
附件：如文
日期：一九五〇年四月六日
字號：檢字第一九一號
地址：司法部街

本署關於各級檢察署工作人員任免暫行辦法草案業經草擬完竣茲特檢同原草案一份備文呈請
鈞府鑒核批准指示祗遵
謹呈
中央人民政府主席 毛

◎ 1950年4月6日，最高人民检察署向中央人民政府呈送《各级检察署工作人员任免暂行办法草案》。

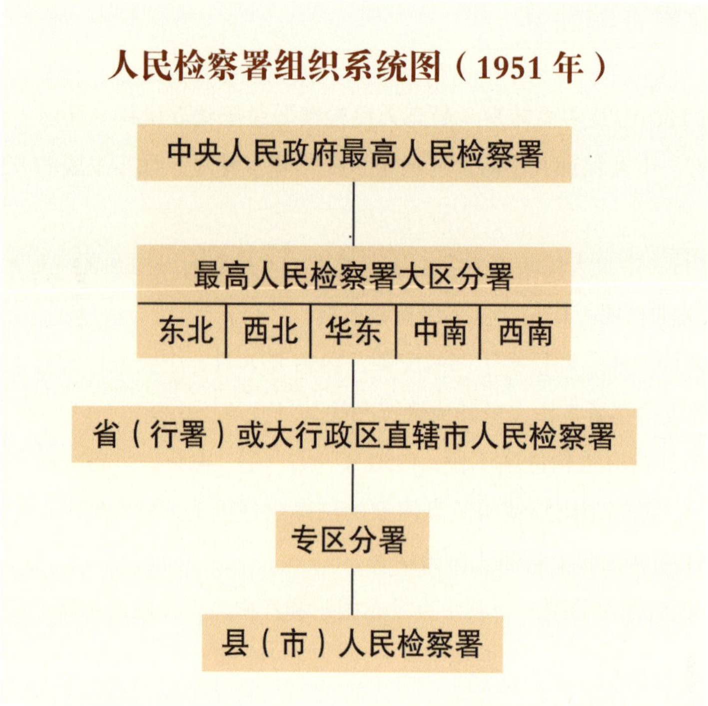

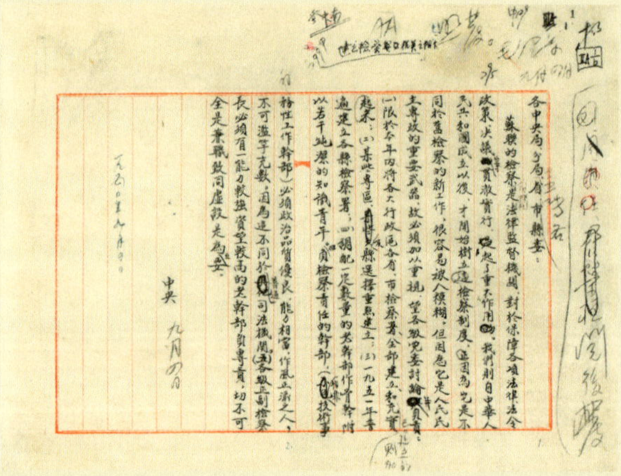

各中央局、分局、省、市、县委：

苏联的检察机关是法律监督机关，对于保障各项法律、法令、政策、决议等贯彻实行，起了重大作用。我们则自中华人民共和国成立以后，才开始树立检察制度，正因为它是不同于旧检察的新工作，很容易被人模糊。但因为它是人民民主专政的重要武器，故必须加以重视，望各级党委讨论并负责：（一）限于本年内将各大行政区各省、市检察署全部建立和充实起来；（二）某些专区及县选择重点建立；（三）一九五一年普遍建立各县检察署；（四）调配一定数量的老干部作骨干，附以若干纯洁的知识青年。担负检察责任的干部（指非技术事务性的工作干部），必须政治品质优良、能力相当、作风正派之人，不可滥竽充数。因为这不同于普通司法机关；（五）各级正副检察长必须有一能力较强、资望较高的老干部负专责，切不可全是兼职，致同虚设，是为至要。

中央

一九五〇年九月四日

◎ 1950年9月4日，中共中央发出《关于建立检察机构问题的指示》。

◎ 最高人民检察署西南分署全体工作人员合影

◎ 最高人民检察署东北分署全体工作人员合影

◎ 最高人民检察署西北分署召开的西北各省检察长首届联席会议合影

◎ 1950年9月，中共中央发出通知，要求在1951年普遍建立各级人民检察署。1950年年底，最高人民检察署在全国五大行政区的检察分署均已成立。图为西北分署、中南分署、东北分署、华东分署、西南分署的印鉴。

人民檢察工作已初步展開

全國各級檢察機構及制度開始建立

【本報訊】去年一年，人民檢察工作取得了一定成績。在全國五大行政區內建立了五個檢察分署，並建立了三十五個省、十七個市、十一個專區和四十一個縣的檢察署。僅最高人民檢察署在去年下半年即處理案件達七百四十九件。上述機關的建立與人民檢察工作的初步開展，已爲今後繼續開展檢察工作奠定了良好基礎。

人民檢察工作是新中國的新制度之一。中央人民政府最高人民檢察署自中央人民政府成立以來，即根據中央人民政府組織法第二十八條的規定『最高人民檢察署對政府機關、公務人員和全國國民之嚴格遵守法律，負最高的檢察責任』進行工作。

在去年上半年，主要工作是建立中央及各級檢察機構，草擬各項規章，很少進行實際檢察工作。下半年，尤其是政務院和最高人民法院聯合發佈『關於鎮壓反革命活動的指示』後，各級檢察署即以檢察反革命案件爲工作重心，會同司法、公安機關，清理和處理反革命等特刑案件，檢察並糾正了若干判刑不當及監所管理失當的問題。

最高人民檢察署在去年下半年處理的七百餘起案件中，除最高人民法院特刑送核者外，在群衆直接控訴及其他機關轉來的案件中，主要是控告公安、司法及其他機關公務人員違法亂紀、判刑不當，對反革命分子量刑不當，以及行政訴訟等案件。這些案件由於最高人民檢察署給予迅速、愼重而嚴正的處理，一般反應良好。

各級檢察署一年來比較顯著的成就，是在政務院和最高人民法院聯合發佈『關於鎮壓反革命活動的指示』後，會同司法、公安等機關基本上糾正了『寬大無邊』的偏向；在檢舉反革命案件和公務人員違法亂紀案件等方面，也都作出了一些成績。

關於檢察反革命案件中，據東北六省半年來不完

◎ 1951年1月12日，《人民日报》关于检察工作的报道。

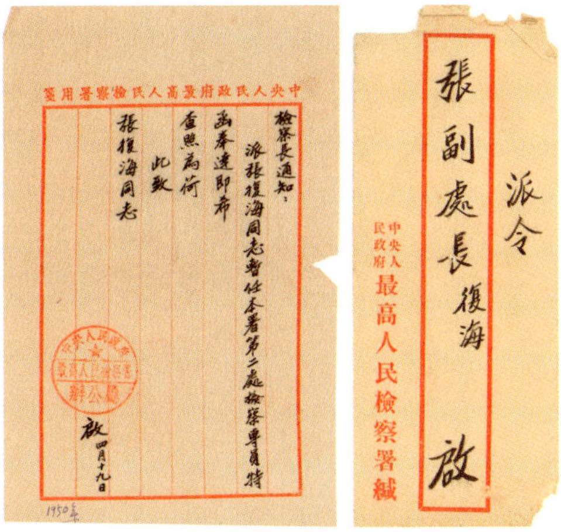

中央人民政府最高人民檢察署用箋

檢察長通知：派張復海同志暫任本署第二處檢察專員特函奉達即希查照為荷

此致

張復海同志

啟 四月十九日

張副處長 復海 啟

派令

中央人民政府最高人民檢察署緘

◎ “检察专员”是最高人民检察署在1951年9月至1954年8月间设置的一项职务。根据1951年9月通过的《中央人民政府最高人民检察署暂行组织条例》和《各级地方人民检察署组织通则》的规定，在最高人民检察署及其分署的各处下设“检察专员、检察员、助理检察员、书记等”。图为任命张复海为检察专员的派令。

長沙市人民檢察署聘任書

茲聘任長沙市搬運公司第四辦事處樊光耀同志為本署檢察通訊員

此聘

檢察長

副檢察長 王永昌

公元一九五[illegible]年十月二十六日

◎ 为在检察工作中贯彻群众路线，密切联系群众，人民检察署在各机关、团体、企事业单位聘任有关人员为“检察通讯员”。检察通讯员是在检察机关直接领导下对反革命分子及各种刑事犯罪分子作斗争、对群众进行法制教育的重要力量。到1956年9月，全国有检察通讯员94000余名。图为长沙市人民检察署聘任长沙市搬运公司樊光耀为检察通讯员的聘任书。

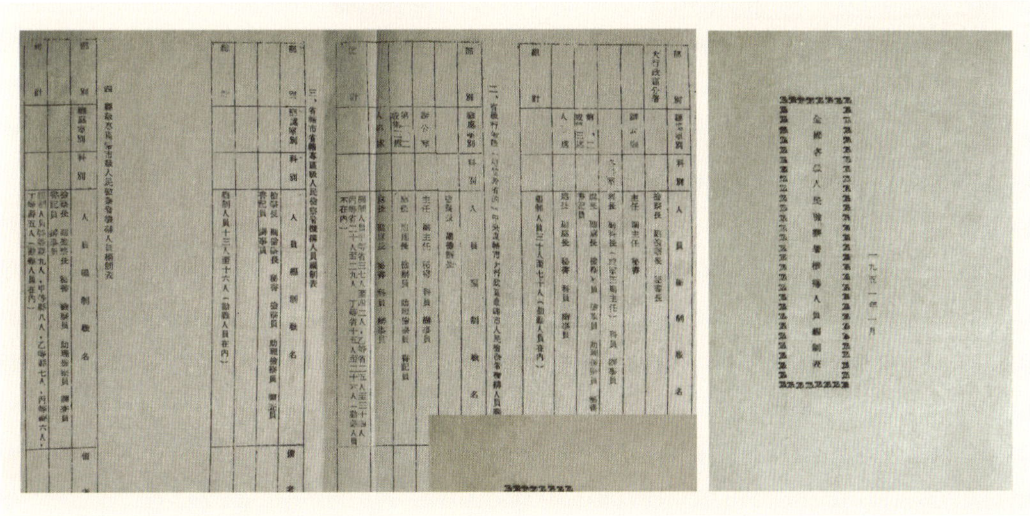

全國各級人民檢察署機構人員編制表

一九五一年一月

◎ 1951年1月15日，最高人民检察署和全国编制委员会发出《全国各级人民检察署机构人员编制表》。

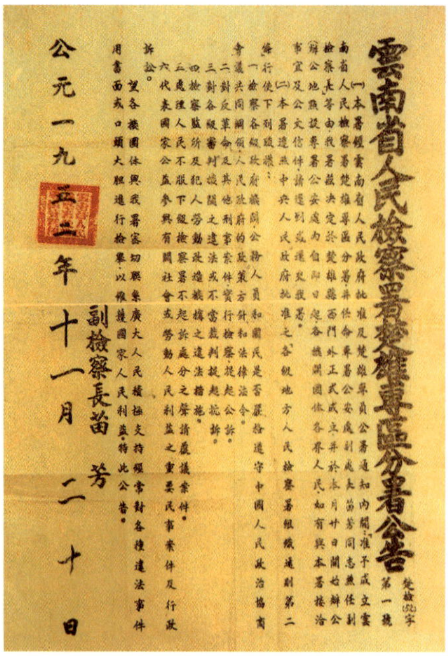

雲南省人民檢察署楚雄專區分署公告

楚檢(52)字第一號

(一)本署經雲南省人民政府批准及楚雄專員公署通知內開：准予成立雲南省人民檢察署楚雄專區分署，并任命專署公安處副處長苗芳同志兼任副檢察長等由。我署茲決定於楚雄縣西門外正式成立，并於本月廿日開始辦公（辦公地點設專署公安處內）自即日起各機關團體各界人民，如有與本署接洽事宜及公文信件，請逕到我處投送。

(二)本署遵照中央人民政府批准之各級地方人民檢察署組織通則第二條行使下列職權：

一、檢察各級政府機關公務人員和國民是否嚴格遵守中國人民政治協商會議共同綱領、人民政府的政策方針和法律法令。

二、對反革命及其他刑事案件，實行檢察，提起公訴。

三、對各級審判機關之違法或不當裁判，提起抗訴。

四、檢察監所及犯人勞動改造機構之違法措施。

五、處理人民不服下級檢察署不起訴處分之聲請覆議案件。

六、代表國家公益參與有關社會或勞動人民利益之重要民事案件及行政訴訟。

望各機關團體與我署密切聯系，廣大人民積極支持，經常對各種違法事件用書面或口頭大胆進行檢舉，以維護國家人民利益。特此公告。

副檢察長苗　芳

公元一九五二年十一月二十日

◎ 云南省人民检察署楚雄专区分署成立公告

◎ 最高人民检察署西南分署编辑的工作资料

中央人民政府政務院任命通知書　政字第4696號

茲經政務院第一百十二次政務會議通過任命陳養山為南京市人民檢察署檢察長

特此通知

總理　周恩來

一九五一年十一月二十三日

中央人民政府政務院印

◎ 陈养山为南京市人民检察署检察长的任命通知书

◎ 最高人民检察署东北工作团印章

◎ 1951年11月最高人民检察署西南分署第二期检察业务培训班结业纪念章

◎ 长春市人民检察署徽章

第一届全国司法会议和检察制度的初步建设

1950年7月26日至8月11日，第一届全国司法会议在北京召开，这也是第一届全国检察工作会议，会议确定了人民司法机关和人民检察机关的任务。最高人民检察署根据会议精神，加紧进行有关检察制度的立法工作，制定《中央人民政府最高人民检察署暂行组织条例》《各级地方人民检察署组织通则》，各项检察工作制度初步建立起来。

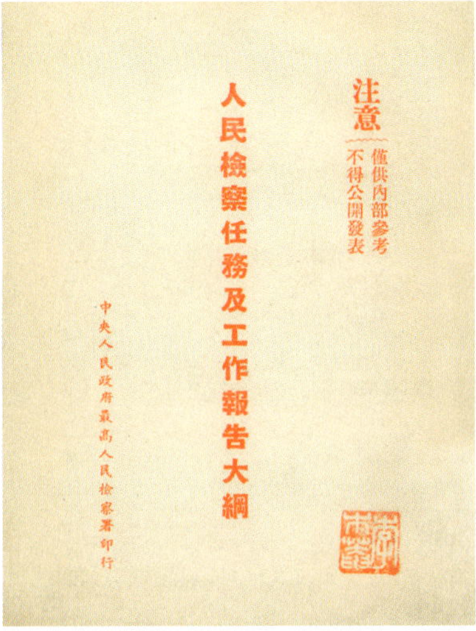

注意 僅供內部參考 不得公開發表

人民檢察任務及工作報告大綱

中央人民政府最高人民檢察署印行

◎ 最高人民检察署副检察长李六如在第一届全国司法会议上作了《人民检察任务及工作报告》的讲话。

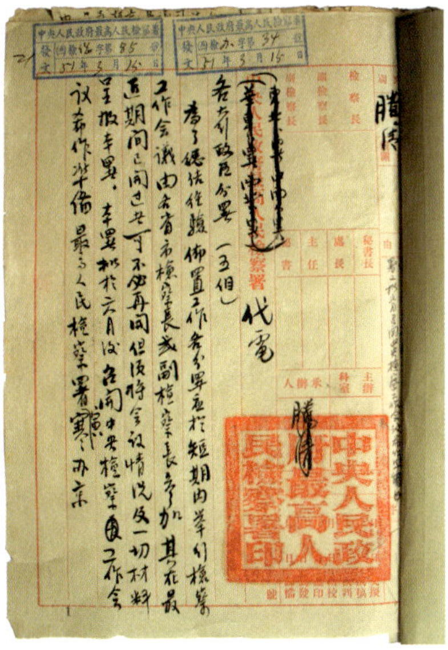

◎ 最高人民检察署下发的召开检察工作会议的通知

人民日報

一九五〇年八月二十六日 星期六

司法工作步入法制建設的新階段

首屆全國司法會議閉幕

明確了司法工作主要任務和基本路綫

通過有關司法和檢察工作的四個報告

◎《人民日报》关于会议的报道

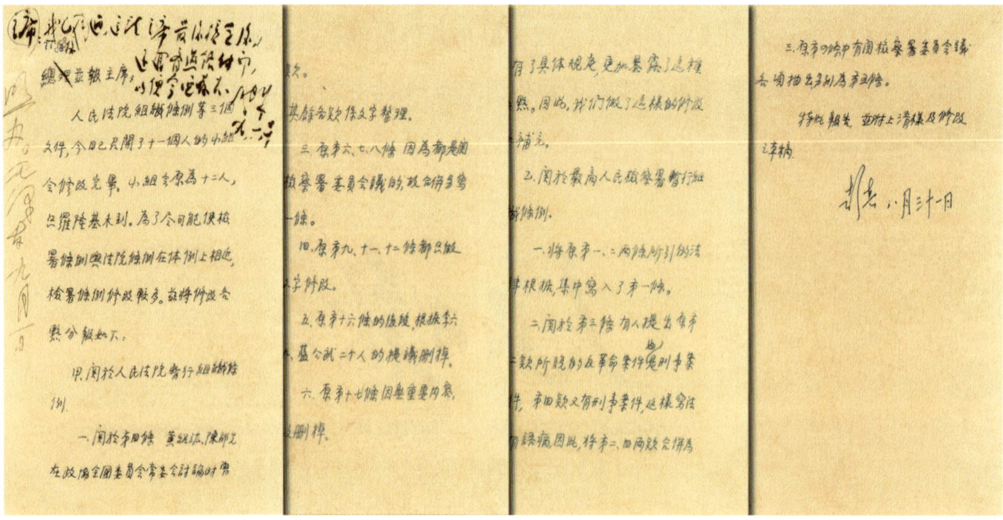
总理并报主席：

人民法院组织条例等三个文件，今日已只开了十一个人的小组会修改完毕，小组会原为十二人，只罗隆基未到。为了尽可能使检署条例与法院条例在体例上相近，检署条例修改较多。兹将修改各点分报如下：

甲、关于人民法院暂行组织条例。

一、关于第四条 黄绍竑、陈郁先在政协全国委员会常委会讨论时曾

……款。

其余各款系文字整理。

三、原第六、七、八条 因为都是关于检察署委员会议的，故合併为一条。

四、原第九、十一、十二条都只做文字修改。

五、原第十六条的后段，根据李六如、蓝公武二人的提议删掉。

六、原第十七条因无重要内容，故删掉。

……有了具体规定，更加暴露了这种缺点。因此，我们做了这样的修改补充。

乙、关于最高人民检察署暂行组织条例。

一、将原第一、二两条所引的法律根据，集中写入了第一条。

二、关于第三条 有人提出原第二款所说的反革命案件也是刑事案件，第四款又有刑事案件，这样写法有语病，因此，将第二、四两款合併为

三、原第四条中有关检察署委员会议各项抽出另列为第五条。

特此报告，并附上清样及修改之草稿。

彭真 八月三十一日

◎ 1951年8月31日，政务院政法委员会副主任彭真向毛泽东主席和周恩来总理报告《中央人民政府最高人民检察署暂行组织条例》的修改情况。

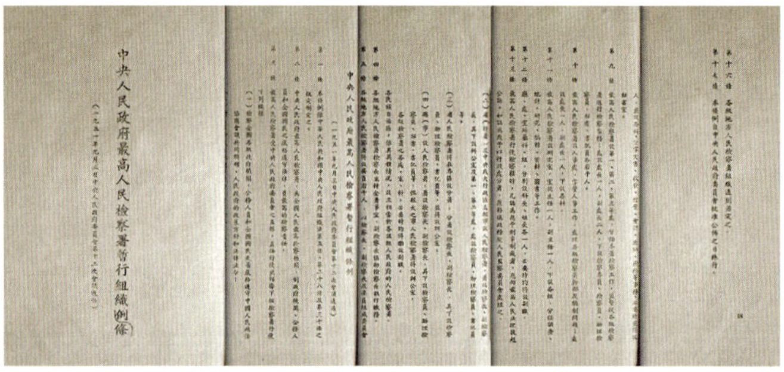
中央人民政府最高人民检察署暂行組織條例

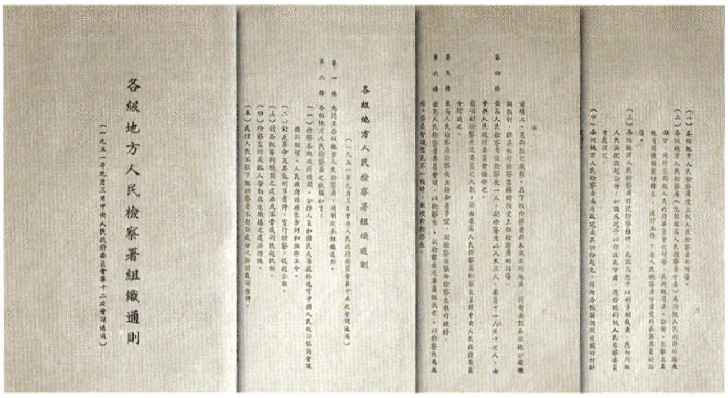
各級地方人民檢察署組織通則

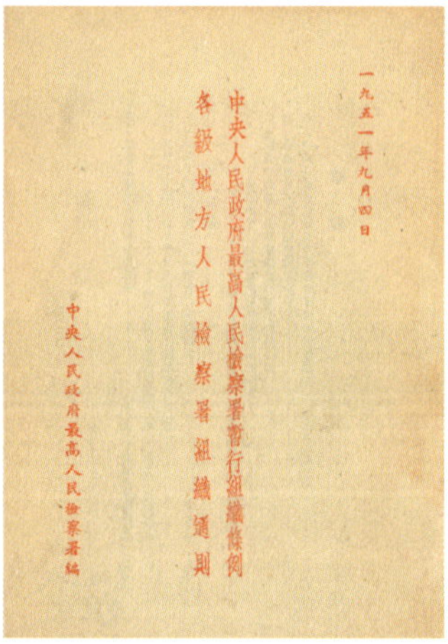
一九五一年九月四日

中央人民政府最高人民檢察署暫行組織條例

各級地方人民檢察署組織通則

中央人民政府最高人民檢察署編

◎ 1951年9月3日，中共中央人民政府委员会第十二次会议通过《中央人民政府最高人民检察署暂行组织条例》及《各级地方人民检察署组织通则》。

◎ 政务院政治法律委员会主任董必武

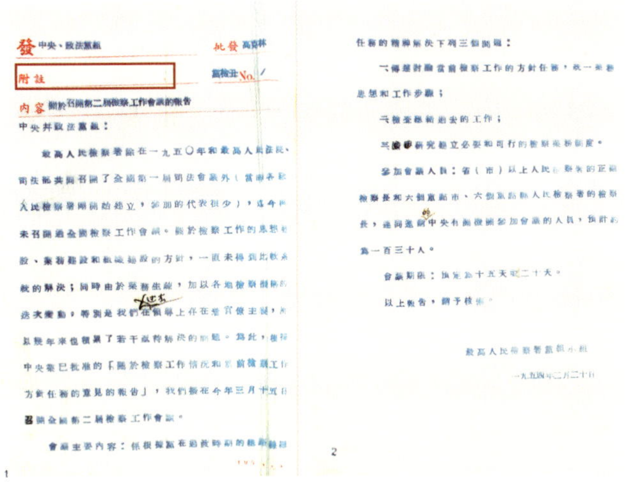

發 中央、政法黨組　批發 高克林

附註　編號 No. 1

內容 關於召開第二屆檢察工作會議的報告

中央并政法黨組：

最高人民檢察署除在一九五〇年和最高人民法院、司法部共同召開了全國第一屆司法會議外（當時各級人民檢察署剛開始建立，參加的代表很少），迄今尚未召開過全國檢察工作會議。關於檢察工作的思想建設、業務建設和組織建設的方針，一直未得到比較系統的解決；同時由於業務生疏，加以各地檢察機構的迭次變動，特別是我們在領導上存在着官僚主義，所以幾年來也積累了若干亟待解決的問題。為此，根據中央業已批准的「關於檢察工作情況和當前檢察工作方針任務的意見的報告」，我們擬在今年三月十五日召開全國第二屆檢察工作會議。

會議主要內容：係根據黨在過渡時期的總路線和

1

任務的精神解決下列三個問題：

一、傳達討論當前檢察工作的方針任務，統一業務思想和工作步驟；

二、檢查總結過去的工作；

三、研究建立必要和可行的檢察業務制度。

參加會議人員：省（市）以上人民檢察署的正副檢察長和六個重點市、六個重點縣人民檢察署的檢察長，連同邀請中央有關機關參加會議的人員，預計約為一百三十人。

會議期限：擬定為十五天至二十天。

以上報告，請予核示。

最高人民檢察署黨組小組

一九五四年二月二十日

2

◎ 1954年2月，最高人民检察署向中央呈报《关于召开第二届检察工作会议的报告》。

◎ 1954年3月17日至4月10日，第二届全国检察工作会议在北京召开，通过了《第二届全国检察工作会议决议》，并以党组名义上报中共中央。

◎ 1954年4月8日，政务院政治法律委员会主任董必武（前排右十四）、副主任彭真（前排右十五）接见了第二届全国检察工作会议代表。

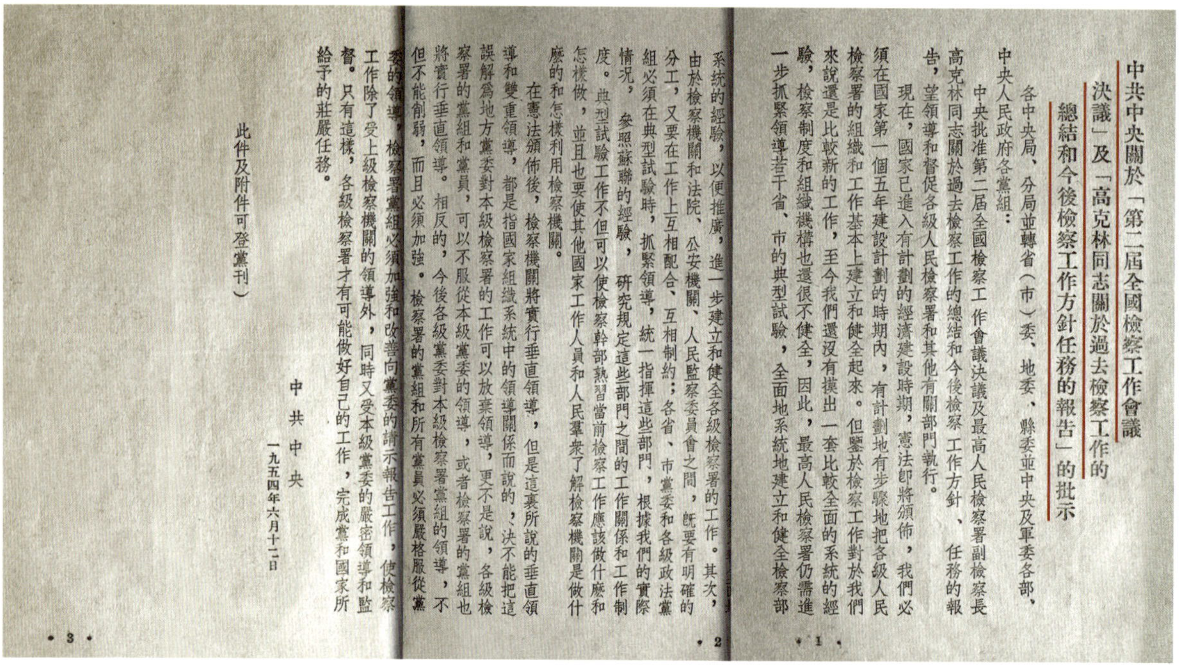

中共中央關於「第二屆全國檢察工作會議決議」及「高克林同志關於過去檢察工作的總結和今後檢察工作方針任務的報告」的批示

各中央局、分局並轉省（市）委、地委、縣委並中央及軍委各部、中央人民政府各黨組：

中央批准第二屆全國檢察工作會議決議及最高人民檢察署副檢察長高克林同志關於過去檢察工作的總結和今後檢察工作方針、任務的報告，望領導和督促各級人民檢察署和其他有關部門執行。

現在，國家已進入有計劃的經濟建設時期，憲法即將頒佈，我們必須在國家第一個五年建設計劃的時期內，有計劃地有步驟地把各級人民檢察署的組織和工作基本上建立和健全起來。但鑒於檢察工作對於我們來說還是比較新的工作，至今我們還沒有摸出一套比較全面的系統的經驗，檢察制度和組織機構也還很不健全，因此，最高人民檢察署仍需進一步抓緊領導若干省、市的典型試驗，全面地系統地建立和健全檢察部系統的經驗，以便推廣，進一步建立和健全各級檢察署的工作。其次，由於檢察機關和法院、公安機關、人民監察委員會之間，既要有明確的分工，又要在工作上互相配合、互相制約；各省、市黨委和各級政法黨組必須在典型試驗時，抓緊領導，統一指揮這些部門，根據我們的實際情況，參照蘇聯的經驗，研究規定這些部門之間的工作關係和工作制度。典型試驗工作不但可以使檢察幹部熟習當前檢察工作應該做什麼和怎樣做，並且也要使其他國家工作人員和人民羣衆了解檢察機關是做什麼的和怎樣利用檢察機關。

在憲法頒佈後，檢察機關將實行垂直領導，但是這裏所說的垂直領導和雙重領導，都是指國家組織系統中的領導關係而說的，決不能把這誤解爲地方黨委對本級檢察署的工作可以放棄領導，更不是說，各級檢察署的黨組和黨員，可以不服從本級黨委的領導，或者檢察署的黨組也將實行垂直領導。相反的，今後各級黨委對本級檢察署黨組的領導，不但不能削弱，而且必須加強。檢察署的黨組和所有黨員必須嚴格服從黨委的領導，檢察署黨組必須加強和改善向黨委的請示報告工作，使檢察工作除了受上級檢察機關的領導外，同時又受本級黨委的嚴密領導和監督。只有這樣，各級檢察署才有可能做好自己的工作，完成黨和國家所給予的莊嚴任務。

中共中央

一九五四年六月十二日

此件及附件可登黨刊）

· 1 ·

· 2

· 3 ·

◎ 1954年6月12日，中共中央批准了《第二届全国检察工作会议决议》及《高克林同志关于过去检察工作的总结和今后检察工作方针任务的报告》。

参加镇压反革命

为了保卫新生的人民政权，1950 年 6 月，在中共七届三中全会上毛泽东提出肃清一切反革命分子的任务。同年 7 月，中央人民政府政务院和最高人民法院发布《关于镇压反革命活动的指示》，10 月 10 日中共中央发布《关于镇压反革命活动的指示》，在全国范围内逐步开展了镇压反革命运动。处于创建阶段的检察机关，本着“边建边干”的精神，全力以赴地投入了镇压反革命运动，起到了积极的配合作用。

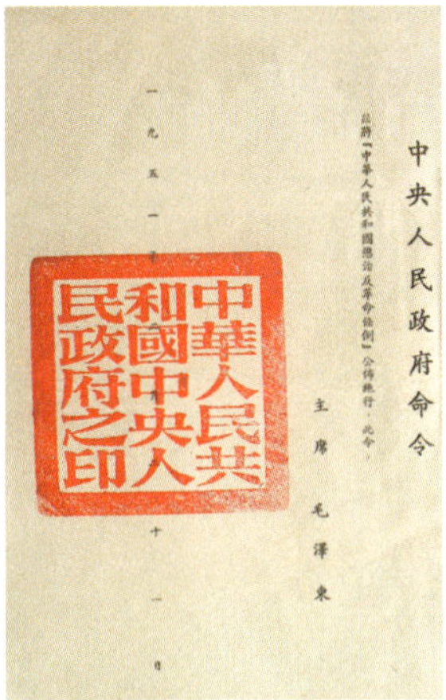

◎ 1951年2月21日，毛泽东主席签发《中华人民共和国惩治反革命条例》。

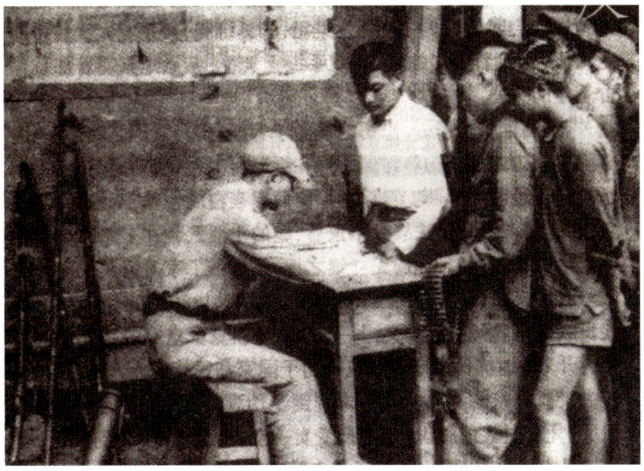

◎ 西南土匪向政府投降。

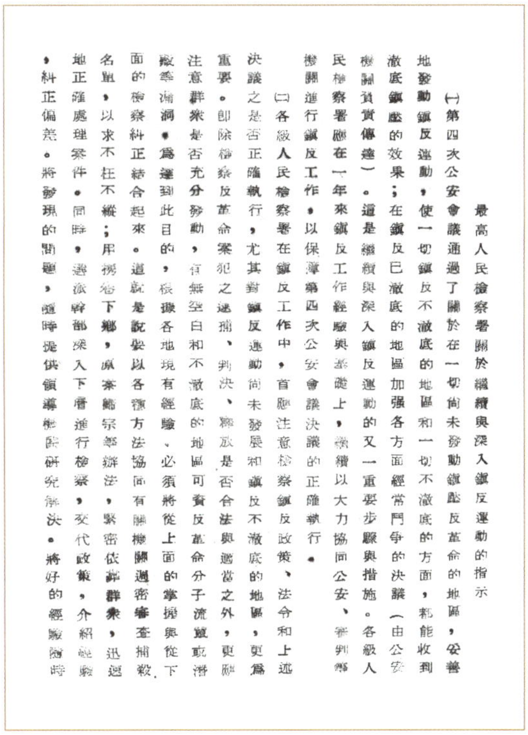

最高人民檢察署關於繼續與深入鎮反運動的指示

㈠第四次公安會議通過了關於在一切尚未發動鎮壓反革命的地區，妥善地發動鎮反運動，使一切鎮反不徹底的地區和一切不徹底的方面，都能收到徹底鎮壓的效果；在鎮反已徹底的地區加強各方面經常鬥爭的決議（由公安機關負責傳達）。這是繼續與深入鎮反運動的又一重要步驟與措施。各級人民檢察署應在一年來鎮反工作經驗與基礎上，繼續以大力協同公安、審判等機關進行鎮反工作，以保障第四次公安會議決議的正確執行。

㈡各級人民檢察署在鎮反工作中，首應注意檢察鎮反政策、法令和上述決議之是否正確執行，尤其對鎮反運動尚未發展和鎮反不徹底的地區，更為重要。即除檢察反革命案犯之逮捕、判決、釋放是否合法與適當之外，更應注意群眾是否充分發動，有無空白和不徹底的地區可資反革命分子流竄或潛藏與漏洞。為達到此目的，根據各地現有經驗，必須將從上面的掌握與從下面的檢察糾正結合起來。這就是說要以各種方法協同有關機關週密審查捕殺名單，以求不枉不縱；用携卷下鄉，就案辦案等辦法，緊密依靠群眾，迅速地正確處理案件。同時，選派幹部深入下層進行檢察，交代政策，介紹經驗，糾正偏差。將發現的問題，隨時提供領導機關研究解決。將好的經驗隨時

◎ 1951年9月28日，最高人民检察署发出《关于继续与深入镇反运动的指示》，要求对镇反不彻底的地区和方面进行检查，推动镇反运动彻底完成。

毛泽东论镇反

帝国主义者和国内反动派决不甘心于他们的失败，他们还要作最后的挣扎。在全国平定以后，他们也还会以各种方式从事破坏和捣乱，他们将每日每时企图在中国复辟。这是必然的，毫无疑义的，我们务必不要松懈自己的警惕性。

——1949 年 9 月在中国人民政治协商会议第一届全体会议上的开幕词

必须坚决地肃清一切危害人民的土匪、特务、恶霸及其他反革命分子。在这个问题上，必须实行镇压与宽大相结合的政策，即首恶者必办，胁从者不问，立功者受奖的政策，不可偏废。

——1950 年 6 月《为争取国家财政经济状况的基本好转而斗争》

在肃反工作中，凡是已经发现了的错误，我们都已经采取了或者正在采取纠正的步骤。没有发现的，一经发现，我们就准备纠正。原来在什么范围内弄错的，也应该在什么范围内宣布平反。……无论公安部门、检察部门、司法部门、监狱、劳动改造的管理机关，都应该采取这个态度。我们希望人大常务委员、政协委员、人民代表，凡是有可能的，都参加这样的检查。这对于健全我们的法制，对于正确处理反革命分子和其它犯罪分子，会有帮助的。

——1957 年 2 月《关于正确处理人民内部矛盾的问题》

各级检察署执行检察职务参加镇反运动的主要做法

各省、地、市检察长参加同级裁判委员会或复核委员会，审查公安机关提出的逮捕人犯的案件，决定是否逮捕；审查人民法院拟判处死刑和徒刑的案件，决定处刑是否适当。

部分地区的检察机关担负了对公安机关侦查终结案件的审查起诉工作。据不完全统计，在整个镇反运动中，经检察机关起诉和直接或参与办理的反革命案件约 20 万件。

组织力量深入重点地区检查镇反运动的情况，发现和解决执行政策、法律中的问题，防止和纠正错捕、错判和该捕不捕、该判不判。

◎ 1951年4月，昆明市军事管制委员会依法宣判暗杀李公朴、闻一多案，杀害杨虎城将军案，“一二・一”惨案，“七一五”惨案的反革命首恶分子。

◎ 1951年4月29日，在新疆迪化举行反革命匪首乌斯满公审大会，王震讲话。新疆省人民检察署刘奋生、舒慕同提起公诉。法庭依据《中华人民共和国惩治反革命条例》判处乌斯满死刑。

李安东等美国间谍案

美国间谍分子李安东、山口隆一、马迪懦三人，早在1950年1月间就开始着手准备在“十一”的时候“炮轰天安门”。1951年8月9日，北京市人民检察署检察长罗瑞卿向法庭起诉美国间谍阴谋炮轰天安门案。1951年8月17日，中国人民解放军北京市军事管制委员会军法处对这个案件进行了判决，主犯李安东、山口隆一被判处死刑。

◎ 北京市人民检察署起诉的美国间谍案

第四版 星期六 一九五一年八月十八日

北京市人民檢察署
對美國特務間諜陰謀武裝暴動
危害中華人民共和國案起訴書

京檢一字第二十三號

◎《人民日报》刊登的由北京市人民检察署检察长罗瑞卿签署的李安东等美国间谍案起诉书

濮登博间谍案

1953 年 2 月 10 日，甘肃省人民检察署副检察长焦胜桐出庭公诉帝国主义间谍分子濮登博等 8 人。濮登博等人以传教为掩护，刺探我国政治、军事情报，组织反革命组织“圣母军”，阴谋颠覆人民政府，危害国家安全。

◎ 1953年2月，甘肃省检察署副检察长焦胜桐在法庭公诉帝国主义间谍分子濮登博。

◎ 濮登博在审讯笔录上签名。

积极投入“三反”“五反”运动

1951年末至1952年6月，中共中央在全国发动了“三反”运动（反对贪污、反对浪费、反对官僚主义）和“五反”运动（反对行贿、反对偷税漏税、反对盗窃国家资财、反对偷工减料、反对盗窃国家经济情报），检察机关积极履行法律职责，积累了查办贪污贿赂犯罪案件的经验。

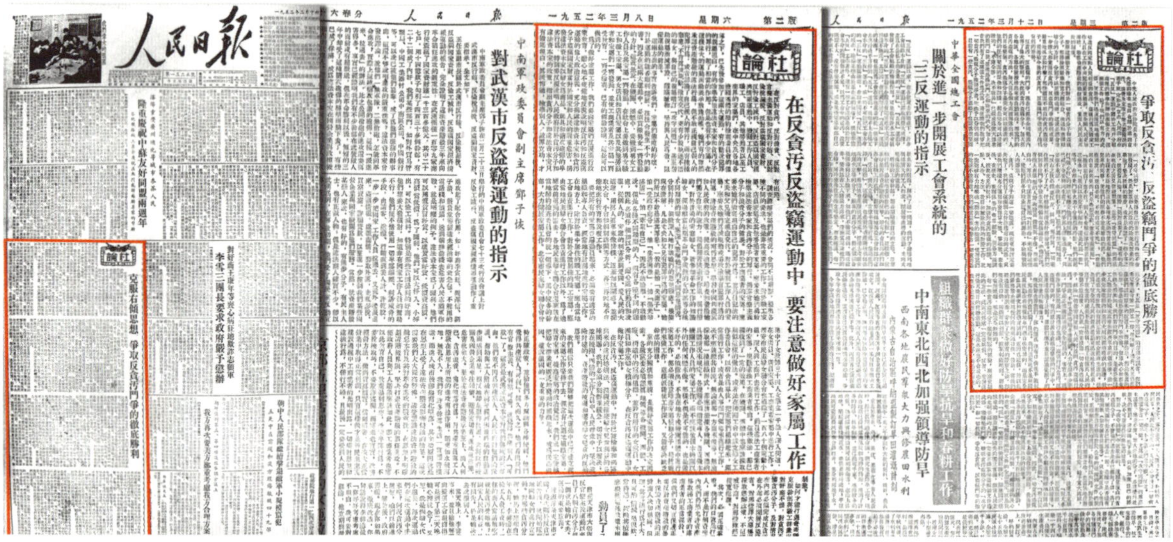

人民日報

社論

在反貪污反盜竊運動中 要注意做好家屬工作

社論

爭取反貪污、反盜竊鬥爭的徹底勝利

中南軍政委員會副主席鄧子恢

對武漢市反盜竊運動的指示

中華全國總工會

關於進一步開展工會系統的“三反”運動的指示

◎ 为发动和引导广大群众参加“三反”“五反”运动，《人民日报》于1952年2月16日、3月8日、3月12日连续发表社论。

◎ 政务院政治法律委员会副主任彭真（右立者）作《关于中华人民共和国惩治贪污条例草案的说明》。左起：林伯渠、朱德、毛泽东、李济深、刘少奇、张澜。

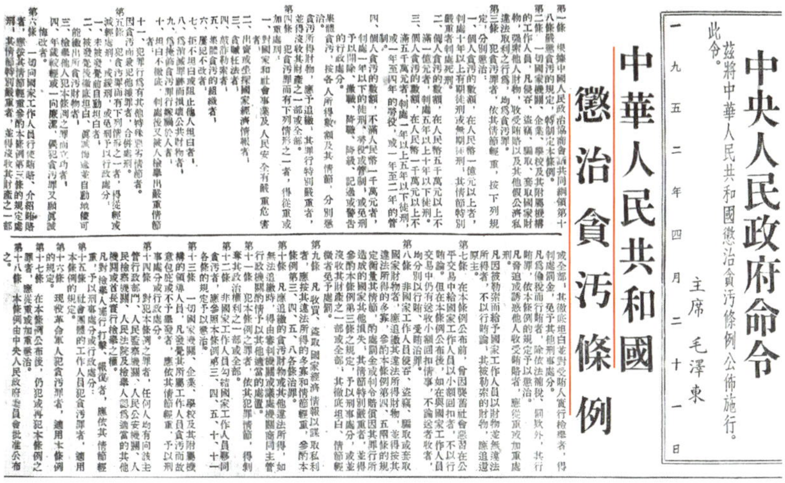

中央人民政府命令

茲將中華人民共和國懲治貪污條例公佈施行。

此令。

主席 毛澤東

一九五二年四月二十一日

中華人民共和國懲治貪污條例

◎ 1952年4月18日至19日，中央人民政府委员会召开第十四次会议，听取了政务院政治法律委员会副主任彭真所作的《关于中华人民共和国惩治贪污条例草案的说明》，通过了《中华人民共和国惩治贪污条例》。4月21日，毛泽东主席发布命令公布施行。

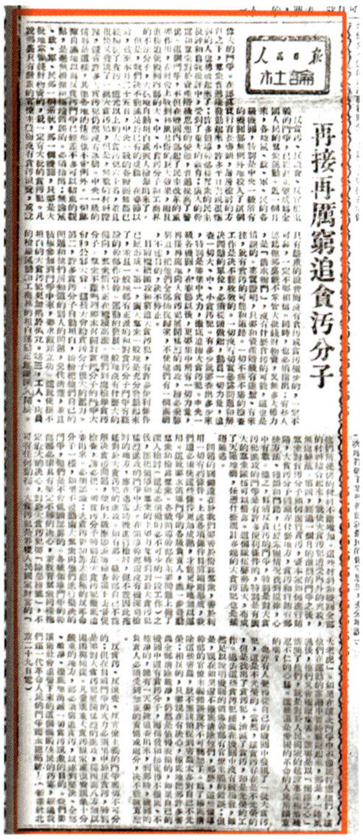

人民日報 社論

再接再厲窮追貪污分子

◎《人民日报》发表《再接再厉穷追贪污分子》的社论。

部分省市检察机关参与“三反”“五反”核实定案工作的情况

青海省	各级人民检察署参加定案审查委员会，查实贪污分子992名，向人民法庭提起公诉525名，其余467名罪行较轻或者有从宽情节的均由有关机关给予党纪、政纪处分或批评教育。
松江省	人民检察署检察该省直属机关的定案处理工作，纠正错定贪污分子142名，占原来定案数617名的23%。
江苏省	各级人民检察机关配合人民法院，复核贪污和“五毒”案件1409件，其中仅南京市检察署通过复核提出并纠正判刑不当的案件就有125件。
北京市	人民检察署对“三反”运动中的上诉案件进行复查。全市不服人民法庭判决而提出上诉的41人中，经过复查后提交法院审理，维持原判、驳回上诉的8人，原判过重、减轻刑罚的11人，免予刑事处分的19人，撤销原判、不以贪污论处的2人，从重处罚的1人。

1952年四五月间，“三反”“五反”运动进入定案处理阶段。各级检察机关参与核实定案工作，认真执行有关政策法律，较好地保证了案件质量。

全国各地开展轰轰烈烈的“三反”“五反”运动

◎ 上海市店员“五反”运动代表会议

◎ 上海黄浦区国际贸易业的资本家排队向“五反”委员会递交坦白书。

◎ 北京公审大贪污犯薛昆山等大会

新中国成立后首例高官巨贪案
——刘青山、张子善重大贪污案

在反贪污斗争中，坚持法律面前人人平等。河北省人民检察署依法查处了天津地委书记刘青山、专员张子善重大贪污案。刘青山、张子善案件是在新中国成立初期“三反”运动中查处的一起党的领导干部严重贪污盗窃国家资财案件。

刘青山、张子善在治理白河、海河、永定河、大清河、龙凤河等工程中，利用职权，勾结奸商，贪污盗窃和非法骗取、挪用公款达 171 亿元（旧币）之多。1952 年 2 月 10 日，河北省人民法院在省会保定市召开了由河北省人民检察署提起公诉、2 万余名群众参加的公审大会，判处刘青山、张子善死刑。

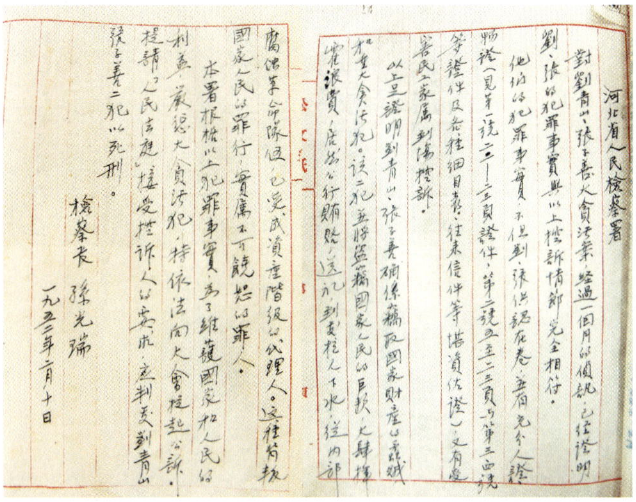

河北省人民檢察署

對劉青山、張子善大貪污案，經過一個月的偵訊，已經證明劉、張的犯罪事實與以上控訴情節完全相符。

他們的犯罪事實，不但劉、張供認在卷，並有充分人證物證（見第一號二—三頁證件，第二號五至二十三頁與第三四號等證件及各種細目表、往來信件等堪資佐證），又有受害民工家屬到場控訴。

以上足證明劉青山、張子善確係竊取國家財產的盜賊和重大貪污犯。該二犯並將盜竊國家人民的巨款，大肆揮霍浪費，[illegible]，[illegible]從內部腐蝕革命隊伍，已完成資產階級的代理人。這種背叛國家人民的罪行，實屬不可饒恕的罪人。

本署根據以上犯罪事實，為了維護國家和人民的利益，嚴懲大貪污犯，特依法向大會提起公訴。提請人民法庭接受控訴人的要求，應判處劉青山、張子善二犯以死刑。

檢察長 孫光瑞

一九五二年二月十日

◎ 孙光瑞，河北省人民检察署检察长，任刘青山、张子善案件的公诉人。右图为孙光瑞撰写的公诉书手稿。

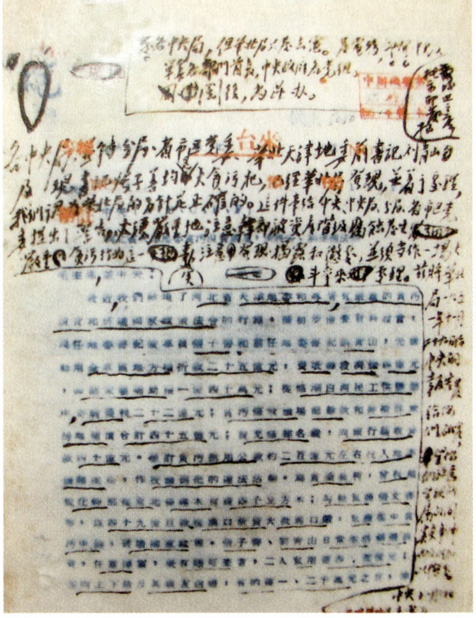

◎ 1951年11月，中央对刘青山、张子善案件的批示。

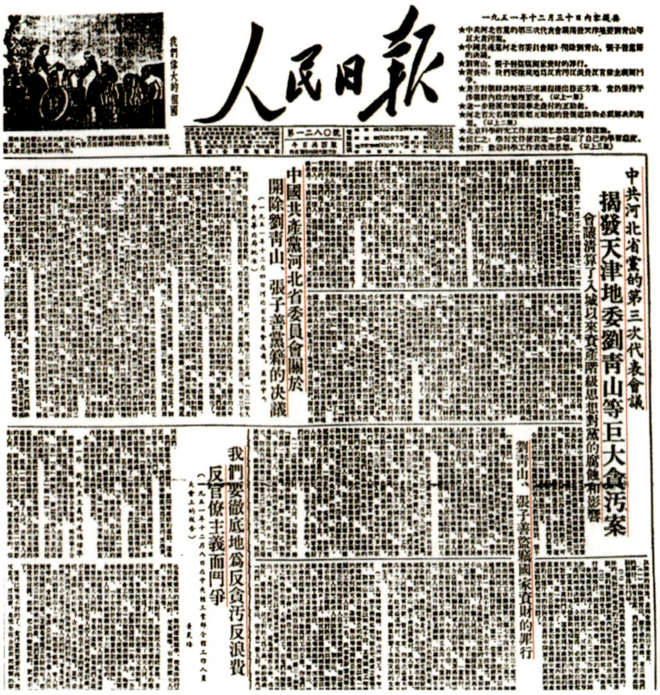

人民日報

中共河北省黨的第三次代表會議
揭發天津地委劉青山等巨大貪污案
會議清算了入城以來資產階級思想對黨的腐蝕影響

劉青山、張子善盜竊國家資財的罪行

中國共產黨河北省委員會關於開除劉青山、張子善黨籍的決議

我們要徹底地爲反貪污反浪費反官僚主義而鬥爭

◎ 1951年12月30日，《人民日报》关于刘青山、张子善贪污案的报道。

◎ 河北省省级、保定市、保定专区各级机关、团体干部人员、驻军指战员及其他专区、市的代表共2万余人，齐聚保定市人民体育场，参加公审大会。

不法资本家乔铭勋盗窃国家财产贻误军需案

1950年末，中央军委总后勤部向天津市橡胶工业同业公会订做供给抗美援朝前线的30万件雨衣军需品，同业公会主任委员乔铭勋作为承订人，采取各种欺诈手段，将雨衣成本抬高，骗取国家财产达75.5亿元（旧币）。同时违反合同规定，偷工减料，粗制滥造，雨衣质量低劣，并一再延期交货，贻误军需。此案由天津市人民检察署立案侦查，最高人民检察署派检察员马光世等协助。由于乔铭勋是民族资本家和民主建国会的成员，为了慎重处理此案，最高人民检察署曾先后征求了中央有关部委的意见，一致认为应予依法处理。周恩来总理对此案的处理也非常关心，看到起诉书副本后，当即函告最高人民检察署：“对于起诉书完全同意，并请严予审究。”天津市人民法院判处被告人乔铭勋有期徒刑三年，并追缴非法所得。

加强法治觀念保護國家財產

最高人民檢察署副檢察長 藍公武

◎ 1951年12月13日，《人民日报》刊登最高人民检察署副检察长蓝公武就乔铭勋案发表的文章《加强法治观念保护国家财产》。

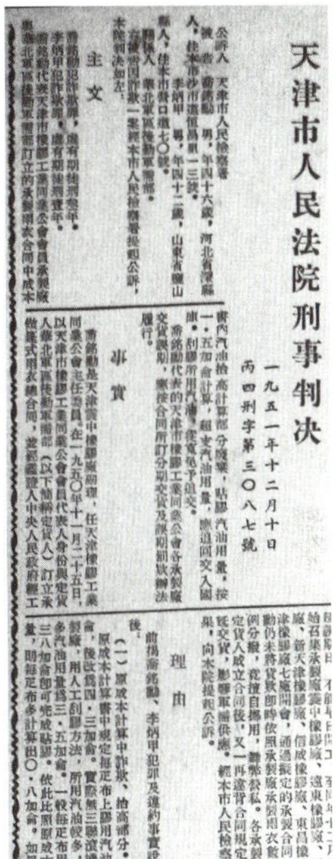
天津市人民法院刑事判决

一九五一年十二月十日

丙四刑字第三〇八七號

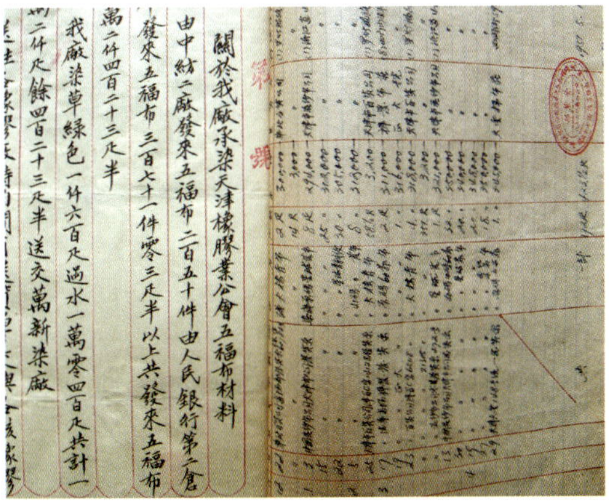

◎ 证据材料及判决书

查办违法乱纪案件

1953年1月5日，中央发布《反对官僚主义、命令主义和违法乱纪》（当时称“新三反”）的指示。检察机关把查办国家工作人员中的严重违法乱纪、侵犯公民民主权利的犯罪行为作为一项重要任务。在“新三反”斗争中，查办了一大批严重违法乱纪案件，积累了查办渎职侵权犯罪案件的经验。

张三元被迫害致死案

山西省临汾县南席村革命烈士亲属张三元，系中农积极分子，其子在解放战争中光荣牺牲。窃取该村农会主席职务的兵痞流氓张金生，出于私人报复，在土改中勾结品质恶劣的工作队干部，将张三元划为地主，严刑拷打，扫地出门。1951年，又借镇压反革命之机，捏造材料，以地主反攻的罪名，将张三元送县公安局关押。山西省人民检察署发现后，提出纠正，但县里仍然以不法分子罪名将张三元解回农村管制。坏分子张金生再次捏造罪名，向区政府诬告。区干部偏信一面之词，组织批斗张三元。张金生勾结其他坏分子，在斗争会上将张三元活活打死。事件发生后，该县某些领导抗拒上级指示，将主犯纵容轻判。中央和省两级检察署克服重重阻力，坚持原则，彻查全案，提请法院将主犯张金生改判死刑，其他同案犯被判处长期徒刑，并追查处分了有关失职干部，伸张了正义，提高了政府威信。最高人民检察署将查处结果向中央人民政府主席毛泽东写了专题报告，受到毛主席的鼓励。

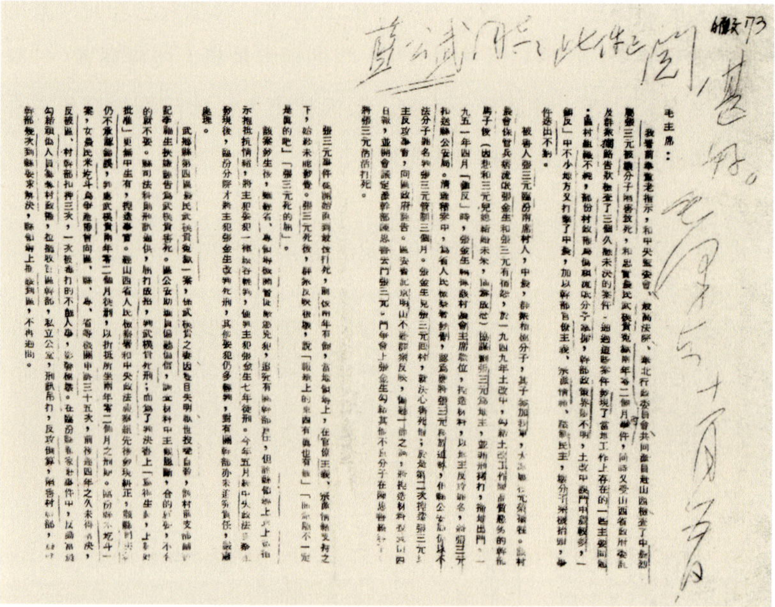

◎ 毛泽东主席在张三元案件的专项报告上批示：此件已阅，甚好。

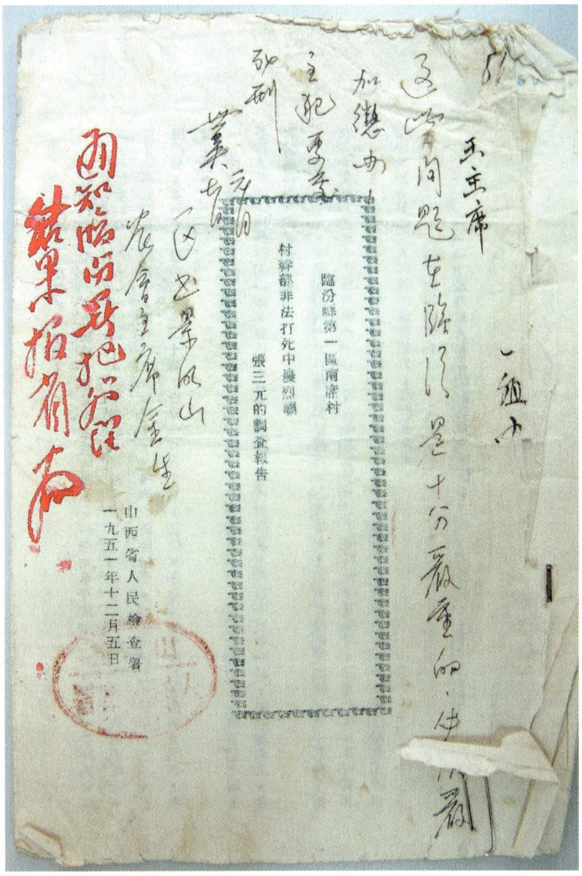

臨汾縣第一區南席村
村幹部非法打死中農烈屬
張三元的調查報告

山西省人民檢查署
一九五一年十二月五日

◎ 1951年12月，山西省人民检察署关于张三元案件的调查报告。

◎ 绘图　熊三仔

社会主义建设道路探索中的检察工作

从 1953 年起，我国进入社会主义改造和大规模的经济建设时期，并开始执行第一个五年计划。中共中央十分重视国家的法制建设。1954 年 9 月，第一届全国人民代表大会召开，颁布了新中国第一部宪法，明确了检察机关的宪法定位。1954 年至 1957 年上半年，是人民检察事业发展的大好时期，全国检察机构组织体系基本建成，各级人民检察院已逐步担负起批捕、审查起诉和监所劳改检察工作。侦诉日本战犯是这一时期最高人民检察院的一项重要工作。

◎ 1954年9月15日至28日，中华人民共和国第一届全国人民代表大会第一次会议在北京召开。图为人大代表步入会场。

五四宪法与《人民检察院组织法》

1954 年 9 月 15 日，第一届全国人民代表大会第一次会议在北京召开。9 月 20 日，会议通过了第一部《中华人民共和国宪法》。这是一部凝聚着中国人民心血、符合中国实际的好宪法。正如毛泽东所说的“宪法的起草是慎重的，每一条每一个字都是认真搞了的”。《宪法》第 81 条至第 84 条规定了人民检察院的设置、职权、领导关系和活动原则。第一届全国人民代表大会还通过了《全国人民代表大会组织法》《地方各级人民代表大会和地方各级人民委员会组织法》和《中华人民共和国人民检察院组织法》。在讨论《人民检察署组织法（草案）》时，鉴于检察工作的重要性，毛泽东主席提议将“检察署”改为“检察院”。

◎ 毛泽东主席审阅1954年宪法草案。

◎ 1954年9月15日，第一届全国人民代表大会开幕。左起：董必武、周恩来、李济深、刘少奇、毛泽东、朱德、宋庆龄、张澜。

◎ 人大代表通过《中华人民共和国人民检察院组织法》。

◎ 宪法通过后，全体人大代表起立热烈鼓掌。

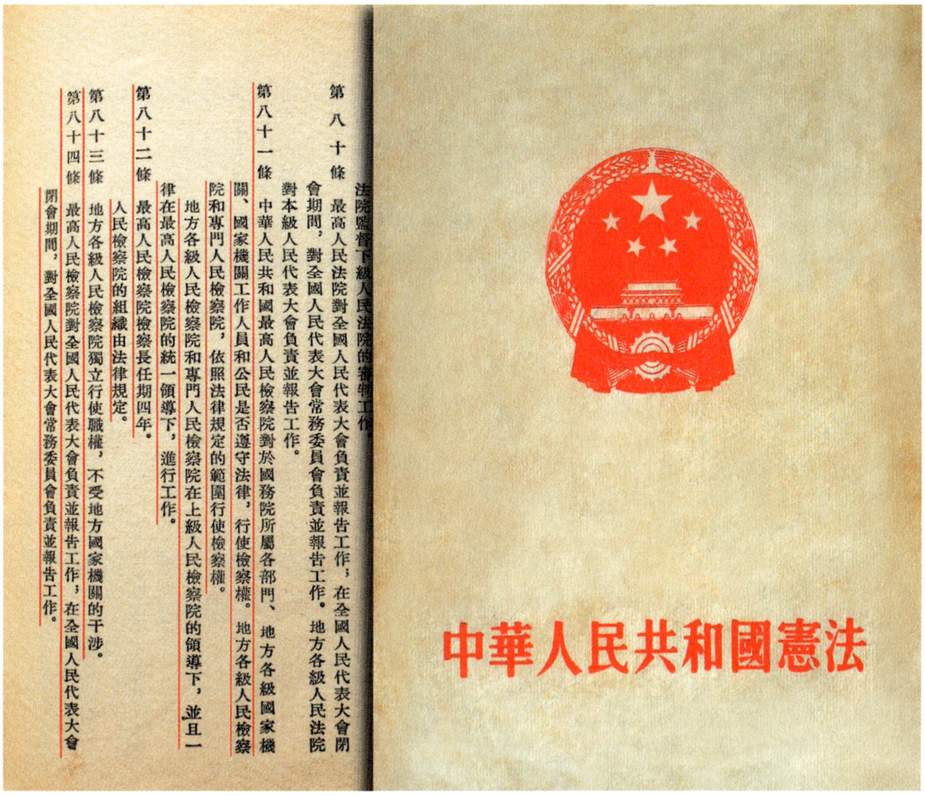
法院監督下級人民法院的審判工作。

第八十條　最高人民法院對全國人民代表大會負責並報告工作；在全國人民代表大會閉會期間，對全國人民代表大會常務委員會負責並報告工作。地方各級人民法院對本級人民代表大會負責並報告工作。

第八十一條　中華人民共和國最高人民檢察院對於國務院所屬各部門、地方各級國家機關、國家機關工作人員和公民是否遵守法律，行使檢察權。地方各級人民檢察院和專門人民檢察院，依照法律規定的範圍行使檢察權。

地方各級人民檢察院和專門人民檢察院在上級人民檢察院的領導下，並且一律在最高人民檢察院的統一領導下，進行工作。

第八十二條　最高人民檢察院檢察長任期四年。

人民檢察院的組織由法律規定。

第八十三條　地方各級人民檢察院獨立行使職權，不受地方國家機關的干涉。

第八十四條　最高人民檢察院對全國人民代表大會負責並報告工作；在全國人民代表大會閉會期間，對全國人民代表大會常務委員會負責並報告工作。

中華人民共和國憲法

◎ 1954年9月20日，第一届全国人民代表大会第一次会议通过《中华人民共和国宪法》。

《中华人民共和国宪法》（1954年）

第八十一条　中华人民共和国最高人民检察院对于国务院所属各部门、地方各级国家机关、国家机关工作人员和公民是否遵守法律，行使检察权。地方各级人民检察院和专门人民检察院，依照法律规定的范围行使检察权。

地方各级人民检察院和专门人民检察院在上级人民检察院的领导下，并且一律在最高人民检察院的统一领导下，进行工作。

第八十二条　最高人民检察院检察长任期四年。

人民检察院的组织由法律规定。

第八十三条　地方各级人民检察院独立行使职权，不受地方国家机关的干涉。

第八十四条　最高人民检察院对全国人民代表大会负责并报告工作；在全国人民代表大会闭会期间，对全国人民代表大会常务委员会负责并报告工作。

◎ 1954年9月21日通过的《中华人民共和国人民检察院组织法》，系统地规定了人民检察院的设置、职权、行使职权的程序、组织与活动原则。

《中华人民共和国人民检察院组织法》（1954 年）主要特点

- 改人民检察署为人民检察院，确立了审检并立的体制；
- 撤销原大行政区检察机构；
- 未规定检察机关对行政诉讼的参与和监督；
- 增加人民检察机关行使职权的权限与程序的规定；
- 改变对审判机关判决的抗议为抗诉；
- 确立人民检察院检察长列席审判委员会议制和有关机关会议制；
- 增加检察机关行使职权的对象和义务的规定；
- 增加检察院人员任免制度的规定。

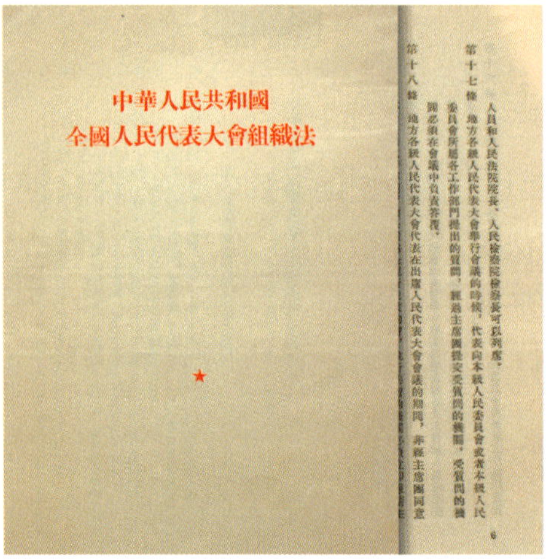

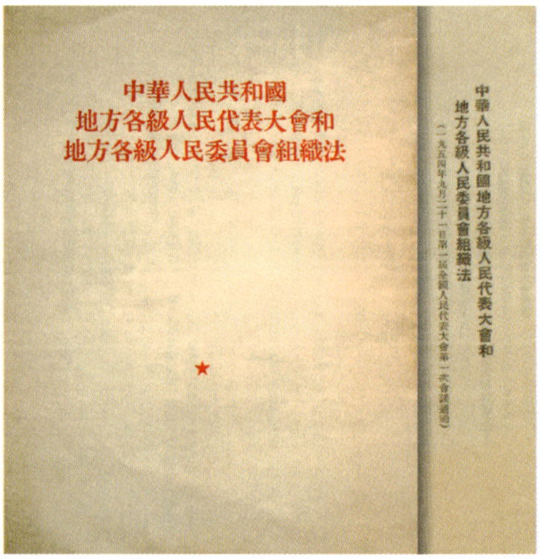

◎ 第一届全国人民代表大会第一次会议还通过了《全国人民代表大会组织法》和《地方各级人民代表大会和地方各级人民委员会组织法》，确立了检察机关在国家政治体制中的地位和各级人民检察院检察长候选提名制、列席人大会议制以及任免制。

共和国第二任检察长　张鼎丞

张鼎丞（1898—1981），福建永定人。1927 年加入中国共产党。1930 年担任闽西苏维埃政府主席。1931 年当选为中华苏维埃共和国中央执行委员会委员、土地部长。1932 年任福建省苏维埃政府主席。解放战争时期，任华中区司令员。新中国成立后曾担任福建省委书记兼政府主席、华东行政委员会副主席、中共中央组织部副部长。1954 年 9 月、1959 年 4 月、1965 年 1 月连续当选为最高人民检察院检察长，并任党组书记。中共第七、八、九、十、十一届中央委员，第四、五届全国人大常委会副委员长。

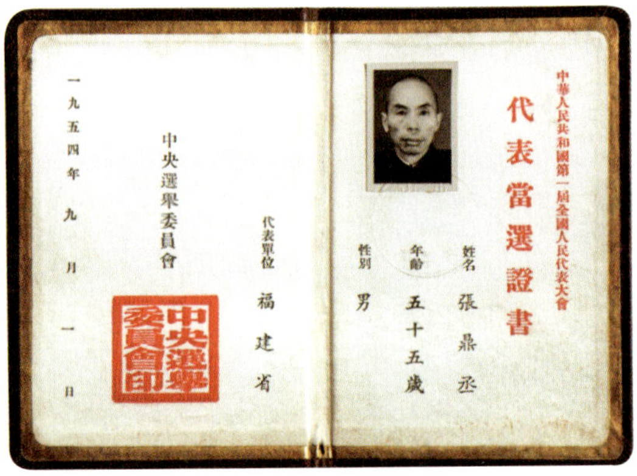

中華人民共和國第一屆全國人民代表大會
代表當選證書
姓名　張鼎丞
年齡　五十五歲
性別　男
代表單位　福建省
中央選舉委員會
一九五四年九月一日
中央選舉委員會印

◎ 张鼎丞第一届全国人民代表大会代表当选证书（国家一级文物，收藏于人民检察博物馆）

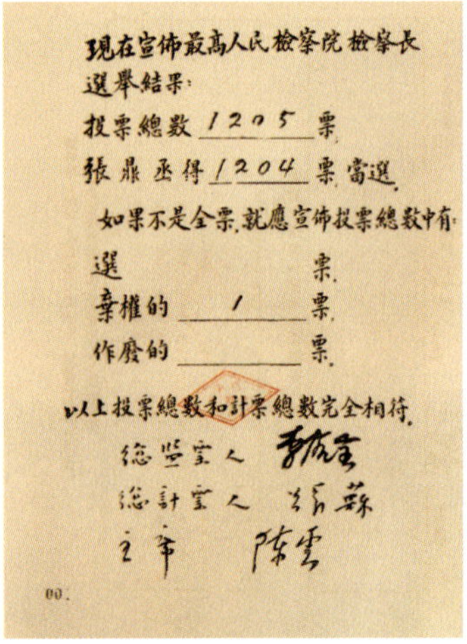

現在宣佈最高人民檢察院檢察長選舉結果：
投票總數 1205 票
張鼎丞得 1204 票當選
如果不是全票，就應宣佈投票總數中有：
選　票
棄權的 1 票
作廢的　票
以上投票總數和計票總數完全相符。
總監票人
總計票人
主席　陳雲

◎ 张鼎丞以1204票当选最高人民检察院检察长。

◎ 张鼎丞用过的签名章和眼镜

◎ 1959年8月，毛泽东、董必武、张鼎丞在庐山

◎ 1957年8月4日，张鼎丞（右一）陪同周恩来视察海军部队。

人民日報 1957年7月2日

关于一九五六年以来检察工作情况的报告

1957年7月1日在第一届全国人民代表大会第四次会議上

最高人民检察院检察长 张鼎丞

各位代表：

一、一年多来的肃反斗争情况

二、对一九五五年以来的肃反案件的检查工作

◎《人民日报》刊登张鼎丞检察长所作的《关于一九五六年以来检察工作情况的报告》。

◎ 1957年7月，张鼎丞检察长在第一届全国人民代表大会第四次会议上作检察工作报告。

组织机构建设和业务制度建设

为贯彻《宪法》和《人民检察院组织法》，最高人民检察院于1954年11月5日至21日召开了全国检察业务工作会议，确立了人民检察院的业务建设、组织建设的计划和各级人民检察院的编制方案。1955年2月3日，中共中央批转了最高人民检察院党组关于检察业务工作会议情况和今后工作意见的报告。1956年2月，最高人民检察院制定《各级人民检察院编制方案》，到“一五”计划结束时，全国检察机关的编制为43271人。

第一个五年计划时期内各级人民检察院机构干部规划表

综合表

单位	第一个五年计划时期内机构干部数						1955年机构干部实有数						1956、1957年机构干部增加数					
	机构	干部					机构	干部					机构	干部				
		合计	检察长	处长（主任）	检察员	一般干部		合计	检察长	处长（主任）	检察员	一般干部		合计	检察长	处长（主任）	检察员	一般干部
合计	2991	39945	4432	429	19514	15570	2654	18385	2906	280	7569	7630	337	21560	1526	149	11945	7940
最高人民检察院	1	369	5	24	168	172	1	277	5	20	104	148		92		4	64	24
省、自治区人民检察院	24	2123	72	360	636	1055	24	1750	61	224	496	969		373	11	136	140	86
直辖市人民检察院	3	1800	9	45	900	846	3	921	10	36	329	546		879	-1	9	571	300
省、自治区检察院分院	195	4500	390		2475	1635	190	2356	267		930	1159	5	2144	123		1545	476
直辖市人民检察分院	9												9					
省辖市人民检察院	161	5776	322		2677	2777	161	3228	225		1388	1615		2548	97		1289	1162
直辖市人民检察院	57						57											
省辖市人民检察院	313						84						229					
县人民检察院	2127	23064	3431		11532	8101	2064	9246	2247		4028	2971	63	13818	1184		7504	5130
铁路水上运输检察院	101	1389	203		664	522	70	607	91		294	222	31	782	112		370	300
机动名额		924			462	462								924			462	462

备注：
1. 各级人民检察院第一个五年计划时期的编制为43271人，其中干部39945人，勤杂3326人。本表内不包括勤杂在内。
2. 各级人民检察院的组长、科长、秘书包括在检察员之内，直辖市、省辖市的检察员栏内包括各该市的分院区的检察长、检察员在内。
3. 机构建立数是根据内务部1955年年底的行政区划计算的，各省市行政区划如有变动则应按新的区划建立机构配备干部。
4. 各级各类干部配备数是根据本院编制计划分配数计算的，如与各地实际使用数有出入，请按实际分配情况及配干比例重新规划，此表只供参考。

◎ 全国各级人民检察院在第一个五年计划期间的编制表

《中华人民共和国人民检察院组织法》
（1954年）

最高人民检察院对于国务院所属各部门、地方各级国家机关、国家机关工作人员和公民是否遵守法律，行使检察权。

地方各级人民检察院行使下列职权：

1. 对于地方国家机关的决议、命令和措施是否合法，国家机关工作人员和公民是否遵守法律，实行监督；
2. 对于刑事案件进行侦查，提起公诉，支持公诉；
3. 对于侦查机关的侦查活动是否合法，实行监督；
4. 对于人民法院的审判活动是否合法，实行监督；
5. 对于刑事案件判决的执行和劳动改造机关的活动是否合法，实行监督；
6. 对于有关国家和人民利益的重要民事案件有权提起诉讼或者参加诉讼。

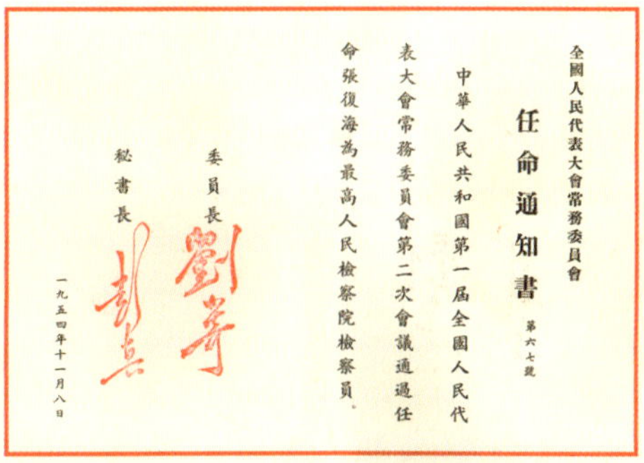
全國人民代表大會常務委員會
任命通知書
第六七號
中華人民共和國第一屆全國人民代表大會常務委員會第二次會議通過任命張復海為最高人民檢察院檢察員。
委員長
秘書長
一九五四年十一月八日

◎ 最高人民检察院检察员任命通知书

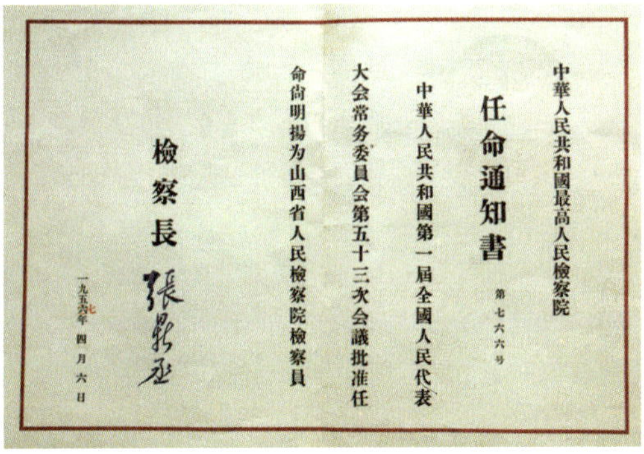
中華人民共和國最高人民檢察院
任命通知書
第七六六号
中華人民共和國第一屆全國人民代表大会常务委員会第五十三次会議批准任命尚明揚为山西省人民檢察院檢察員
檢察長
一九五七年四月六日

◎ 省级人民检察院检察员任命通知书

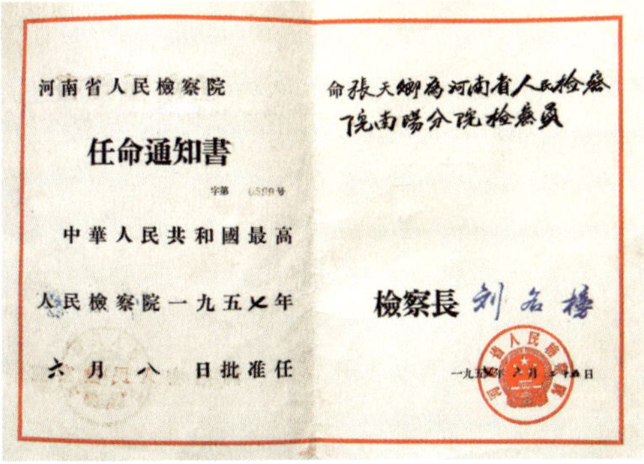
河南省人民檢察院
任命通知書
中華人民共和國最高人民檢察院一九五七年六月八日批准任
命張天卿為河南省人民檢察院南陽分院檢察員
檢察長

◎ 省级人民检察院分院检察员任命通知书

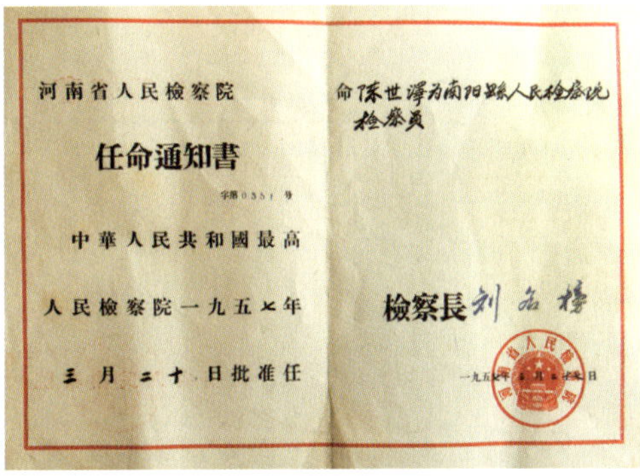
河南省人民檢察院
任命通知書
中華人民共和國最高人民檢察院一九五七年三月二十日批准任
命陈世澤为南阳縣人民检察院检察员
檢察長

◎ 县级人民检察院检察员任命通知书

人民检察院组织序列表（1956 年）

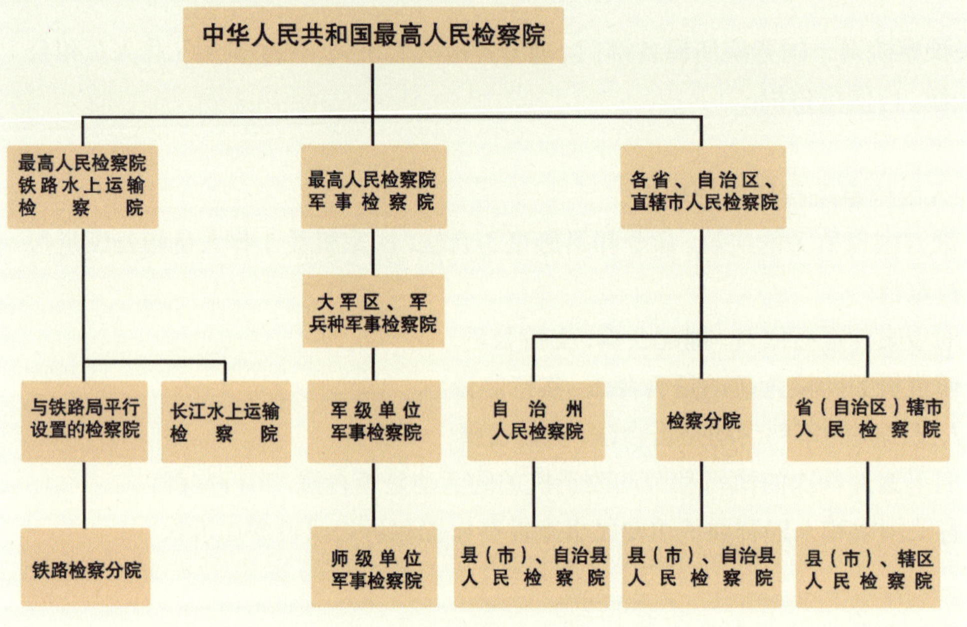

最高人民检察院机构设置图（1956 年）

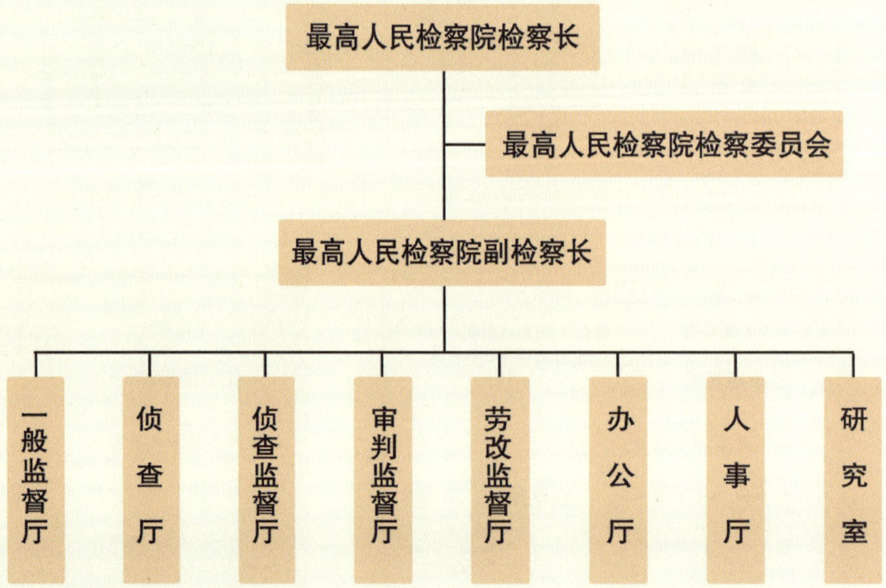

铁路水上运输检察院的建立

根据《人民检察院组织法》的规定，1955 年 1 月，最高人民检察院建立了铁路水上运输检察院，部分地方也相继建立了铁路运输检察院和水上运输检察院。

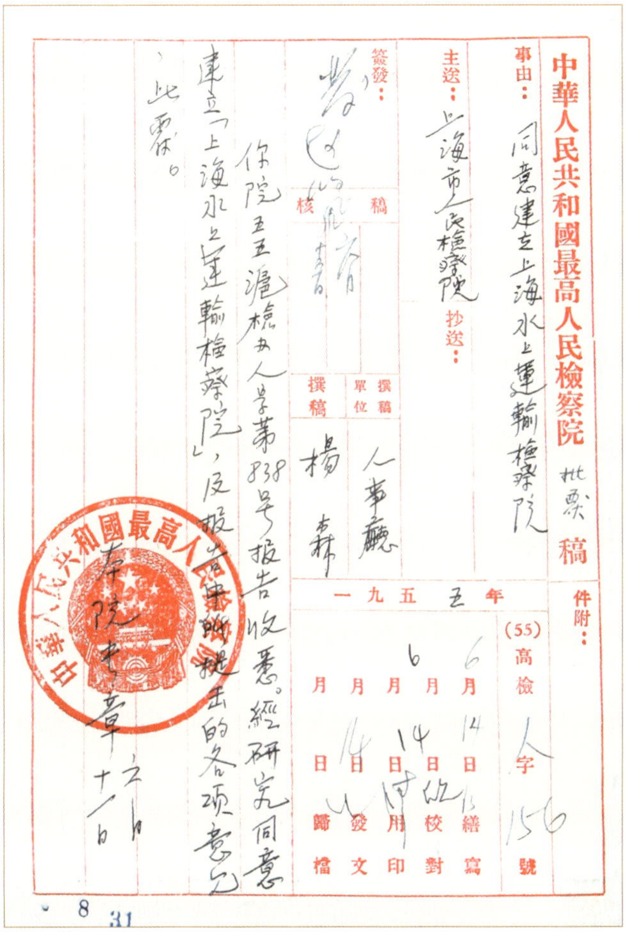
中華人民共和國最高人民檢察院 批覆稿

事由：同意建立上海水上運輸檢察院

主送：上海市人民檢察院

抄送：

簽發：

核稿

撰稿單位：人事廳

撰稿：楊森

一九五五年

(55)高檢人字156號

你院五五滬檢人字第838號報告收悉。經研究同意建立"上海水上運輸檢察院"，及報告中所提出的各項意見，此覆。

中華人民共和國最高人民檢察院

◎ 1955年，最高人民检察院开始筹建长江水上运输检察院。图为1955年6月最高人民检察院《关于同意建立上海水上运输检察院的批复》。

◎ 最高人民检察院铁路水上运输检察院的印章

军事检察院的建立

1955 年 9 月 2 日，根据《人民检察院组织法》的规定，成立了最高人民检察院军事检察院。9 月 25 日，第一届全国人民代表大会常务委员会第二十三次会议任命黄火星为最高人民检察院副检察长兼军事检察院检察长。

黄火星（1909—1971），江西乐安人。1930 年参加中国工农红军，1931 年加入中国共产党。曾任红一方面军第三十一师第九十五团政治委员，闽西南第二纵队政治委员，新四军第二支队第三团团长、政治委员，第五十五团政治委员，第七师政治部副主任等职。解放战争时期任华中野战军第七纵队政治部主任，华东野战军第七纵队副政治委员，第三野战军第二十五、二十九军政治委员。率部参加解放华东的多次重要战役战斗。新中国成立后，历任解放军第十兵团兼福建军区政治部主任兼厦门军事管制委员会主任、江苏军区第二政治委员、解放军总政治部军事检察院检察长、最高人民检察院副检察长兼军事检察院检察长兼中央军委总直属政治部主任等职。1955 年，被授予中将军衔和二级八一勋章、一级独立自由勋章、一级解放勋章。

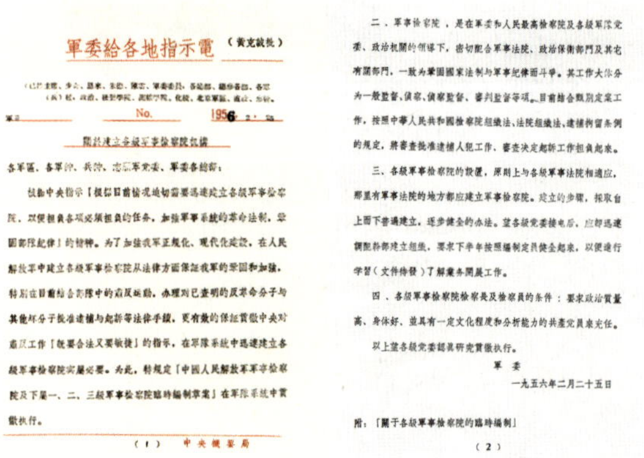

軍委給各地指示電 （黄克誠批）

No. 1956 2 25

關於建立各級軍事檢察院機構

各軍區、各軍種、兵種、志願軍党委、軍委各總部：

根據中央指示【根據目前情況迫切需要迅速建立各級軍事檢察院，以便擔負各項必須擔負的任务，加強軍事系統的革命法制，鞏固部隊紀律】的精神。为了加強我軍正規化、現代化建設，在人民解放軍中建立各級軍事檢察院从法律方面保証我軍的鞏固和加強，特别在目前結合部隊中的肃反运动，办理对已查明的反革命分子与其他坏分子批准逮捕与起訴等法律手續，更有效的保証貫徹中央对肃反工作【既要合法又要敏捷】的指示，在軍隊系統中迅速建立各級軍事檢察院實屬必要。为此，特規定【中國人民解放軍軍事檢察院及下屬一、二、三級軍事檢察院臨時編制草案】在軍隊系統中貫徹執行。

（1） 中央檔案館

二、軍事檢察院，是在軍委和人民最高檢察院及各級軍隊党委、政治机關的領導下，密切配合軍事法院、政治保衛部門及其它有關部門，一致为鞏固國家法制与軍事紀律而斗爭。其工作大体分为一般監督、偵察、偵察監督、審判監督等項。目前結合肃反定案工作，按照中華人民共和國檢察院組織法、法院組織法、逮捕拘留条例的規定，將審查批准逮捕人犯工作、審查决定起訴工作担負起來。

三、各級軍事檢察院的設置，原則上与各級軍事法院相適应，那里有軍事法院的地方都应建立軍事檢察院。建立的步驟，採取自上而下普遍建立，逐步健全的办法。望各級党委接电后，应即迅速調配幹部建立組織，要求下半年按照編制定員健全起來，以便進行学習（文件待發）了解業务開展工作。

四、各級軍事檢察院檢察長及檢察員的条件：要求政治質量高、身体好、並具有一定文化程度和分析能力的共產党員來充任。

以上望各級党委認真研究貫徹执行。

軍 委

一九五六年二月二十五日

附：「關于各級軍事檢察院的臨時編制」

（2）

◎ 1956年2月，中央军委指示电，要求建立各级军事检察院机构。

◎ 黄火星的工作证

◎ 1956年8月11日，第一次全军检察长会议召开，前排左七为黄火星。

◎ 1961年1月，最高人民检察院军事检察院全体同志合影。

运用检察武器
保障过渡时期总任务的实现

基本完成了土地改革等各项社会改革后，中共中央公布了过渡时期的总路线和总任务。从 1953 年起，进入社会主义改造和大规模的经济建设时期，检察机关把保障过渡时期总路线和五年计划的顺利实现作为工作的重要使命。

各地人民檢察機關積極參加糧食收購和供應工作

檢查處理破壞糧食政策的奸商和反革命分子

◎ 1953年11月7日，最高人民检察署发出《关于贯彻国家粮食计划收购和计划供应政策的实施的指示》。图为1954年3月7日《人民日报》关于人民检察署参加粮食收购和供应工作的报道。

社論

加强檢察工作保障國家建設

◎ 1954年5月21日，《人民日报》刊发社论《加强检察工作保障国家建设》。在这篇社论中，第一次明确提出了人民检察机关是“国家法律监督机关”。社论指出：人民检察机关在检察处理案件和进行其他工作时，必须分清敌我界限，分清是非轻重，分清应该打击的一面和应该保护的一面，防止不从政策和全面情况出发、孤立地就案办案的现象。一方面要无情地与一切违法犯罪现象作斗争，另一方面也要防止和纠正任何以“监督者”自居的特权思想。

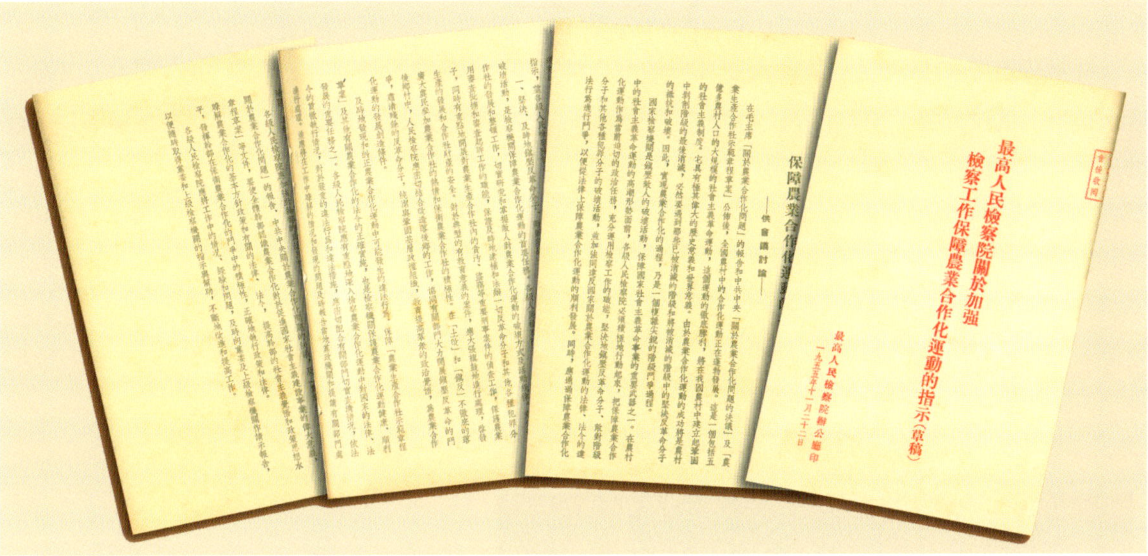

◎ 各级检察机关发挥检察职能，为保障过渡时期总路线的实现而斗争。图为1955年11月22日最高人民检察院《关于加强检察工作保障农业合作化运动的指示（草稿）》。

1954 年江苏省各级人民检察院办理有关破坏社会主义改造和建设的案件统计表

办理情况	破坏工业生产案件	破坏农业生产案件	破坏粮食政策案件	“五毒”案件	违反劳动法令案件	贪污案件	总计
自办	106	39	126	161	13	258	703
会办	11	41	64	75	6	17	214
合计	117	80	190	236	19	275	917

继续参加镇反运动
保障社会主义事业安全

中共中央于 1955 年连续发出关于开展斗争，肃清暗藏反革命分子的指示，从 1955 年夏季开始，在全国范围内继续开展了镇反运动。各级人民检察院依法履行宪法和法律赋予的职责，在继续参加镇反运动的同时，注重发挥法律监督作用，努力保证办案质量。

◎ 1956年7月13日至16日，全国省、自治区、直辖市检察长、法院院长、公安厅（局）长联席会议召开，部署镇反检查工作。张鼎丞主持会议，周恩来作重要报告。

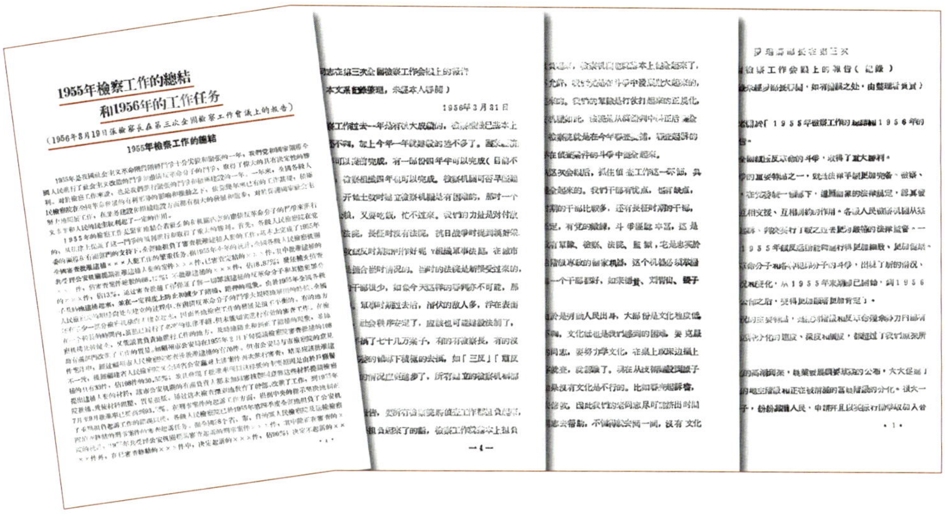

1955年檢察工作的總結
和1956年的工作任务
（1956年3月19日張鼎丞檢察長在第三次全國檢察工作會議上的報告）
1955年檢察工作的總結

◎ 张鼎丞检察长在第三次全国检察工作会议上的报告

人民日報

1956年4月6日 星期五

全國檢察工作会議确定当前中心任务

据新華社5日訊 在三月十九日召开的第三次全國檢察工作会議，已經在四月一日結束。

会議总結了1955年的檢察工作，并經过充分討論，确定了1956年的工作任务。会議指出，当前檢察工作的中心任务是：利用目前有利的形势和条件，更加深入地开展肅清反革命分子的斗爭和打击其他違法犯罪分子的斗爭，特别是随着農業生產合作社和公私合营企業的發展，要加强与企業、合作社内部可能發生的違法犯罪現象進行斗爭，集中地打击一切破坏社会主义建設和社会主义改造事業的違法犯罪活动，并且切实地防止和克服錯捕、錯起訴的現象，以保障社会主义建設和社会主义改造事業的順利進行，保护人民的民主权利。为此，会議确定1956年各級人民檢察院的業务建設，应当是在已有的工作基礎上，迅速地把刑事案件的偵查、起訴工作健全起來，同时，努力开展其他各項業务工作。

会議强調指出，在目前的肅清反革命分子的斗爭中，应当認真执行坦白从寬、抗拒从嚴、立功折罪、立大功受奬的政策。因此，对于凡是坦白交代或自首投案經过查实的反革命分子，都应当按从寬的原則处理，分别具体情况給以減刑或者免刑。对于不僅坦白了自己的問題，而且又能檢举并立了功的反革命分子，应当分别具体情况，將功折罪或者給予適当奬励。另一方面，对于那些坚持反革命立場、拒不坦白，坚決与人民为敌的反革命分子和有嚴重罪行的犯罪分子，必須依法嚴懲。

会議通过了关于1955年檢察工作的总結和1956年的工作任务的报告以及1956年檢察工作計划。会議还討論了最高人民檢察院制定的1956—1957年檢察工作規划。

◎ 1956年3月19日至4月1日，第三次全国检察工作会议召开。会议决定加强批捕、起诉、判决的执行监督等各项检察业务建设，发挥法律监督职能。图为《人民日报》对会议的报道。

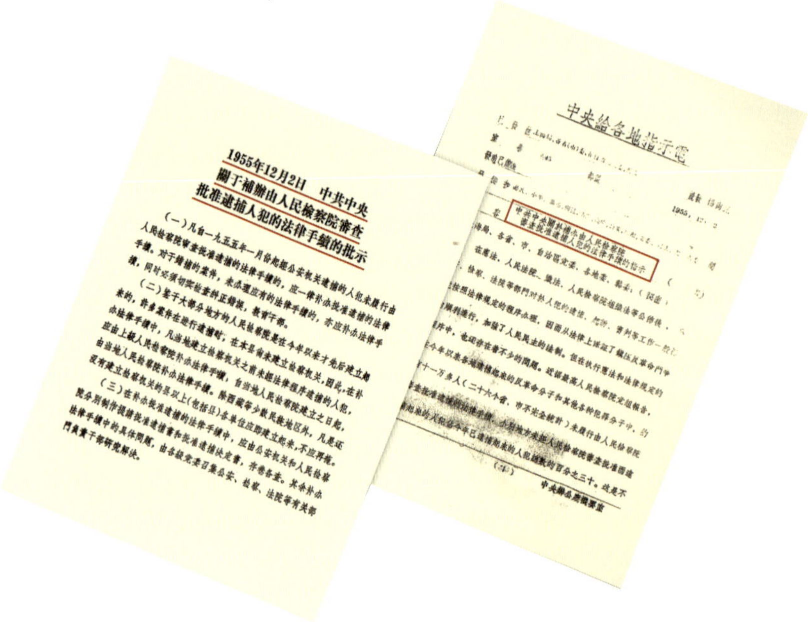
1955年12月2日　中共中央
關于補辦由人民檢察院審查批准逮捕人犯的法律手續的批示

中央給各地指示電

◎ 1955年12月2日，中共中央《关于补办由人民检察院审查批准逮捕人犯的法律手续的批示》

宽大处理特务分子——张毅案

张毅，浙江镇海人。1937年参加了特务组织，接受过专门训练，解放前在上海一带进行特务活动，解放初期逃亡台湾，1950年至1955年，四次潜回大陆发展特务组织，收集军事情报，筹建秘密电台。1956年春节潜回家乡时，受政府政策感召，投案自首，并检举反革命分子多名。杭州市人民检察院于1956年4月23日召开“处理自首投案反革命分子大会”，宣布对张毅的不起诉决定书，并由杭州市公安局发给奖金。

◎ 绘图　乔　毅

侦诉日本战犯

1945 年日本投降后，远东国际军事法庭对部分侵华日本战犯进行了审判。1954 年 2 月，最高人民检察署组成侦处日本战犯工作团，对关押的 1109 名（关押期间死亡 47 名，实际处理 1062 名）日本战争罪犯展开侦查处理工作。大批检察人员分赴 12 个省、市调查，搜集到控诉书、证人证言、鉴定书、日伪书报档案和物证等 28000 余件。1956 年 5 月至 8 月，最高人民检察院对 45 名日本战犯作出了起诉决定，对 1017 名日本战犯作出了免予起诉决定。对日本战争犯罪分子的侦查处理，伸张了正义，揭露了日本帝国主义侵略中国的严重罪行，成功教育感化了一批野蛮残暴的战争犯罪分子，扩大了中国在日本的影响。

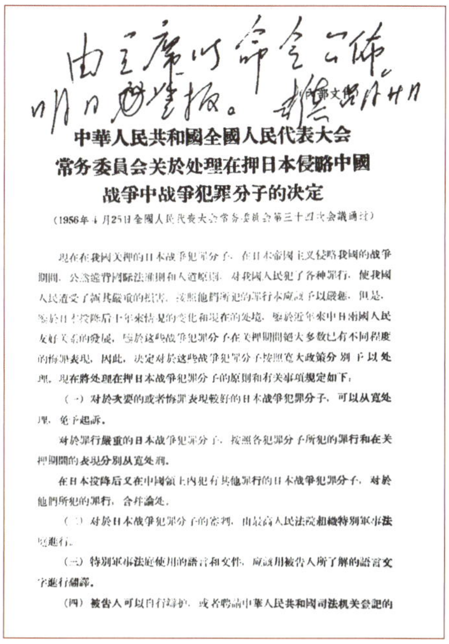
中華人民共和國全國人民代表大会常务委員会关於处理在押日本侵略中國战爭中战爭犯罪分子的决定

（1956年4月25日全國人民代表大会常务委員会第三十四次会議通过）

現在在我國关押的日本战爭犯罪分子，在日本帝國主义侵略我國的战爭期間，公然違背國際法准則和人道原則，对我國人民犯了各种罪行，使我國人民遭受了極其嚴重的損害。按照他們所犯的罪行本应該予以嚴懲，但是，鑒於日本投降后十年來情况的变化和現在的处境，鑒於近年来中日兩國人民友好关系的發展，鑒於这些战爭犯罪分子在关押期間絕大多数已有不同程度的悔罪表現，因此，决定对於这些战爭犯罪分子按照寬大政策分别予以处理。現在將处理在押日本战爭犯罪分子的原則和有关事項規定如下：

（一）对於次要的或者悔罪表現較好的日本战爭犯罪分子，可以从寬处理，免予起訴。

对於罪行嚴重的日本战爭犯罪分子，按照各犯罪分子所犯的罪行和在关押期間的表現分别从寬处刑。

在日本投降后又在中國領土內犯有其他罪行的日本战爭犯罪分子，对於他們所犯的罪行，合并論处。

（二）对於日本战爭犯罪分子的審判，由最高人民法院組織特别軍事法庭進行。

（三）特别軍事法庭使用的語言和文件，应該用被告人所了解的語言文字進行翻譯。

（四）被告人可以自行辯护，或者聘請中華人民共和國司法机关登記的

◎ 1956年4月25日，全国人民代表大会常务委员会通过《关于处理在押日本侵略中国战争中战争犯罪分子的决定》。

◎ 最高人民检察院对日本战犯的起诉决定书

◎ 1956年6月9日，最高人民法院特别军事法庭在沈阳开庭审判日本战犯。

◎ 1956年6月10日，最高人民法院特别军事法庭在太原开庭审判日本战犯。

◎ 1956年7月1日，最高人民法院特别军事法庭在沈阳开庭，审理武部六藏等28名被告人。图为首席检察员李甫山（前排左一），检察员军法上校胡春雨（前排左二），检察员李放（前排左三）、郭春来（前排左四）、毛志奇（前排左五）、高正权（后排左一）。

◎ 铃木启久等8名日本战犯接受宣判。

◎ 1956年7月20日，特别军事法庭对45名被告人全部审理完毕，分别对各被告人判处8年至20年有期徒刑。

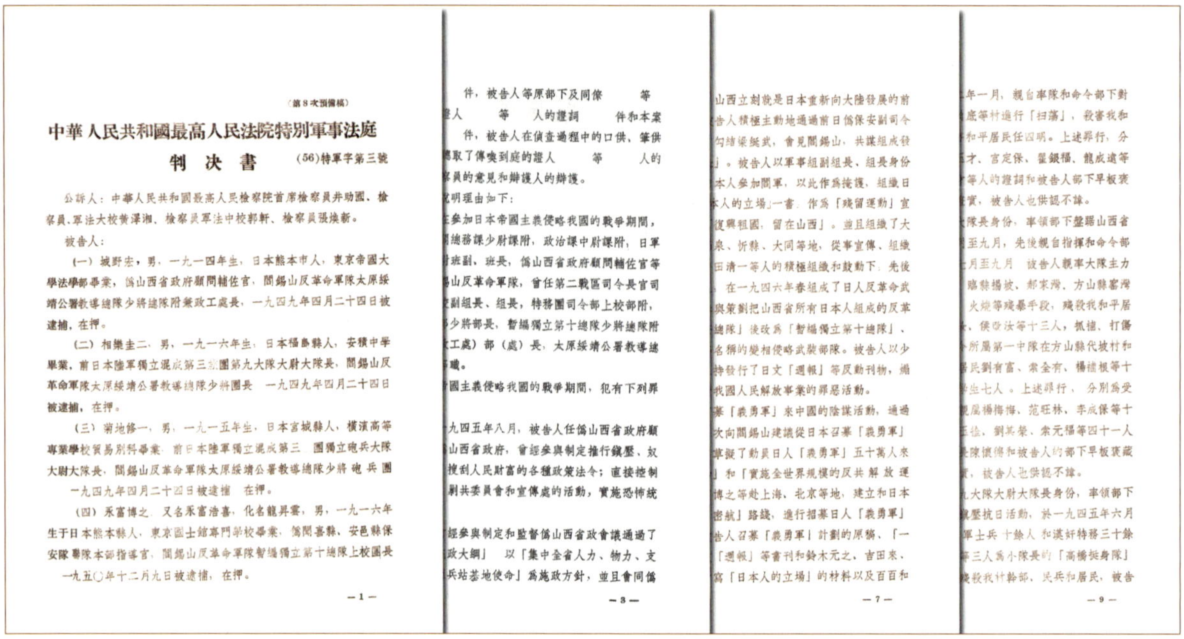

（第8次預備稿）

中華人民共和國最高人民法院特別軍事法庭

判 决 書

（56）特軍字第三號

公訴人：中華人民共和國最高人民檢察院首席檢察員井助國、檢察員、軍法大校黄澤湘、檢察員軍法中校郭軒、檢察員張煥新。

被告人：

（一）城野宏，男，一九一四年生，日本熊本市人，東京帝國大學法學部畢業，僞山西省政府顧問輔佐官，閻錫山反革命軍隊太原綏靖公署教導總隊少將總隊附兼政工處長，一九四九年四月二十四日被逮捕，在押。

（二）相樂圭二，男，一九一六年生，日本福島縣人，安積中學畢業，前日本陸軍獨立混成第三旅團第九大隊大尉大隊長，閻錫山反革命軍隊太原綏靖公署教導總隊少將團長，一九四九年四月二十四日被逮捕，在押。

（三）菊地修一，男，一九一五年生，日本宮城縣人，横濱高等專業學校貿易別科畢業，前日本陸軍獨立混成第三旅團獨立砲兵大隊大尉大隊長，閻錫山反革命軍隊太原綏靖公署教導總隊少將砲兵團長，一九四九年四月二十四日被逮捕，在押。

（四）永富博之，又名永富浩喜，化名龍昇雲，男，一九一六年生于日本熊本縣人，東京國士館專門學校畢業，僞聞喜縣、安邑縣保安隊警隊本部指導官，閻錫山反革命軍隊暫編獨立第十總隊上校團長，一九五〇年十二月九日被逮捕，在押。

—1—

件，被告人等原部下及同僚　　等
證人　　等　　人的證詞　　件和本案
件，被告人在偵查過程中的口供、筆供
聽取了傳喚到庭的證人　　等　　人的
察員的意見和辯護人的辯護。
說明理由如下：
在參加日本帝國主義侵略我國的戰爭期間，
團總務課少尉課附，政治課中尉課附，日軍
計班副、班長，僞山西省政府顧問輔佐官等
錫山反革命軍隊，曾任第二戰區司令長官司
室副組長、組長，特務團司令部上校部附，
部少將部長，暫編獨立第十總隊少將總隊附
政工處）部（處）長，太原綏靖公署教導總
等職。
帝國主義侵略我國的戰爭期間，犯有下列罪

一九四五年八月，被告人任僞山西省政府顧
僞山西省政府，曾經參與制定推行鎮壓、奴
搜刮人民財富的各種政策法令；直接控制
剿共委員會和宣傳處的活動，實施恐怖統

曾經參與制定和監督僞山西省政會議通過了
政大綱」以「集中全省人力、物力、支
兵站基地使命」爲施政方針，並且會同僞

—3—

山西立刻就是日本重新向大陸發展的前
告人積極主動地通過前日僞保安副司令
勾結梁綖武，會見閻錫山，共謀組成發
」。被告人以軍事組副組長、組長身份
本人參加閻軍，以此作爲掩護，組織日
本人的立場」一書，作爲「殘留運動」宣
復興祖國，留在山西」。並且組織了大
泉、忻縣、大同等地，從事宣傳、組織
田清一等人的積極組織和鼓動下，先後
在一九四六年春組成了日人反革命武
與策劃把山西省所有日本人組成的反革
總隊」後改爲「暫編獨立第十總隊」、
名稱的變相侵略武裝部隊。被告人以少
持發行了日文「週報」等反動刊物，煽
我國人民解放事業的罪惡活動。
募「義勇軍」來中國的陰謀活動，通過
次向閻錫山建議從日本召募「義勇軍」
草擬了動員日人「義勇軍」五十萬人來
」和「實施全世界規模的反共解放運
博之等赴上海、北京等地，建立和日本
密航」路綫，進行招募日人「義勇軍」
告人召募「義勇軍」計劃的原稿、「一
「週報」等書刊和鈴木元之、吉田來、
寫「日本人的立場」的材料以及百百和

—7—

年一月，親自率隊和命令部下對
底等村進行「扫蕩」，殺害我和
和平居民任四明。上述罪行，分
才、宮定保、翟銀福、龍成遠等
等人的證詞和被告人部下早板褒
實，被告人也供認不諱。
隊長身份，率領部下盤踞山西省
至九月，先後親自指揮和命令部
月至九月，被告人親率大隊主力
臨縣揚坡、鄭家灣、方山縣窰灣
火燒等殘暴手段，殘殺我和平居
、侯改汝等十三人，抓捕、打傷
所屬第一中隊在方山縣代坡村和
居民劉有富、索全有、楊福根等十
坐七人。上述罪行，分別爲受
親屬楊梅梅、范旺林、李成保等十
王俭、劉其榮、索元福等四十一人
隊懷傳和被告人的部下早板褒藏
實，被告人也供認不諱。
九大隊大尉大隊長身份，率領部下
鎮壓抗日活動，於一九四五年六月
軍士兵十餘人和漢奸特務三十餘
等三人爲小隊長的「高橋挺身隊」
殘殺我村幹部、民兵和居民，被告

—9—

◎ 特别军事法庭对日本战犯的判决书

1956年检察人员出庭公诉日本战犯情况

时间	地点	被告人	公诉人
6月9日	沈阳	铃木启久、藤田茂等8名前日本陆军军官	首席检察员王之平 检察员权维才、田志洪、王宝琪
6月10日	太原	富永顺太郎	检察员丁明
6月12日	太原	城野宏、相乐圭二等8名前日本军政人员	首席检察员井助国 检察员黄泽湘、郭轩、张焕新
7月1日	沈阳	武部六藏、古海忠之等28名前日本军政人员	首席检察员李甫山 检察员曹振辉、胡春雨、李放、郭春来、毛志奇、高正权、孟武楼、李瑛、王志武

◎ 1956年6月21日、7月18日、8月21日，最高人民检察院对次要的或者悔罪表现较好的1017名日本战犯，分三批宣布免予起诉，宽大释放。图为最高人民检察院检察员冯荣昌宣布免予起诉决定书。

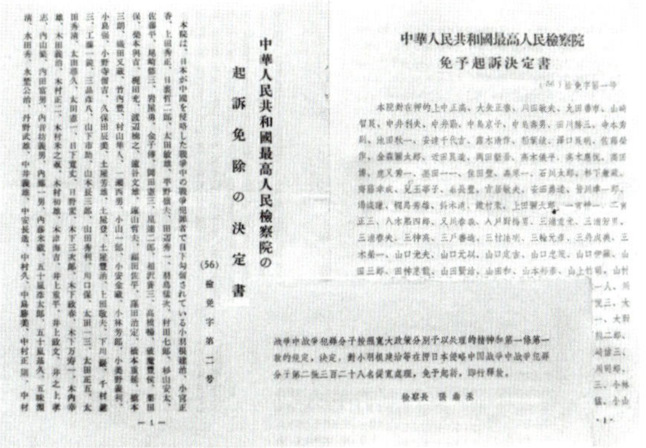

中華人民共和國最高人民檢察院の
起訴免除の決定書
(56) 檢免字第二号

中華人民共和國最高人民檢察院
免予起訴決定書

戰爭中战爭犯罪分子按照寬大政策分別予以处理的精神和第一條第一款的規定，決定，對小羽根建治等在押日本侵略中国战爭中战爭犯罪分子第二批三百二十八名從寬處理，免予起訴，即行釋放。

檢察長 張鼎丞

◎ 张鼎丞检察长签署的免予起诉决定书

◎ 免予起诉决定宣布后，战犯们深受感动。

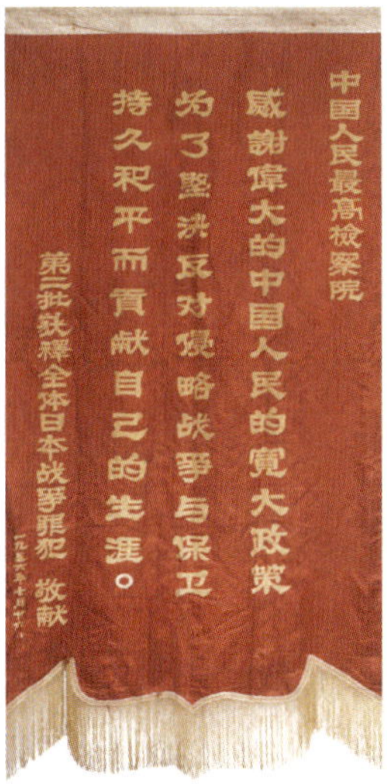

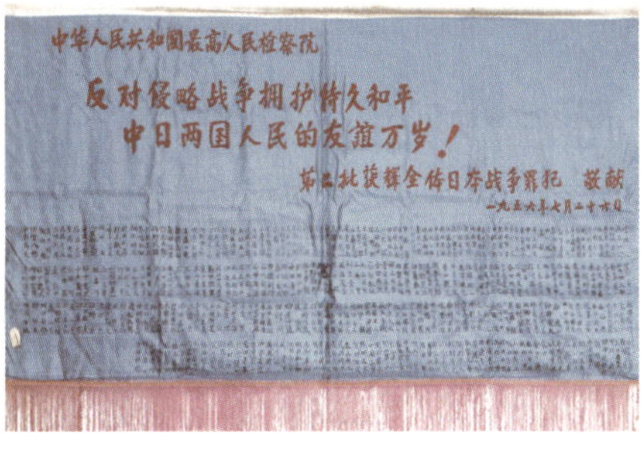

◎ 第二批获释全体日本战犯于1956年7月26日赠给最高人民检察院的锦旗

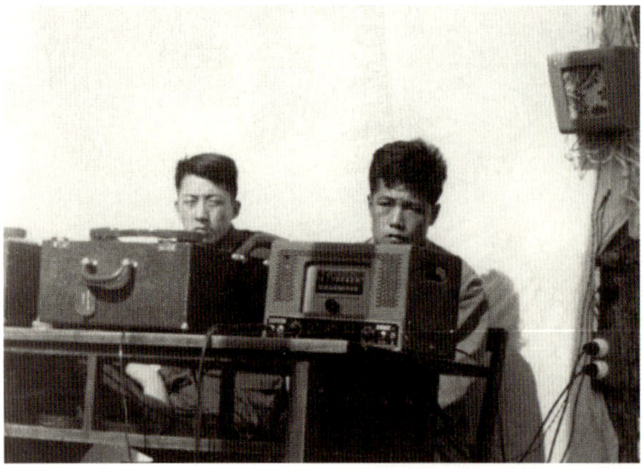

◎ 最高人民检察署侦讯人员开展侦讯工作

◎ 最高人民检察署侦处日本战犯工作团驻地

◎ 1954年9月1日，最高人民检察署侦处日本战犯工作团全体同志合影。

◎ 1956年8月4日，山西日籍战犯罪行调查联合办公室成员合影。

◎ 最高人民检察署侦处日本战犯工作团由副检察长谭政文领导。前排左起第六人为谭政文。

“左”倾思想对检察工作的影响

1957年夏季开始，在全国范围内开展了一场被严重扩大化了的反右派斗争。在“左”的思想的指导下，批判和否定了检察机关的一般监督和其他监督职能，批判检察机关的垂直领导是不受党的领导、向党闹独立性。1958年“大跃进”运动中，不少地方抛弃公检法三机关分工负责、互相配合、互相制约的原则，实行“一长代三长”、“一员顶三员”做法，有的地方合并为“政法公安部”，使检察机关名存实亡。1959年庐山会议后的反右倾斗争，只承认社会主义法律对敌人实行镇压的专政作用，否认法律对保障民主和维护纪律的作用。经过这三次运动冲击，从中央到地方刮起了一股对检察机关的“取消风”，对检察工作造成了严重的不良影响。

◎ 在“大跃进”中出版的《检察工作跃进集》

人民日报

在政法战线上还有严重的斗爭

◎ 1957年10月9日，《人民日报》发表《在政法战线上还有严重的斗争》的社论。

人民日报

克服政法工作中的两种倾向

毛主席召集最

会議同意繼續深入开展

光荣属于开创人类历史新纪

摧毁資本主义和确立社会

苏共中央發布

北京七千干部走上农業

◎ 1957年10月14日，《人民日报》又发表《克服政法工作中的两种倾向》的社论，指出政法工作要克服“忽视党委领导”和“忽视无产阶级专政”的倾向。

人民日报

社論

政法部門需要徹底的整頓

（上接第一版）

◎ 1957年12月20日，《人民日报》发表《政法部门需要彻底的整顿》的社论。1957年夏季开始的反右派斗争也波及到全国检察机关，检察工作受到严重影响。当时对于检察工作的批判集中在“一般监督”和“垂直领导”问题上，认为法律监督职能是将专政矛头对准人民内部，垂直领导是不受党的领导、向党闹独立性等。

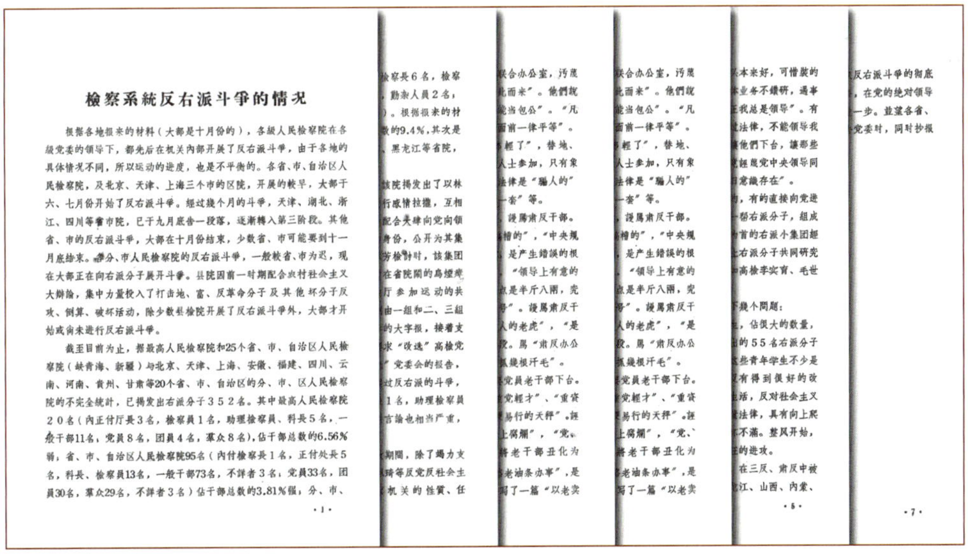

檢察系統反右派斗爭的情况

根据各地报来的材料（大部是十月份的），各級人民检察院在各級党委的領导下，都先后在机关內部开展了反右派斗爭，由于各地的具体情况不同，所以运动的进度，也是不平衡的。各省、市、自治区人民检察院，及北京、天津、上海三个市的区院，开展的較早，大部于六、七月份开始了反右派斗爭。經过幾个月的斗爭，天津、湖北、浙江、四川等省市院，已于九月底告一段落，逐漸轉入第三阶段。其他省、市的反右派斗爭，大部在十月份結束，少数省、市可能要到十一月底結束。分、市人民检察院的反右派斗爭，一般較省、市为迟，现在大部正在向右派分子展开斗爭。县院因前一时期配合农村社会主义大辯論，集中力量投入了打击地、富、反革命分子及其他坏分子反攻、倒算、破坏活动，除少数县检院开展了反右派斗爭外，大部才开始或尚未进行反右派斗爭。

截至目前为止，据最高人民检察院和25个省、市、自治区人民检察院（缺青海、新疆）与北京、天津、上海、安徽、福建、四川、云南、河南、貴州、甘肃等20个省、市、自治区的分、市、区人民检察院的不完全統計，已揭发出右派分子３５２名。其中最高人民检察院２０名（內正付厅長３名，检察員１名，助理检察員、科長５名，一般干部11名，党員８名，团員４名，羣众８名），佔干部总数的6.56%弱；省、市、自治区人民检察院95名（內付检察長１名，正付处長５名，科長、检察員13名，一般干部73名，不詳者３名；党員33名，团員30名，羣众29名，不詳者３名）佔干部总数的3.81%强；分、市、

·1·

◎ 检察系统反右派斗争的情况总结。

◎ 1958年6月23日至8月18日，第四次全国检察工作会议召开，通过了《最高人民检察院“务虚”报告》和《检察机关的今后任务（五十条）》。

◎ 1960年2月10日至27日，第五次全国检察工作会议召开，会议决定持续“大跃进”。

全体代表摄影 1958.6. 北京

十次全國公安会議代表合影 一九六〇年二月二十一日

关于第五次全国检察工作会議情况的报告

中央政法小組並轉报中央：

第五次全国检察工作会議，在中央政法小組的直接領导下，主要是同公安、法院的会議一起，根据富治同志的报告，討論了当前对敌斗爭的形勢、方針、政策和任务。並在这个前提下，围繞着討論"一九五九年检察工作的总結和一九六〇年检察工作的意見（草稿）"，着重进行了"务虚"，解决了怎样积极地、正确地发挥检察机关作用的一些思想認識問題。

会議認为：一九五九年的检察工作是做得好的。突出的是，在各級党委領导下，堅持了为总路綫服务的政治方向和党的政法工作路綫，同兄弟部門緊密协作，堅决貫徹了一月全国政法会議精神，把案子办得更加准确、細緻、踏实，通过做好各項检察业务，保卫了党的中心任务。經过大跃进和反右整风运动，广大检察干部对于怎样积极地、正确地发挥检察机关作用的問題，認識得更加明确了。現在大家积极性很高，都想把工作做得更多、更好。但是，在这种情况下，少数检察干部中出现了一种思想苗头，就是希望把参加共同对敌斗爭所做的某些工作，也列为检察机关的业务。有这种想法的同志，一般的都是想积极做好工作的，主要問題是对于检察机关到底应該发挥什么作用，如何去发挥作用，还認識得不夠清楚。这是当前需要加以解决的。

会議認为，必須教育干部，进一步懂得，作为专政武器之一的检

·2·

察机关，它的主要作用是：通过批捕、起訴、出庭、劳改检察、社改检察等工作，去打击和揭露敌人，充分支持对敌斗爭；同时，通过同公安、法院互相配合、互相制约，把对敌斗爭搞得更有成效；並且，在同国际敌人作斗爭中，根据党和国家的需要，发挥它应有的作用。而这些作用，又必須在"全党一盘棋"和共同对敌斗爭的前提下才能正确发揮。但是，在"一盘棋"的前提下，仍然要有业务分工。必須明确：在保卫社会主义建設安全、同反革命和治安災害、事故作斗爭的专門工作中，公安机关是起主要作用的，检察机关应当积极参加这些工作，但如果把这些参加做的工作都当成自己的职能，就不仅会影响我們更好地完成党交給检察机关的任务，而且会同公安机关的职責混淆，影响对敌斗爭在統一領导下更好地互相配合、互相制约。当然，我們說不应該把参加做的工作当成检察业务，絕不意味着可以离开参加共同对敌斗爭去孤立地做检察工作，如果因为这样又产生单純业务观点，甚至回到片面監督的道路上去，或者消极起来，該参加的事情也不积极参加，甚至产生取消检察机关的思想，都是不对的，应該时刻注意防止。正确的做法是：必須繼續堅持为总路綫服务的政治方向，在"全党一盘棋"和共同对敌斗爭的前提下，通过做好各項检察业务，加强无产阶級专政，保卫党的中心任务；同时要积极参加党的中心工作和各項共同对敌斗爭。必須堅持党的政法工作路綫，检察工作一定要围繞中心工作、依靠羣众、結合生产、同兄弟部門大搞协作。必須特別强调服从党的絕对領导，一切听命于当地党委。上、下級检察机关的业务联系，应当执行"以块块为主、条条服从块块"的原則。总之，当前必須繼續鼓足干劲，沿着这个正确的道路前进。

会議在解决思想問題的基础上，一致認为：一九六〇年的检察工

·3·

作，必須根据富治同志报告中提出的把对敌斗爭搞得緊一些的方針，以安全运动为綱，实現持續大跃进。主要是在各級党委領导下，配合兄弟部門，通过批捕、起訴、出庭，把打击現行犯的工作抓得更緊；通过社改检察、劳改检察，把監督改造敌人的工作抓得更緊；通过調查研究工作，把敌我斗爭和阶級斗爭的情况摸得更清楚，使我們的工作更主动。在这些工作中，要严格区分两类矛盾，繼續执行"三少"政策。为此，必須提高检察工作的政治性，要求更緊密地跟上党的中心工作和共同对敌斗爭，更自觉地做党的无产阶級专政的馴服工具，並在这个前提下，把检察业务搞得更深透，把检察队伍搞得更精强，努力学习毛泽东思想，把兴无灭資的斗爭进行到底，以更好地完成共同对敌斗爭任务，保卫社会主义建設的持續大跃进。

以上报告，如中央認为可行，請批轉各地党委。

最高人民检察院党組

一九六〇年三月八日

◎ 最高人民检察院党组向中央呈报《关于第五次全国检察工作会议情况的报告》。

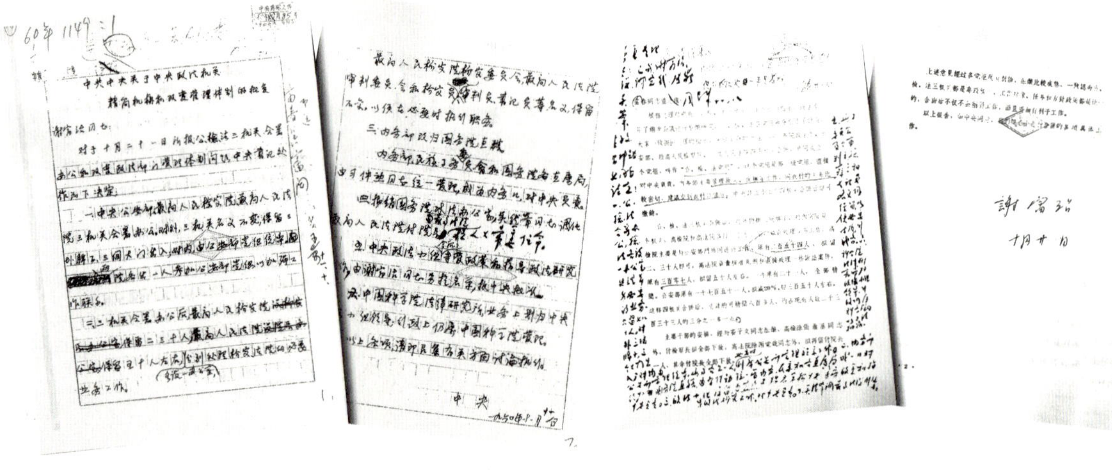

◎ 1960年11月，中央决定公安部、最高人民法院、最高人民检察院合署办公，最高人民检察院保留20至30人。

◎ 1961年2月，中央决定恢复分设公安部、最高人民检察院、最高人民法院三机关党组。图为张鼎丞检察长视察福建、云南、广西等地的检察工作，传达中央指示精神。

◎ 1961年5月，刘少奇（左二）在湖南省宁乡县视察，与当地政法干部座谈。

◎ 1960年12月17日，最高人民检察院欢送下放农业生产第一线同志的合影。

第六次全国检察工作会議文件之二

适应形势，統一認識，加强团結，
扎扎实实地做好检察工作

——张鼎丞检察长在第六次全国检察工作会議上的报告——

各位同志：

第六次全国检察工作会議，是紧接着党的八届十中全会和全国政法工作会議之后召开的。党的八届十中全会是一次具有伟大历史意义的会議，毛泽东同志在会議上关于阶級斗爭的指示，具有巨大的理論意义和实践意义。全国政法工作会議以党的八届十中全会的精神为指导思想，分析了当前政法战綫方面的形势，确定了一九六三年政法战綫的斗爭任务。这个会議开得很好，关于对敌斗爭方面共同性的問題，都已經得到了明确的解决。第六次全国检察工作会議的任务，就是要根据党的八届十中全会和全国政法工作会議的精神，討論一九六三年检察工作的任务，制定检察业务方面的一些规章制度。为了便于同志們討論，我講一講以下几个問題。

一、必須認清当前检察工作的形势

检察工作的形势，同全国整个政治、經济形势和政法战綫的……势是分不开的。我們要正确認識检察工作的形势，首先必須了解我

1

一九六二年十一月二日

◎ 1962年11月1日至15日，第六次全国检察工作会议召开。张鼎丞检察长作了题为《适应形势，统一认识，加强团结，扎扎实实地做好检察工作》的报告。

◎ 1964年4月，张鼎丞检察长（前排右七）带队参加山东省历城县“社会主义教育运动”。

◎ 1966年2月，最高人民检察院参加河北省容城县“四清”工作团城关分团北城工作队的全体同志合影（第二排左起第六人为最高人民检察院副检察长张苏）。

打击现行破坏活动
正确执行“三少”政策

镇压反革命运动基本结束后，政法战线包括检察机关的工作逐步转向以打击现行的反革命活动和其他刑事犯罪活动为主。1958 年 12 月 11 日，中央提出：“在我们国家已经空前巩固，反革命已经不多的情况下，捕人、杀人要少；管制也要比过去少。对于不法地主、富农、历史反革命分子和坏分子，只要他们不进行现行重大破坏活动，只在群众面前揭露他们，并夹在人民公社生产大队中监督劳动，加以改造即可。”

检察机关贯彻“三少”政策的主要做法

少捕：对于可捕可不捕的，从宽处理，不予逮捕，由群众管制起来监督改造。

少杀长判：对于应该杀但不是必须杀的犯罪分子，在提起公诉时建议法院判处长期徒刑，实行劳动改造。

减少管制：对于应该管制但不是必须管制的一般犯罪分子，由人民公社组织群众监督劳动，加以改造。

坚持惩办与宽大相结合：对历史犯从宽，对现行犯从严；对一般的犯罪分子从宽，对罪行严重的犯罪分子从严；坦白从宽，抗拒从严；初犯、偶犯从宽，再犯从严。

王倬诈骗案

1960 年 5 月 20 日，北京市人民检察院分院起诉的王倬诈骗案，就是当时对现行犯和罪行严重的犯罪分子从严处理的例子。王倬原为对外贸易部出口计划局计划处科员，伪造周恩来总理批件，骗取中国人民银行人民币 20 万元，被法院判处死刑。

◎ 1960年5月，北京市人民检察院分院起诉王倬诈骗案的宣判大会现场。

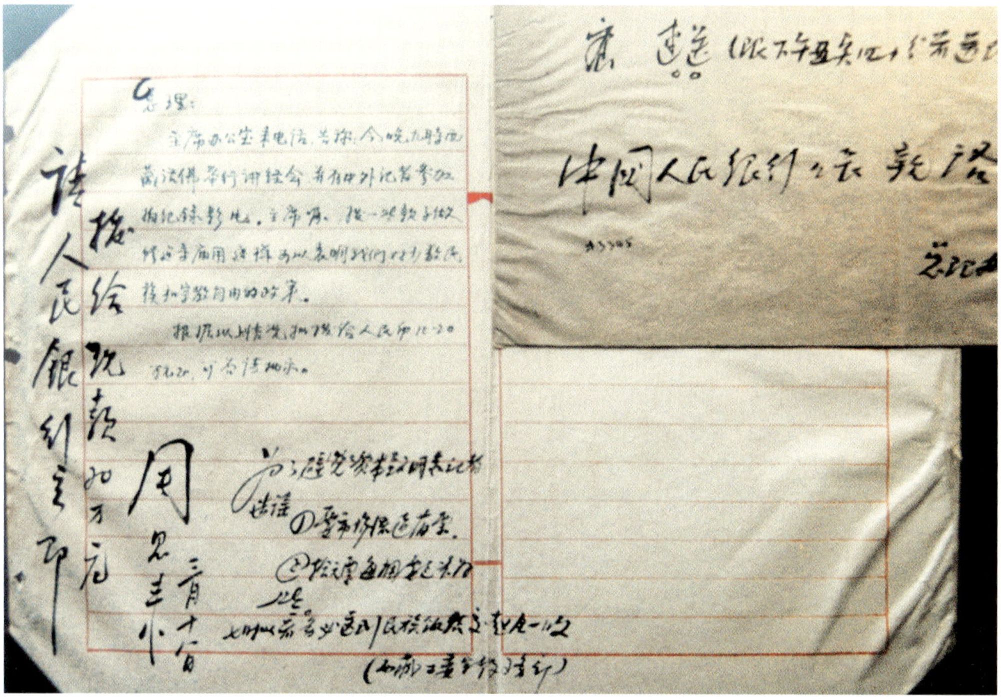

◎ 王倬诈骗案证据材料

◎ 诈骗犯王倬

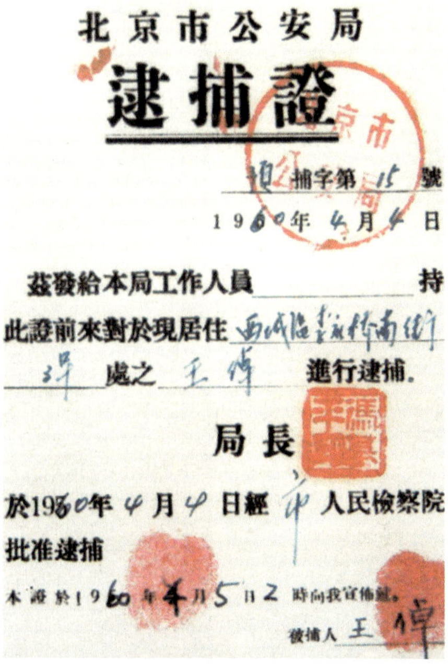

北京市公安局

逮捕證

捕字第 15 號

1960年4月4日

茲發給本局工作人員　　　　持

此證前來對於現居住　　　　處之 王倬 進行逮捕。

局長

於1960年4月4日經 市 人民檢察院

批准逮捕

本證於1960年4月5日2時向我宣佈過。

被捕人 王倬

◎ 1960年4月4日，北京市人民检察院批准逮捕王倬。

“矛盾不上交”依靠群众办案

20世纪60年代初，浙江诸暨枫桥镇干部群众在社会主义教育中创造的“依靠和发动群众，坚持矛盾不上交，就地解决。实现捕人少，治安好”的“枫桥经验”得到了毛泽东主席的肯定。1964年9月，中央规定：对有破坏活动的地主、富农、反革命分子和坏分子，除有现实危险的犯罪分子必须及时逮捕以外，采取“一个不杀，大部（95%以上）不捉”方针。当时称为“矛盾不上交”。检察机关认真贯彻这一方针，在工作中注意依靠群众办案，积累了专群结合的检察工作经验。

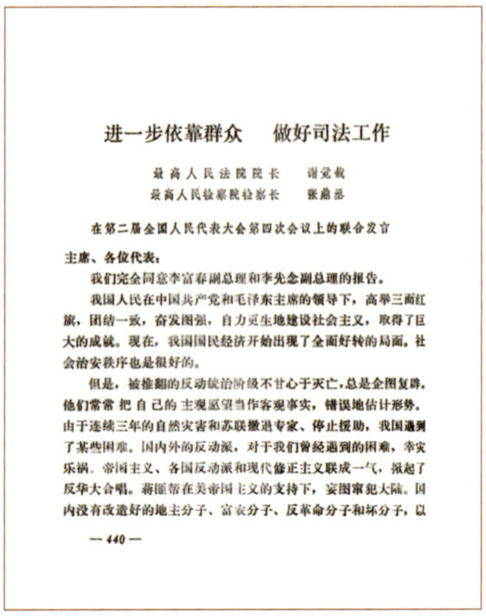

进一步依靠群众　做好司法工作

最高人民法院院长　谢觉哉
最高人民检察院检察长　张鼎丞

在第二届全国人民代表大会第四次会议上的联合发言

主席、各位代表：

我们完全同意李富春副总理和李先念副总理的报告。

我国人民在中国共产党和毛泽东主席的领导下，高举三面红旗，团结一致，奋发图强，自力更生地建设社会主义，取得了巨大的成就。现在，我国国民经济开始出现了全面好转的局面。社会治安秩序也是很好的。

但是，被推翻的反动统治阶级不甘心于灭亡，总是企图复辟。他们常常把自己的主观愿望当作客观事实，错误地估计形势。由于连续三年的自然灾害和苏联撤退专家、停止援助，我国遇到了某些困难。国内外的反动派，对于我们曾经遇到的困难，幸灾乐祸。帝国主义、各国反动派和现代修正主义联成一气，掀起了反华大合唱。蒋匪帮在美帝国主义的支持下，妄图窜犯大陆。国内没有改造好的地主分子、富农分子、反革命分子和坏分子，以

— 440 —

◎ 1963年11月28日，张鼎丞与谢觉哉在第二届全国人民代表大会第四次会议上作《进一步依靠群众做好司法工作》的联合发言。

◎ 在发动群众的基础上进行说理斗争，促使犯罪分子认罪悔罪，接受改造，这是依靠群众处理案件的中心内容，一般通过说理斗争会的方式来进行。图为说理斗争大会现场。

各级党委和政府要充分认识“枫桥经验”的重大意义，发扬优良作风，适应时代要求，创新群众工作方法，善于运用法治思维和法治方式解决涉及群众切身利益的矛盾和问题，把“枫桥经验”坚持好、发展好，把党的群众路线坚持好、贯彻好。

——2013 年 10 月 9 日习近平对坚持和发展“枫桥经验”作出重要指示

第五章

艰难岁月 波折中断

JIANNANSUIYUE
BOZHEZHONGDUAN

『文化大革命』和『两年徘徊』时期的人民检察

1966—1978

5

1966年5月“文化大革命”开始，党和国家遭到新中国成立以来最严重的挫折和损失，社会主义法制尤其是检察制度不可避免地遭受到空前的劫难。党的十一届六中全会《关于建国以来党的若干历史问题的决议》指出，从1966年5月到1976年10月的十年“文化大革命”，是全局性的、长时间的“左”倾严重错误。

1966年8月，最高人民检察院机关选出机关“文化革命委员会筹委会”。同年9月，选出“文化革命委员会”。1966年12月，“四人帮”攻击“公安部、检察院、最高人民法院都是从资本主义国家搬来的，是凌驾于党政之上的官僚机构”，要把公、检、法机关从“政治、思想、理论、组织上彻底砸烂”，全国各级政法机关遭到严重破坏，检察机关成为重灾区。1968年3月，最高人民检察院派驻军代表，实行军管。同年10月，最高人民检察院军代表向中央提交《关于干部下放劳动的请示报告》；12月，最高人民检察院被撤销。1969年2月，最高人民检察院159名干部、职工，由军事代表和临时革命领导小组带队，下放到湖北省荆州地区沙洋劳改农场进行劳动锻炼，成为最高人民检察院“五七”干校。同年12月，又下放疏散了两批干部、职工家属共82户212人，除在京留守人员外，仅剩干部、职工家属14户20人。1973年10月，撤销最高人民检察院军代表，在“五七”干校的干部大部分分配了工作。1975年1月17日，第四届全国人民代表大会第一次会议通过了我国第二部宪法。“七五”宪法第二十五条规定：检察机关的职权由公安机关行使。检察机关被撤销的事实，得到了国家根本大法的确认。

新中国检察制度建立时间不长，检察工作就经历了“三起三落”。第一次是在1951年冬天的编制会议上讨论精简国家机构时，有人提出检察工作“可有可无”，应予裁减。第二次是1960年冬精减国家机构时，康生、谢富治提出合署办公，受公安部党组统率；地方检察机关的存废，由各省、自治区、直辖市党委决定。第三次是检察机关在“文化大革命”中被撤销。前两次，检察机关据理力争，直接向毛泽东、刘少奇、彭真等中央领导报告反映，使检察机关保留了下来。而在“文化大革命”中，检察工作真正“落”下去了，这是法制建设中的深刻教训。

党的十一届六中全会《关于建国以来党的若干历史问题的决议》深刻地分析了长期以来我国法制不健全的原因：“中国是一个封建历史很长的国家，我们党对封建主义特别是对封建土地制度和豪绅恶霸进行了最坚决最彻底的斗争，在反封建斗争中养成了优良的民主传统；但是长期封建专制主义在思想政治方面的遗毒仍然不是很容易肃清的，种种历史原因又使我们没有能把党内民主和国家政治社会生活的民主加以制度化、法律化，或者虽然制定了法律，却没有应有的权威。”

人民检察在社会主义民主与法制发展进程中遭遇严重挫折的历史启示我们，检察制度是社会主义法制体系不可或缺的组成部分和重要环节。忽视检察工作甚至取消检察机关，都意味着法制的削弱和破坏。检察机关被撤销的时期，正是社会主义法制遭受最严重破坏的时期。

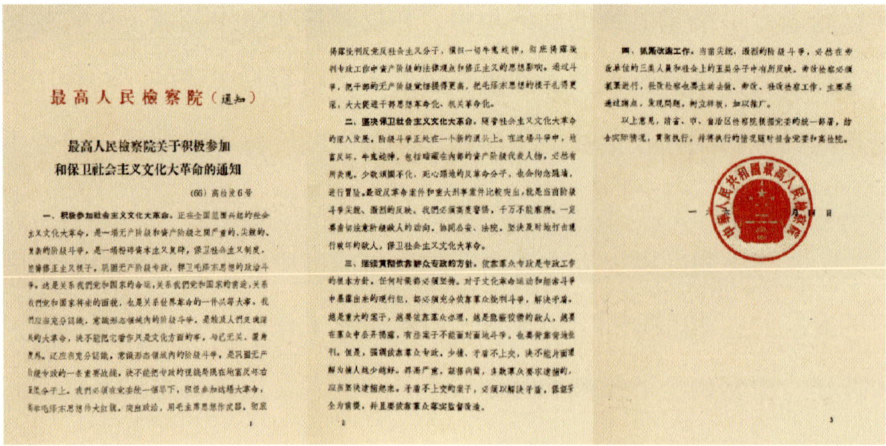
最高人民检察院（通知）

最高人民检察院关于积极参加和保卫社会主义文化大革命的通知

（66）高检发6号

一、积极参加社会主义文化大革命。正在全国范围兴起的社会主义文化大革命，是一场无产阶级和资产阶级之间广泛的、尖锐的、复杂的阶级斗争，是一场粉碎资本主义复辟，保卫社会主义制度，挖掉修正主义根子，巩固无产阶级专政，捍卫毛泽东思想的政治斗争。这是关系我们党和国家的命运，关系我们党和国家的前途，关系我们党和国家将来的面貌，也是关系世界革命的一件头等大事。我们应当充分认识，意识形态领域内的阶级斗争，是触及人们灵魂深处的大革命，决不能把它看作只是文化方面的事，与己无关，置身事外。还应当充分认识，意识形态领域内的阶级斗争，是巩固无产阶级专政的一条重要战线，决不能把专政的视线局限在地富反坏右五类分子上。我们必须在党委统一领导下，积极参加这场大革命，高举毛泽东思想伟大红旗，突出政治，用毛主席思想作武器，彻底

1

揭露批判反党反社会主义分子，横扫一切牛鬼蛇神，彻底揭露批判专政工作中资产阶级的法律观点和修正主义的思想影响。通过斗争，把干部的无产阶级觉悟提得更高，把毛泽东思想的根子扎得更深，大大促进干部思想革命化、机关革命化。

二、坚决保卫社会主义文化大革命。随着社会主义文化大革命的深入发展，阶级斗争正处在一个新的浪头上。在这场斗争中，地富反坏、牛鬼蛇神，包括暗藏在内部的资产阶级代表人物，必然有所表现。少数顽固不化，死心塌地的反革命分子，也会伺机捣乱，进行冒险。最近反革命案件和重大刑事案件比较突出，就是当前阶级斗争尖锐、激烈的反映。我们必须高度警惕，千万不能麻痹。一定要密切注意阶级敌人的动向，协同公安、法院，坚决及时地打击现行破坏的敌人，保卫社会主义文化大革命。

三、继续贯彻依靠群众专政的方针。依靠群众专政是专政工作的根本方针，任何时候都必须坚持。对于文化革命运动和部署斗争中暴露出来的现行犯，都必须充分依靠群众批判斗争，解决矛盾。越是重大的案子，越要依靠群众办理，越是隐蔽狡猾的敌人，越要在群众中公开揭露，有些案子不能面对面地斗争，也要背靠背地批判。但是，强调依靠群众专政，少捕、矛盾不上交，决不能片面理解为捕人越少越好。罪恶严重，证据确凿，多数群众要求逮捕的，应当坚决逮捕起来。矛盾不上交的案子，必须以解决矛盾，保证安全为前提，并且要依靠群众落实监督改造。

2

四、狠抓改造工作。当前尖锐、激烈的阶级斗争，必然在劳改单位的三类人员和社会上的五类分子中有所反映。劳改检察必须抓紧进行，社改检察也要主动去做。劳改、社改检察工作，主要是通过蹲点，发现问题，树立样板，加以推广。

以上意见，请省、市、自治区检察院根据党委的统一部署，结合实际情况，贯彻执行，并将执行的情况随时报告党委和高检院。

中华人民共和国最高人民检察院

一九六六年六月四日

3

◎ 1966年6月4日，最高人民检察院发出《关于积极参加和保卫社会主义文化大革命的通知》。

◎ “文革”开始后，大批政法干部被揪斗。

◎ 1968年3月20日，中共中央、中央军委、中央文革通知，决定对最高人民检察院派驻中国人民解放军军事代表，并任命了军事代表和副军事代表。“文革”期间，全国各地检察机关被陆续派驻军事代表，实行军管。

◎ 1969年2月27日，最高人民检察院160多名干部、职工，由军事代表和临时革命领导小组带队，下放到湖北省荆州地区沙洋劳改农场进行劳动锻炼，成为最高人民检察院“五七”干校。图为张鼎丞检察长（后排左十三）与第一批赴“五七”干校人员的合影。

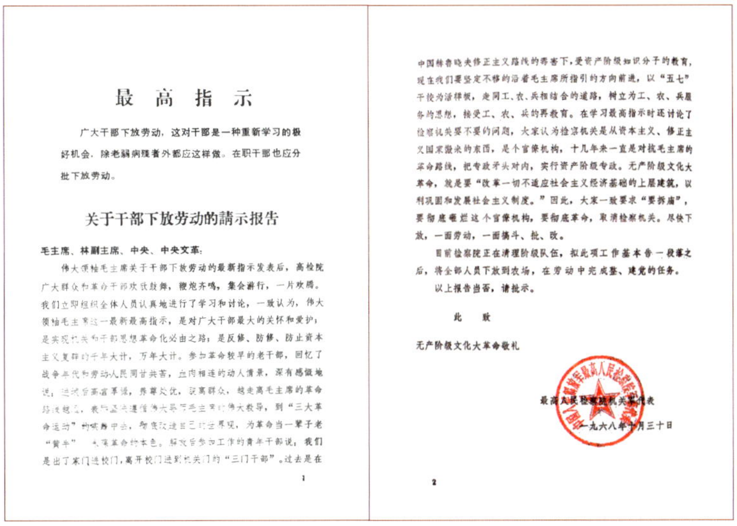

最 高 指 示

广大干部下放劳动，这对干部是一种重新学习的极好机会，除老弱病残者外都应这样做。在职干部也应分批下放劳动。

关于干部下放劳动的請示报告

毛主席、林副主席、中央、中央文革：

伟大领袖毛主席关于干部下放劳动的最新指示发表后，高检院广大群众和革命干部欢欣鼓舞，鞭炮齐鸣，集会游行，一片欢腾。我们立即组织全体人员认真地进行了学习和讨论，一致认为，伟大领袖毛主席这一最新最高指示，是对广大干部最大的关怀和爱护；是实现机关和干部思想革命化必由之路；是反修、防修、防止资本主义复辟的千年大计，万年大计。参加革命较早的老干部，回忆了战争年代和劳动人民同甘共苦，血肉相连的动人情景，深有感慨地说：过去住高楼大厦，养尊处优，脱离群众，越走离毛主席的革命路线越远，我们要永远遵循伟大导师毛主席的伟大教导，到“三大革命运动”的风暴中去，彻底改造自己的世界观，为革命当一辈子老“黄牛”，永葆革命的本色。解放后参加工作的青年干部说：我们是出了家门进校门，离开校门进到机关门的“三门干部”。过去是在

1

中国赫鲁晓夫修正主义路线的毒害下，受资产阶级知识分子的教育，现在我们要坚定不移的沿着毛主席所指引的方向前进，以“五七”干校为活样板，走同工、农、兵相结合的道路，树立为工、农、兵服务的思想，接受工、农、兵的再教育。在学习最高指示时还讨论了检察机关要不要的问题，大家认为检察机关是从资本主义、修正主义国家搬来的东西，是个官僚机构，十几年来一直是对抗毛主席的革命路线，把专政矛头对内，实行资产阶级专政。无产阶级文化大革命，就是要“改革一切不适应社会主义经济基础的上层建筑，以利巩固和发展社会主义制度。”因此，大家一致要求“要拆庙”，要彻底砸烂这个官僚机构，要彻底革命，取消检察机关。尽快下放，一面劳动，一面搞斗、批、改。

目前检察院正在清理阶级队伍，拟此项工作基本告一段落之后，将全部人员下放到农场，在劳动中完成整、建党的任务。

以上报告当否，请批示。

此 致

无产阶级文化大革命敬礼

最高人民检察院机关军代表

一九六八年十月三十日

2

◎ 从1966年开始的“文化大革命”冲击检察机构，破坏检察制度，检察工作被迫停止，检察干部下放。到1969年12月，最高人民检察院221名干部、职工及家属被下放、疏散落户到湖北省荆州地区沙洋劳改农场劳动锻炼3年多。图为《关于干部下放劳动的请示报告》。

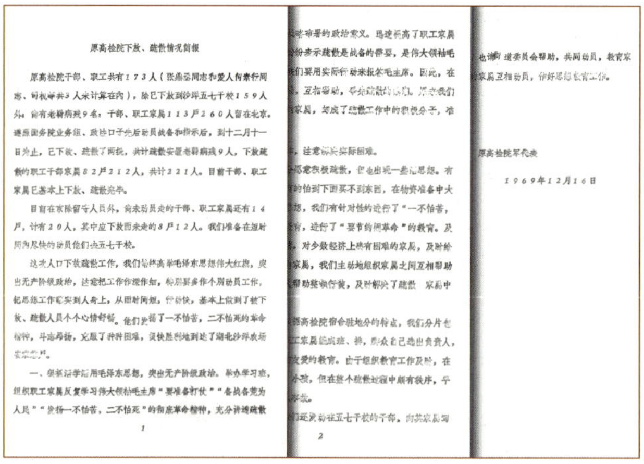

原高检院下放、疏散情况简报

原高检院干部、职工共有１７３人（张鼎丞同志和爱人何素行同志、司机等共３人未计算在内），除已下放到沙洋五七干校１５９人外，尚有老弱病残９名；干部、职工家属１１３户２６０人留在北京。通过国务院业务组、政法口子先后动员战备和指示后，到十二月十一日为止，已下放、疏散了两批，共计疏散安置老弱病残９人，下放疏散的职工干部家属８２户２１２人，共计２２１人。目前干部、职工家属已基本上下放、疏散完毕。

目前在京除留守人员外，尚未动员走的干部、职工家属还有１４户，计有２０人，其中应下放而未走的８户１２人。我们准备在短时间内尽快的动员他们去五七干校。

这次人口下放疏散工作，我们始终高举毛泽东思想伟大红旗，突出无产阶级政治，注意把工作作深作细，特别是多作个别动员工作，把思想工作落实到人身上，从而时间短，行动快，基本上做到了被下放、疏散人员个个心情舒畅。他们发扬了一不怕苦，二不怕死的革命精神，斗志昂扬，克服了种种困难，很快胜利地到达了湖北沙洋农场安家落户。

一、狠抓活学活用毛泽东思想，突出无产阶级政治。举办学习班，组织职工家属反复学习伟大领袖毛主席"要准备打仗""备战备荒为人民""发扬一不怕苦，二不怕死"的彻底革命精神，充分讲透疏散

1

……署的政治意义。迅速提高了职工家属……纷纷表示疏散是战备的需要，是伟大领袖毛……们要用实际行动来报答毛主席。因此，在……，互相帮助，争先疏散的……家属，却成了疏散工作中的积极分子，准……

……，注意解决实际困难。
……愿意积极疏散，但也出现一些活思想。有……的怕到下面买不到东西，在物资准备中大……想，我们有针对性的进行了"一不怕苦，……育，进行了"要节约闹革命"的教育。及……。对少数经济上确有困难的家属，及时给……家属，我们主动地组织家属之间互相帮助……帮助整顿行装，及时解决了疏散 家属中……

……高检院宿舍驻地分的特点，我们分片包……工家属编成班、排，群众自己选出负责人，……友爱的教育。由于组织教育工作及时，在……小孩，但在整个疏散过程中颇有秩序，平……安。
……们还发动在五七干校的干部，向其家属写……

2

……也请街道委员会帮助，共同动员，教育家……家属互相动员，作好思想教育工作。

原高检院军代表

１９６９年１２月１６日

◎ 最高人民检察院下放、疏散情况简报

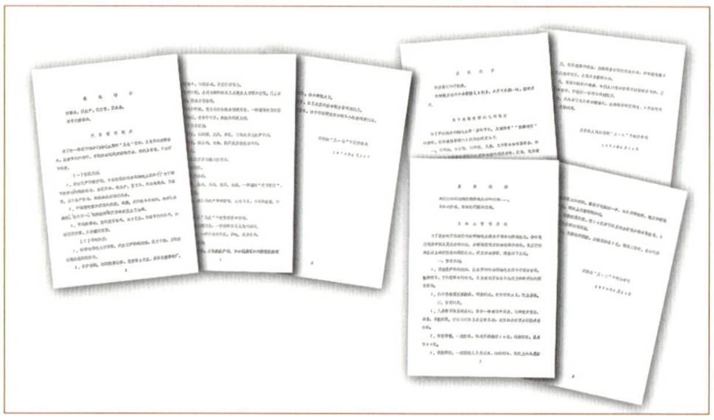

◎ 最高人民检察院"五七"干校规章制度

◎ 最高人民检察院下放"五七"干校人员用过的物品

◎ 最高人民检察院"五七"干校革委会发的奖状

◎ 最高人民检察院留守组使用的电话机

◎ 最高人民检察院部分下放“五七”干校人员合影

◎ 最高人民检察院下放“五七”干校人员参加集体劳动。

第六章

正本清源 创新发展

ZHENGBENQINGYUAN
CHUANGXINFAZHAN

改革开放和社会主义现代化建设新时期的人民检察

1978—2018

6

党的十一届三中全会标志着党重新确立了马克思主义的思想路线、政治路线、组织路线，开启了改革开放、实现社会主义现代化的伟大征程，发展社会主义民主、健全社会主义法治成为党和国家坚定不移的基本方针，人民检察制度重新走上了全面发展之路。

1977年10月，中共中央下达了《关于征求修改宪法意见的通知》。在征集的宪法修改意见中，全国有19个省、自治区、直辖市和人民解放军8大军区，35个中共中央直属机关、国家机关及军事机关提出“重新设立人民检察院”的建议。1978年3月1日，叶剑英在第五届全国人大第一次会议上所作的《关于修改宪法的报告》中指出：“鉴于同各种违法乱纪行为作斗争的极大重要性，宪法修正草案规定设置人民检察院。国家的各级检察机关按照宪法和法律规定的范围，对国家机关、国家机关工作人员和公民是否遵守宪法和法律，行使检察权。”

1979年7月，第五届全国人民代表大会第二次会议通过并颁布了第二部《人民检察院组织法》，并同时颁布了《刑法》《刑事诉讼法》等其他六部法律。《人民检察院组织法》第一次明确规定人民检察院是国家的法律监督机关；在领导体制上，规定最高人民检察院领导地方各级人民检察院和专门人民检察院的工作，上级人民检察院领导下级人民检察院的工作。最高人民检察院对全国人民代表大会和全国人民代表大会常务委员会负责并报告工作。地方各级人民检察院对本级人民代表大会和本级人民代表大会常务委员会负责并报告工作；取消了“一般监督”职能；将检察长领导检察委员会工作改为检察长主持检察委员会工作，并明确了检察委员会少数服从多数的民主集中制原则；对检察机关的职权、内部机构的设置等方面也作出相应的调整和补充。1979年《人民检察院组织法》是在对新中国检察制度三十年正反两方面经验概括和总结基础上制定的，奠定了改革开放以来人民检察制度发展的基础。1982年12月4日，第五届全国人民代表大会第五次会议通过《中华人民共和国宪法》，明确了检察机关的宪法定位。

一、第五届全国人民代表大会期间的检察工作（1978—1983）

1978 年 3 月，第五届全国人民代表大会第一次会议选举黄火青为最高人民检察院检察长。五届全国人大期间，各级人民检察院一边建设，一边工作，陆续调进干部，充实机构，开展工作。广大检察干警在贯彻第七次全国检察工作会议，特别是贯彻党的十一届三中全会精神，解放思想，拨乱反正的基础上，通过学习法律，执行法律，提高了业务能力，增强了依法办案的信心，各项工作取得了较好的成绩。全国县以上都成立了人民检察院，有了一支十一万六千余名干警的检察队伍，基本上担负起了法律赋予检察机关的职责。检察机关的工作开始走上正常发展的轨道。

1978 年 6 月 1 日，最高人民检察院启用印鉴，正式开始办公。1978 年 12 月 16 日，召开了第七次全国检察工作会议，提出新时期检察工作方针：党委领导，群众路线，执法必严，违法必究，保障民主，加强专政，实现大治，促进四化。1980 年 11 月至 1981 年 1 月，最高人民检察院特别检察厅公诉林彪、江青反革命集团案。1982 年 3 月 8 日，全国人大常委会通过《关于严惩严重破坏经济的罪犯的决定》。检察机关把打击经济犯罪作为重要任务，依法查办了大批严重经济犯罪案件，仅 1982 年 1 月至 9 月，检察机关自行立案侦查的严重经济犯罪案件就有 32605 件。

至 1979 年 8 月，最高人民检察院设置了办公厅、信访厅、刑事检察厅、法纪检察厅、监所检察厅、经济检察厅、研究室、人事厅等内设机构。至 1978 年 9 月底，全国 29 个（除台湾）省、自治区、直辖市都已任命了检察长。到 1979 年底，全国各级检察机关基本上重新建立起来。1979 年 2 月，曹广化被任命为中国人民解放军军事检察院检察长，军事检察院正式办公，所属各级军事检察院随之逐步建立。军事检察机关重建以后，基本上按三级设置，海军、空军和个别陆军部队是四级设置。经过 1980 年、1982 年和 1985 年三次精简整编，军事检察院按三级设置。1980 年 4 月，成立了全国铁路运输检察院筹备组。经最高人民检察院批准，全国设立三级铁路运输检察院，即全国铁路运输检察院、铁路运输检察分院、基层铁路运输检察院。全国各级铁路运输检察院于 1982 年 5 月 1 日正式办公。

二、第六届全国人民代表大会期间的检察工作（1983—1988）

1983 年，黄火青检察长任期届满。同年 6 月 20 日，第六届全国人民代表大会第一次会议选举杨易辰为最高人民检察院检察长。六届全国人大期间，最高人民检察院和地方各级人民检察院、各级专门检察院坚持四项基本原则，严格执行法律和政策，认真履行法律监督职责，积极开展各项检察业务，打击严重经济犯罪和其他刑事犯罪活动，保障公民的合法权益，为促进社会主义经济建设和改革的顺利进行发挥了积极的作用。

1983 年 7 月 19 日，邓小平同志在北戴河和彭真、刘复之等同志谈话中提出了开展“严打”斗争的刑事政策。同年 8 月，中共中央召开了全国政法工作会议，提出对严重的刑事犯罪分子实行依法“从重从快、一网打尽”的方针。1983 年 9 月，全国人大常委会会议通过《关于严惩严重危害社会治安的犯罪分子的决定》。各级人民检察院、公安机关和人民法院统一行动，积极投入到严厉打击刑事犯罪的斗争中。1983 年至 1988 年，检察机关共批捕各类刑事案犯 221 万余人，起诉 126 万余人，有力打击了各类刑事犯罪活动。1985 年下半年，最高人民检察院针对经济领域犯罪十分猖獗的状况，提出在绝不放松打击刑事犯罪的同时，把打击经济犯罪作为主要任务，坚持严格执法，做到敢于碰硬，善于碰硬，打破关系网、保护层，严惩了严重破坏经济秩序的犯罪。在检察工作中，各级检察机关涌现了一大批立场坚定、秉公执法、忠于职守、勤奋工作、不怕牺牲、舍己为人的先进人物。1985 年 3 月，最高人民检察院在北京举行全国检察系统先进集体、先进个人代表大会，表彰了 68 个先进集体，233 名先进个人。这是检察机关恢复重建以来的第一次“双先”大会。1988 年 2 月 25 日至 3 月 6 日，第八次全国检察工作会议召开。

从 1985 年开始，为适应改革开放条件下查处涉税犯罪案件的需要，各级人民检察院相继建立了内设税务检察机构，并在税务部门派驻了一批税务检察室。1987 年 4 月，最高人民检察院信访厅改为控告申诉检察厅。同年 5 月，最高人民检察院党组纪检组成立。1987 年 4 月，最高人民检察院和最高人民法院联合发出《关于撤销铁路运输高级法院和全国铁路运输检察院有关问题的通知》。同年 5 月 31 日，全国铁路运输检察院正式撤销，最高人民检察院设铁路运输检察厅，从 1987 年 6 月 1 日起开始办公。1988 年 3 月 8 日，全国检察机关第一个举报中心——深圳市经济罪案举报中心在广东省深圳市人民检察院成立。经过最高人民检察院在全国进行试点和推广，不到一年的时间内，全国检察机关建立了 3600 多个举报中心。

三、第七届全国人民代表大会期间的检察工作（1988—1993）

1988 年，杨易辰检察长任期届满。同年 4 月 9 日，第七届全国人民代表大会第一次会议选举刘复之为最高人民检察院检察长。七届全国人大期间，检察机关突出地开展了惩治贪污贿赂犯罪和严厉打击严重刑事犯罪的斗争，加强了查办侵犯公民民主权利、渎职犯罪的工作，加强了各项业务建设与队伍建设，有步骤地对检察体制进行了改革，各级检察院在工作中强化了法律监督职能，对于维护国家稳定和社会安定，促进社会主义民主和法制建设，推动廉政建设，保障改革开放和经济建设的顺利进行起了积极作用。

1988 年第四季度，最高人民检察院调整工作部署，把惩治贪污贿赂犯罪作为打击经济犯罪的第一位工作，作为检察工作的重点，坚持“一要坚决，二要慎重，务必搞准”的原则，依法查处各类贪污贿赂犯罪。1989 年 8 月 15 日，根据《中共中央、国务院关于近期做几件群众关心的事的决定》，最高人民法院、最高人民检察院发布《关于贪污、受贿、投机倒把等犯罪分子必须在限期内自首坦白的通告》。1989 年 9 月 14 日，“两高”制定《关于执行〈通告〉的若干问题的答复》。“两高”《通告》发布以后，在全国范围内掀起了反贪污贿赂斗争的高潮，犯罪分子纷纷投案自首。在“两高”《通告》期间，到检察机关投案自首的贪污贿赂犯罪分子有 25544 人。

1988 年冬，最高人民检察院确定“从严治检”的方针，提出了建设一支立场坚定、依法办案、秉公执法、掌握政策、实事求是、联系群众、精通业务的检察官队伍的奋斗目标。1989 年，制定“八要八不准”的检察人员纪律，建立特约检察员制度，建立纪检、监察机构，严肃查处少数违法违纪的干警。1992 年 5 月 4 日至 9 日，第九次全国检察工作会议召开。

根据机构改革“三定”方案，至 1989 年，最高人民检察院设刑事检察厅、贪污贿赂检察厅、法纪检察厅、监所检察厅、铁路运输检察厅、控告申诉检察厅、民事行政检察厅等内设业务机构，设办公厅、法律政策研究室、人事厅、监察局、技术局、干部教育局、计划财务装备局、机关事务管理局、老干部局等内设综合机构。1990 年 5 月 21 日，中共中央组织部批复最高人民检察院设立政治部。1989 年 6 月，成立中国检察出版社。1990 年 10 月，成立中国检察理论研究所。1991 年 6 月，创建中央检察官管理学院。同年 7 月，《中国检察报》创刊。

四、第八届全国人民代表大会期间的检察工作（1993—1998）

1993 年，刘复之检察长任期届满。同年 3 月 28 日，第八届全国人民代表大会第一次会议选举张思卿为最高人民检察院检察长。八届全国人大期间，检察机关坚持以邓小平理论和党的基本路线为指导，坚持“严格执法，狠抓办案，加强监督”的工作方针，不断深入开展反腐败斗争，集中力量查办大案要案，严厉打击严重危害社会治安的刑事犯罪，为维护社会稳定，推动廉政建设，促进依法治国，保障改革开放和社会主义现代化建设的顺利进行发挥了积极作用。

1993 年党中央作出加大反腐败斗争力度的重大决策以后，各级检察机关在党中央和各级党委的领导下，与有关部门密切配合，充分发挥职能作用，坚持把查办发生在党政领导机关、行政执法机关、司法机关和经济管理部门的犯罪案件，特别是县处级以上领导干部犯罪要案作为重点，集中力量查办大案要案。1993 年至 1997 年，全国检察机关共立案侦查贪污贿赂、渎职和侵犯公民人身权利、民主权利等职务犯罪案件 387352 件。1996 年 4 月，按照中央部署，全国开展了历时三年的“严打”集中统一行动。“严打”对象是严重暴力犯罪、抢劫犯罪，特别是涉及枪支的犯罪和涉及黑社会组织的团伙犯罪。各级检察机关与国家安全部门、公安、法院密切配合，突出打击重点，狠抓、快办、严惩，及时批捕、起诉了一大批严重刑事犯罪分子，有力打击了犯罪分子的嚣张气焰，维护了社会稳定。进一步加强执法监督，注意发现和查办执法人员利用职权实施的犯罪案件，通过办案促进严格执法，维护司法公正。

1995 年 2 月 28 日，第八届全国人民代表大会常务委员会第十二次会议通过了《中华人民共和国检察官法》，同年 7 月 1 日实施。这标志着检察官管理进入了法治化轨道。1993 年，由中国检察报发起，人民日报、新华社、光明日报、法制日报、中央电视台等首都 13 家中央级新闻单位和中宣部新闻局联合在全国开展了首届“中国十大杰出检察官”评选活动。1996 年 3 月 17 日，第八届全国人民代表大会第四次会议通过了《关于修改〈中华人民共和国刑事诉讼法〉的决定》，对检察机关在刑事诉讼中的职权作了重要调整，规定了“人民检察院依法对刑事诉讼实行法律监督”的基本原则。1996 年 7 月 8 日至 12 日，第十次全国检察工作会议召开。

1995 年 11 月，最高人民检察院成立了反贪污贿赂总局。截至 1995 年底，全国已有 28 个省级检察院，296 个分、州、市检察院和 1283 个县、区检察院建立了反贪局。

五、第九届全国人民代表大会期间的检察工作（1998—2003）

1998 年，张思卿检察长任期届满。同年 3 月 17 日，第九届全国人民代表大会第一次会议选举韩杼滨为最高人民检察院检察长。九届全国人大期间，全国检察机关以邓小平理论和“三个代表”重要思想为指导，坚持“公正执法，加强监督，依法办案，从严治检，服务大局”的检察工作方针，认真履行宪法和法律赋予的职责，检察工作整体推进，全面发展，为改革开放和社会主义现代化建设作出了积极贡献。

1998 年，党中央和江泽民总书记作出了关于治理司法腐败、加强政法队伍建设的重要指示。针对队伍建设存在的突出问题，最高人民检察院在全国检察机关开展了历时近一年的集中教育整顿，制定了《九条硬性规定》等有关制度。1998 年 10 月，全国检察机关加强基层院建设座谈会召开，制定了《关于加强基层检察院建设的意见》。各级检察院加强思想政治建设和职业道德建设，各级检察院领导班子的凝集力、战斗力进一步增强。2001 年 6 月，第九届全国人民代表大会常务委员会第二十二次会议通过了修订后的《中华人民共和国检察官法》。根据《检察官法》和《检察官等级暂行规定》，2002 年 3 月 21 日，最高人民检察院在人民大会堂隆重举行首次大检察官颁证仪式。深化检察改革，全面推行检务公开，改革检察业务工作机制，推行机构和干部管理制度改革，完善行使检察权的监督机制等多项改革举措，努力为检察工作注入生机与活力。在抓队伍建设和检察改革的同时，各级检察机关切实履行检察职能，检察工作整体推进，得到了全面发展。各级检察机关积极参与“严打”整治斗争，严厉打击有组织犯罪、严重暴力犯罪、严重影响群众安全的多发性犯罪、破坏市场经济秩序的犯罪。加大查办和预防职务犯罪的力度，促进廉政建设和反腐败斗争。加强对侦查活动和刑事审判活动的监督，注意防错防漏，不枉不纵。2003 年 1 月 4 日至 6 日，第十一次全国检察工作会议召开。

1999 年，最高人民检察院将刑事检察厅分设为审查批捕厅和审查起诉厅。2000 年，最高人民检察院设立职务犯罪预防厅；将原控告申诉检察厅分设为控告检察厅和刑事申诉检察厅；将审查批捕厅更名为侦查监督厅；将审查起诉厅更名为公诉厅；将法纪检察厅更名为渎职侵权检察厅。

六、第十届全国人民代表大会期间的检察工作（2003—2008）

2003年，韩杼滨检察长任期届满。同年3月16日，第十届全国人民代表大会第一次会议选举贾春旺为最高人民检察院检察长。十届全国人大期间，最高人民检察院领导地方各级人民检察院和专门人民检察院，以邓小平理论和“三个代表”重要思想为指导，深入贯彻落实科学发展观，严厉打击严重刑事犯罪，认真贯彻宽严相济的刑事政策，依法查办和积极预防职务犯罪，强化对诉讼活动的法律监督，积极推进人民监督员制度等检察改革，各项检察工作取得新进展，为落实依法治国基本方略、全面建设小康社会作出了积极贡献。

2003年12月22日至24日，全国检察长会议在北京召开，会议确定了“强化法律监督，维护公平正义”的检察工作主题，提出了“加大工作力度，提高执法水平和办案质量”的检察工作总体要求。全国检察机关紧紧围绕党和国家工作大局，忠实履行宪法和法律赋予的职责，着力服务经济发展、促进社会和谐。致力于维护我国发展重要战略机遇期的社会稳定，认真履行批捕、起诉职责。认真贯彻宽严相济的刑事政策，坚持该严则严、当宽则宽、区别对待、注重效果，制定并实施在检察工作中贯彻宽严相济刑事政策的意见。依法查办和积极预防职务犯罪，促进反腐倡廉建设。贯彻党中央关于反腐败斗争的总体部署，认真履行查办职务犯罪职责，在注重“务必搞准”、不断提高办案质量的前提下加大办案力度。认真贯彻中央关于治理商业贿赂的重大决策，建立健全与行业主管（监管）部门、行政执法部门的协作机制，重点查办发生在工程建设、土地出让、产权交易、医药购销、政府采购、资源开发和经销领域的商业贿赂案件。坚持打击犯罪与保障人权并重，既注意监督纠正有罪不究、执法不严的问题，又重视监督纠正侵犯人权、冤及无辜的问题。加强派驻监管场所检察室规范化建设，推行与监管场所的信息、监控系统联网。在全国人大常委会的支持下，开展集中清理纠正超期羁押工作，纠正了一批历史遗留的超期羁押问题，并在此基础上建立健全防止和纠正超期羁押长效机制。推进检察改革，制定《关于进一步深化检察改革的三年实施意见》，实行人民监督员制度，推行讯问职务犯罪嫌疑人全程同步录音录像制度。2006年6月29日至30日，第十二次全国检察工作会议召开。

2005年6月，最高人民检察院发出通知，地方各级人民检察院渎职侵权检察机构统一更名为反渎职侵权局。至2007年年底，最高人民检察院设置了办公厅、政治部、侦查监督厅、公诉厅、反贪污贿赂总局、渎职侵权检察厅、监所检察厅、民事行政检察厅、控告检察厅、刑事申诉检察厅、铁路运输检察厅、职务犯罪预防厅、法律政策研究室、监察局、国际合作局、计划财务装备局、机关党委、离退休干部局等内设机构，设司法体制改革领导小组办公室和死刑复核检察工作办公室，设机关服务中心、国家检察官学院、检察日报社、中国检察出版社、检察理论研究所、检察技术信息研究中心等直属事业单位。

七、第十一届全国人民代表大会期间的检察工作（2008—2013）

2008年，贾春旺检察长任期届满。同年3月16日，第十一届全国人民代表大会第一次会议选举曹建明为最高人民检察院检察长。十一届全国人大期间，在党中央正确领导下，在全国人大及其常委会有力监督下，全国检察机关紧紧围绕党和国家工作大局，忠实履行宪法和法律赋予的职责，着力强化法律监督、强化自身监督、强化队伍建设，各项检察工作取得新进展。

检察机关自觉把检察工作摆到经济社会发展全局中谋划和推进，着力为经济建设提供司法保障。自觉践行执法为民宗旨，更加注重保障和改善民生，努力把严格执法与热情服务有机结合起来。依法惩治危害民生犯罪，突出查办征地拆迁、社会保障、生态环境、安全生产等领域职务犯罪，深入持久开展查办危害民生民利渎职侵权犯罪专项工作。重视困难群众和特殊群体权益保障，拓展联系群众、服务群众平台。推动检察官进农村、进社区、进企业、进学校活动经常化，加强法治宣传，提供法律服务。推进检力下沉、工作重心下移，在人口集中的乡镇、社区探索设立派出检察室。认真履行批捕、起诉等职责，全面贯彻宽严相济刑事政策，努力提高维护社会和谐稳定能力。依法惩治各类刑事犯罪，注重化解社会矛盾，积极参与社会管理创新。积极参与反渗透、反颠覆、反分裂斗争，坚决惩治危害国家安全犯罪。建立刑事和解、检调对接机制，对轻微刑事案件、民事申诉案件，积极促成当事人和解。认真贯彻标本兼治、综合治理、惩防并举、注重预防方针，加大查办和预防职务犯罪工作力度。严肃查办贪污贿赂等职务犯罪，着力加强反渎职侵权工作，更加重视职务犯罪预防。强化自身监督，保障检察权依法正确行使。深入推进执法规范化建设，建立案件集中管理机制，各级检察院成立案件管理机构。强化检察队伍建设和基层基础建设，全面规划和推进基层检察院执法规范化、队伍专业化、管理科学化、保障现代化。2010 年 7 月，最高人民检察院印发《关于案例指导工作的规定》，建立案例指导工作制度。2012 年 10 月 16 日，根据修改后的刑事诉讼法，最高人民检察院对《人民检察院刑事诉讼规则（试行）》进行全面修订。2011 年 7 月 16 日至 19 日，第十三次全国检察工作会议召开。

2011 年 10 月，最高人民检察院设立案件管理办公室。2012 年 9 月，最高人民检察院设立死刑复核检察厅。

八、第十二届全国人民代表大会期间的检察工作（2013—2018）

2013 年 3 月 15 日，第十二届全国人大第一次会议选举曹建明连任最高人民检察院检察长。十二届全国人大期间，以习近平同志为核心的党中央高度重视检察工作，习近平总书记多次作出重要指示，中央政治局常委会连续 4 年听取最高人民检察院党组工作汇报，党中央作出一系列重大决策部署，为检察工作指明了前进方向。在以习近平同志为核心的党中央坚强领导下，在全国人大及其常委会有力监督下，全国检察机关全面贯彻党的十八大和十九大精神，以习近平新时代中国特色社会主义思想为指导，认真落实十二届全国人大历次会议决议，紧紧围绕统筹推进“五位一体”总体布局和协调推进“四个全面”战略布局，忠实履行宪法法律赋予的法律监督职责，司法为民、公正司法扎实推进，司法质量、效率和公信力明显提升，人民检察事业取得长足发展。

推进平安中国建设，牢固树立总体国家安全观，依法履行批准逮捕、提起公诉等职责，维护国家安全和社会稳定作用更加彰显。深入开展反分裂反渗透反间谍反邪教斗争，坚决维护国家政治安全特别是政权安全、制度安全。围绕党和国家工作大局履职尽责，先后制定实施服务全面深化改革、服务经济发展新常态、促进科技创新、保障健康中国建设等 11 个司法政策指导意见，服务保障经济社会发展。坚决贯彻党中央部署，毫不动摇抓好查办和预防职务犯罪工作，全力配合支持国家监察体制改革，服务反腐败工作大局。四级检察院反贪、反渎和预防部门职能、机构及 44151 名检察人员全部按时完成转隶。强化对刑事、民事、行政诉讼的法律监督，加强人权司法保障。牢牢把握改革正确方向，勇于啃硬骨头、闯难关，党中央部署由最高人民检察院承担的 29 项改革任务全部完成或结项。司法责任制全面实施，从原有16万名检察官中遴选出员额内检察官8.7万名，落实检察官办案责任制。检察机关提起公益诉讼制度改革取得重大进展，2017年6月全国人大常委会修改民事诉讼法和行政诉讼法，正式确立检察机关提起公益诉讼制度。以审判为中心的刑事诉讼制度改革有力推进。刑事案件速裁程序和认罪认罚从宽制度试点扎实开展。省以下检察院人财物统一管理改革稳步推进。司法体制改革和现代科技应用深度结合，大力推进智慧检务建设。坚决落实习近平总书记“五个过硬”要求，努力建设一支让党放心、人民满意、忠诚可靠、清正廉洁的检察队伍。人民群众对检察工作满意度逐年提升。2018年3月，最高人民检察院工作报告以2781赞成票和93.89%赞成率，创下自1990年七届全国人大三次会议启用表决器表决以来获得的最高赞成票和赞成率。2016年7月20日至21日，第十四次全国检察工作会议召开。

至2018年3月，最高人民检察院设办公厅、政治部、侦查监督厅、公诉厅、刑事执行检察厅、民事行政检察厅、控告检察厅、刑事申诉检察厅、铁路运输检察厅、法律政策研究室、案件管理办公室、公诉二厅、监察局、国际合作局、计划财务装备局、机关党委、离退休干部局、司法体制改革领导小组办公室、新闻办公室、未成年人检察工作办公室。

2018年，曹建明检察长任期届满。同年3月18日，第十三届全国人民代表大会第一次会议选举张军为最高人民检察院检察长。

第五届全国人民代表大会期间的检察工作（1978—1983）

第五届全国人民代表大会期间，各级人民检察院一边建设，一边工作，陆续调进干部，充实机构，开展工作。广大检察干警在贯彻第七次全国检察工作会议，特别是贯彻党的十一届三中全会精神，解放思想，拨乱反正的基础上，通过学习法律，执行法律，提高了业务能力，增强了依法办案的信心，各项工作取得了较好的成绩。全国县以上都成立了人民检察院，有了一支11.6万余名干警的检察队伍，基本上担负起了法律赋予检察机关的职责。检察机关的工作开始走上正常发展的轨道。

重新设立人民检察院

1977年10月，中共中央下达了《关于征求修改宪法意见的通知》。在征集的宪法修改意见中，全国有19个省、自治区、直辖市和人民解放军8大军区，35个中共中央直属机关、国家机关及军事机关提出“重新设立人民检察院”的建议。

检察机关和司法机关要保持应有的独立性；要忠实于法律和制度，忠实于人民利益，忠实于事实真相；要保证人民在自己的法律面前人人平等，不允许任何人有超于法律之上的特权。

——十一届三中全会公报

人民日报
RENMIN RIBAO
让我们更加紧密地团结在毛泽东思想的旗帜下，团结在以华国锋同志为首的党中央周围，为根本改变我国的落后面貌，把我国建设成现代化的伟大社会主义强国而奋勇前进！
中国共产党第十一届中央委员会第三次全体会议公报
（一九七八年十二月二十二日通过）

◎ 十一届三中全会公报

◎ 1978年3月1日，叶剑英在第五届全国人民代表大会第一次会议上作《关于修改宪法的报告》。

鉴于同各种违法乱纪行为作斗争的极大重要性，宪法修正草案规定设置人民检察院。国家的各级检察机关按照宪法和法律规定的范围，对国家机关、国家机关工作人员和公民是否遵守宪法和法律，行使检察权。

——1978年3月叶剑英《关于修改宪法的报告》

◎ 1978年3月，第五届全国人大第一次会议通过《中华人民共和国宪法》，重新设立人民检察院。

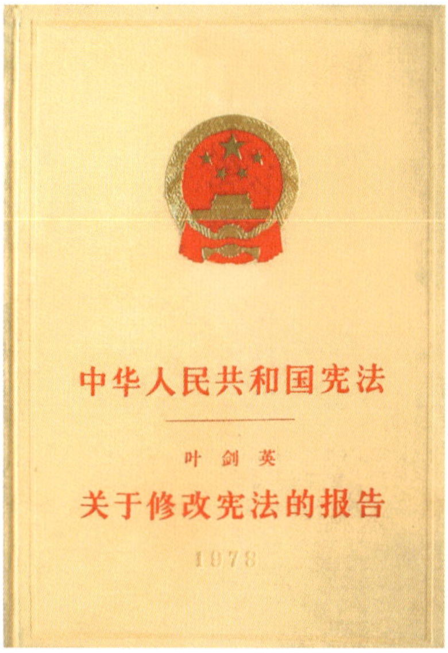

◎ 1978年《宪法》规定重新设置人民检察院，1982年《宪法》首次明确规定“人民检察院是国家的法律监督机关”。

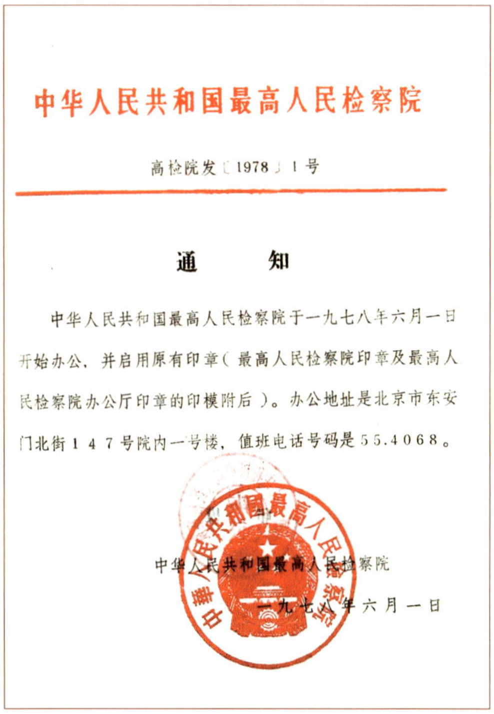

中华人民共和国最高人民检察院

高检院发〔1978〕1号

通　　知

中华人民共和国最高人民检察院于一九七八年六月一日开始办公，并启用原有印章（最高人民检察院印章及最高人民检察院办公厅印章的印模附后）。办公地址是北京市东安门北街147号院内一号楼，值班电话号码是55.4068。

中华人民共和国最高人民检察院

一九七八年六月一日

◎ 最高人民检察院关于正式办公及启用印鉴的文件

◎ 1978年6月1日，最高人民检察院正式办公，地址为北京市东安门北街147号（现北河沿大街147号）。

共和国第三任检察长　黄火青

黄火青（1901—1999），湖北枣阳人。1926年3月加入中国共产党。1934年任红军第一方面军九军团政治部主任。1936年任红军第四方面军政治部军人工作部部长。1941年至1945年，任中央军委军政学院副院长。解放战争时期，任冀察热辽中央分局副书记兼组织部部长，冀察热辽军区政治部主任、副政委，热河省委书记、省军区政委。新中国成立后曾任天津市委第一书记、市长，中共东北局书记，辽宁省委第一书记。1978年3月至1983年6月，任最高人民检察院检察长、党组书记。中共第八届中央候补委员、第十一届中央委员、第十二届中央顾问委员会常委。

党委领导，群众路线，执法必严，违法必究，

保障民主，加强专政，实现大治，促进四化。

◎ 黄火青检察长用过的帽子、笔、剪刀

◎ 黄火青检察长任职期间的最高人民检察院领导同志，左起：冯锦汶、陈养山、喻屏、王甫、张苏、黄火青、关山复、李士英、江文、郗占元。

◎ 1979年11月，黄火青检察长（前排中）与湖北省枣阳县人民检察院人员合影。

◎ 1978年12月16日至27日，第七次全国检察工作会议在北京召开，中共中央政治局委员胡耀邦到会作重要讲话。第七次全国检察工作会议揭发批判林彪、江青反革命集团破坏社会主义法制和检察机关的罪行；讨论和确定检察机关新时期的工作方针和任务，强调加速检察机构和检察队伍的建设，并提出《人民检察院组织法修正草案》。

人民日报

RENMIN RIBAO

1978年12月31日 星期日

标志我国电力工业向现代化目标迈出可喜的一步

京津唐电网应用电子计算机调度电力

第七次全国检察工作会议在京举行

揭发批判了林彪、"四人帮""砸烂"检察机关、破坏法制的罪行，讨论检察机关新时期的方针和任务，要求各级检察机关在加强社会主义法制的斗争中发挥积极作用

胡耀邦同志到会作重要讲话，黄火青同志作了报告

社论

大力加强人民检察工作

希望归国科学家为四化大显身手

◎ 1978年12月31日，《人民日报》刊发第七次全国检察工作会议的消息和社论《大力加强人民检察工作》。

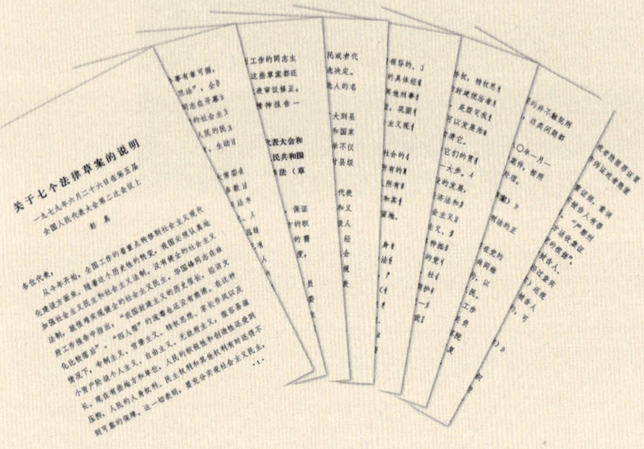

关于七个法律草案的说明

一九七九年六月二十六日在第五届全国人民代表大会第二次会议上

彭真

各位代表：

从今年开始，全国工作的着重点转移到社会主义现代化建设方面来。随着这个历史性的转变，我国必须认真地加强社会主义民主和社会主义法制。没有健全的社会主义法制，就很难实现健全的社会主义民主。华国锋同志在政府工作报告中指出，“我国封建主义的历史很长，经济文化比较落后”。“四人帮”的流毒也还没有肃清。在这种情况下，专制主义、官僚主义、特权思想、家长作风以及小资产阶级个人主义、自由主义、无政府主义、[illegible]滋长。现在有些地方和单位，人民的积极性和创造性还受到压抑，人民的人身权利、民主权利和其他权利有时还得不到可靠的保障。这一切表明，要充分实现社会主义民主，

·1·

◎ 1979年6月26日，全国人大常委会副委员长彭真在第五届全国人民代表大会第二次会议上作《中华人民共和国刑法》《中华人民共和国刑事诉讼法》《中华人民共和国人民检察院组织法》等七个法律草案的说明。

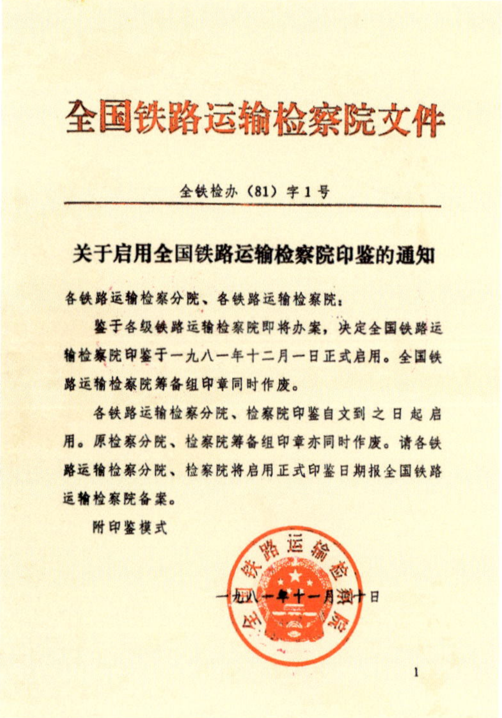

全国铁路运输检察院文件

全铁检办（81）字1号

关于启用全国铁路运输检察院印鉴的通知

各铁路运输检察分院、各铁路运输检察院：

鉴于各级铁路运输检察院即将办案，决定全国铁路运输检察院印鉴于一九八一年十二月一日正式启用。全国铁路运输检察院筹备组印章同时作废。

各铁路运输检察分院、检察院印鉴自文到之日起启用。原检察分院、检察院筹备组印章亦同时作废。请各铁路运输检察分院、检察院将启用正式印鉴日期报全国铁路运输检察院备案。

附印鉴模式

一九八一年十一月[illegible]十日

1

◎ 1981年12月1日，全国铁路运输检察院启用印鉴，各级铁路运输检察院于1982年5月1日正式办公。

平反和纠正冤假错案 保障公民民主权利

检察机关重建伊始，在干部调配、机构设置、工作制度等尚未就绪的情况下，就收到了大量的人民来信，接待了许多人民来访。来访群众纷纷申诉他们的冤屈，要求检察机关予以平反。根据群众的迫切要求和有错必纠的原则，各级检察机关积极参加了平反和纠正冤假错案的工作，昭雪冤案、平反假案、纠正错案。

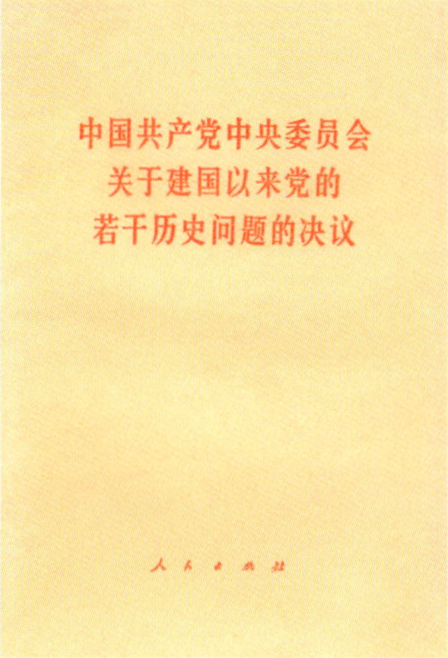

◎《中国共产党中央委员会关于建国以来党的若干历史问题的决议》充分肯定了复查和平反冤假错案工作。

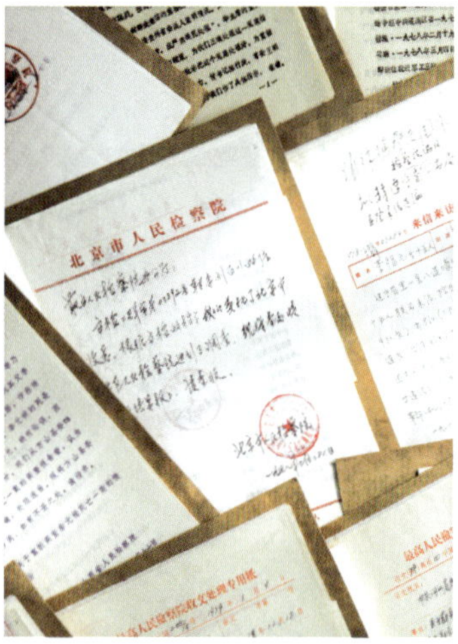

◎ 恢复重建后检察机关收到的部分来信

平反郭子光案

郭子光，原籍山东省广饶县大王乡，被划为右派，开除公职，后又被错定为反革命，判刑15年。“文革”期间，因对“文化大革命”不满，加刑4年。1979年3月，郭子光向最高人民检察院提出申诉。最高人民检察院信访厅会同山东省人民检察院和内蒙古自治区人民检察院进行复查，使这起冤案得到平反。郭子光获释后，被安排在教育部门工作，先后六次被评为“先进工作者”，并出席包头市总工会积极分子代表大会。

◎ 郭子光（左）接受“先进工作者”奖状。

打击刑事犯罪活动
创造良好的社会治安秩序

1979—1982年检察机关批捕严重犯罪分子统计表

年度	杀人犯	抢劫犯	强奸犯	放火犯	爆炸犯	其他严重犯罪分子	总计
1979	5861	8356	14224	678	—	12595	41723
1980	8069	19053	25174	1506	—	20743	74545
1981	9683	31846	32703	1780	134	21429	97575
1982	9664	22310	37966	1599	534	17099	89172

1979 年 11 月，中共中央召开全国整顿城市治安工作会议，提出整顿社会治安的方针政策，决定对杀人、放火、抢劫、强奸和其他严重破坏社会治安秩序的犯罪分子实行依法从重从快惩处的方针，予以坚决打击。各级人民检察院根据城市治安会议的精神，把整顿社会治安作为一项中心任务，密切配合公安机关与人民法院，严厉打击反革命活动和其他犯罪活动。

翁贵祥抗诉案

1980 年 4 月 30 日，翁贵祥因家庭纠纷惨无人道地用羊角榔头猛击其妻子和两个女儿，导致三人死亡。同年 8 月 2 日，上海市中级人民法院一审判处翁贵祥死刑。翁贵祥上诉后，上海市高级人民法院改判翁贵祥死刑，缓期二年执行。上海市人民检察院认为二审判决不当，提请最高人民检察院抗诉。最高人民检察院于 1981 年 3 月 26 日向最高人民法院提出抗诉，最高人民法院于同年 5 月 16 日判决，撤销上海市高级人民法院的判决，核准上海市中级人民法院判处翁贵祥死刑的判决。

打击严重经济犯罪
保卫“四化”建设

实行对外开放以后，经济工作出现喜人的发展局面，取得了明显的成绩。但与此同时，随着经济的活跃，经济领域里的违法犯罪活动也逐渐增多，严重干扰了国家正常的经济秩序。1982 年，中共中央作出了打击严重经济犯罪的部署。检察机关把打击严重经济犯罪作为一项重大任务，仅 1982 年 1 月至 9 月，检察机关自行立案侦查的严重经济犯罪案件就有 32605 件。

人民日报

RENMIN RIBAO

1982年3月
10
星期三
壬戌年二月十五
北京地区天气预报
白天 晴
风向 北转南
风力 二、三级
夜间 晴
风向 南转北
风力 一、二级
温度 最高 15°C
最低 3°C

五届政协常委会18次

协助党和政府建立

新华社北京3月9日电 政协第五届全国委员会常务委员会第十八次会议3月8日、9日在北京举行。会议通过的决议号召各民主党派、各人民团体和各界爱国人士，协助党和政府为建立起适应社会主义现代化建设需要的新的领导体制和干部制度而努力。

这次会议之前，在京的政协常委列席了五届人大常委会第22次会议，听取了赵紫阳总理关于国务院机构改革问题的报告。

全国人大常委会作出严惩严重破坏经济的罪犯的决定

对经济罪犯量刑从重　对国家工作人员从严

情节特别严重的可以判处无期徒刑或死刑

新华社北京3月9日电 全国人民代表大会常务委员会关于严惩严重破坏经济的罪犯的决定

（1982年3月8日第五届全国人民代表大会常务委员会第二十二次会议通过）

鉴于当前走私、套汇、投机倒把牟取暴利、盗窃公共财物、盗卖珍贵文物和索贿受贿等经济犯罪活动猖獗，对国家社会主义建设事业和人民利益危害严重，为了坚决打击这些犯罪活动，严厉惩处这些犯罪分子和参与、包庇或者纵容这些犯罪活动的国家工作人员，有必要对《中华人民共和国刑法》的一些有关条款作相应的补充和修改。现决定如下：

一、对刑法有关条款作下列补充和修改：

（一）对刑法第一百一十八条走私、套汇、投机倒把牟取暴利罪，第一百五十二条盗窃罪，第一百七十一条贩毒罪，第一百七十三条盗运珍贵文物出口罪，其处刑分别补充或者修改为：情节特别严重的，处十年以上有期徒刑、无期徒刑或者死刑，可以并处没收财产。

国家工作人员利用职务犯前款所列罪行，情节特别严重的，按前款规定从重处罚。本决定所称国家工作人员，包括在国家各级权力机关、各级行政机关、各级司法机关、军队、国营企业、国家事业机构中工作的人员，以及其他各种依照法律从事公务的人员。

（二）对刑法第一百八十五条第一款和第二款受贿罪修改规定为：国家工作人员索取、收受贿赂的，比照刑法第一百五十五条贪污罪论处；情节特别严重的，处无期徒刑或者死刑。

（三）国家工作人员，无论是否司法人员，利用职务包庇、窝藏本条（一）、（二）规定的犯罪分子，隐瞒、掩饰他们的犯罪事实的，都按刑法第一百八十八条徇私舞弊罪的规定处罚；

国家工作人员的亲属或者已离职的国家工作人员，犯上述罪行的，按刑法第一百六十二条第二款包庇罪的规定处罚；

为上述犯罪分子销毁罪证或者制造伪证的，按刑法第一百四十八条伪证罪的规定处罚；

对执法人员和揭发检举作证人员进行阻挠、威胁、打击报复的，按刑法第一百五十七条妨害社会管理秩序罪或者第一百四十六条报复陷害罪的规定处罚。

犯前四款罪，事前与本条（一）、（二）所列举的罪犯通谋的，以共同犯罪论处。

（四）对于本条（一）、（二）、（三）所列的犯罪人员，有追究责任的国家工作人员不依法处理，或者因受阻挠而不履行法律所规定的追究职责的；对犯罪人员和犯罪事实知情的直接主管人员或者仅有的知情的工作人员不依法报案和不如实作证的，分别比照刑法第一百八十七条、第一百八十八条、第一百九十条所规定的渎职罪处罚。

（下转第三版）

社论

人人都要宣传和协助实行这个保卫

实行了开放政策，对……无疑，我们今后仍将……到，由于十年内乱对……放的新的历史条件下……本主义思想腐蚀了，……犯党纪国法的堕落道……致使走私、套汇、投……物和索贿受贿等破坏……大量增加，已到了触……罪活动，特别是一些……行，扰乱社会经济秩……损害国家主权，腐蚀……上还是在政治上，对……极大的祸害。同这个……何人都要负起应有的……须采取有力的措施，……证社会主义物质文明……们必须把打击经济领……上的一场资本主义腐……社会主义制度的高度……府这种新情况作出的……

这个《决定》有三……一是对经济罪犯……期徒刑和死刑。制定……易预见，当时的问题……

◎ 1982年3月8日，全国人大常委会通过《关于严惩严重破坏经济的罪犯的决定》。同年4月13日，中共中央和国务院下发了《关于打击经济领域中严重犯罪活动的决定》。

改革开放后被枪毙的第一个县委书记
——王仲贪污受贿案

王仲，广东省汕头原地委政法委副主任、海丰县县委书记。自 1979 年下半年到 1981 年 8 月，王仲侵吞缉私物资、受贿索贿的总金额达 6.9 万元，在改革开放初期，这是一个令人触目惊心的数字。1983 年 1 月 17 日，在广东省汕头市人民广场举行的审判大会上，王仲被依法判处死刑。

公诉林彪、江青反革命集团

根据十一届三中全会的决定，中共中央纪律检查委员会成立了审理林彪、江青案件领导小组。经审查，查明林彪、江青等人在“文化大革命”中的种种行为已经触犯了刑律，应当由司法部门追究刑事责任。从1980年4月至1981年1月，公安、检察、审判机关分别对林彪、江青反革命集团案进行了侦查预审、审查起诉和开庭审理。

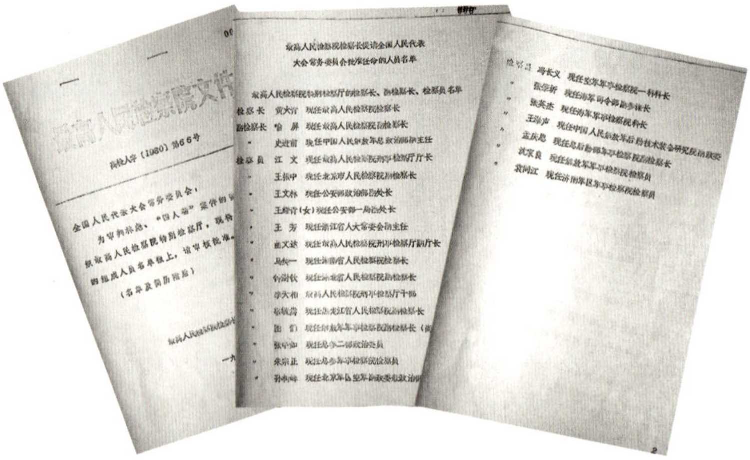

◎ 最高人民检察院提请全国人民代表大会常务委员会批准成立特别检察厅及任命特别检察厅组成人员的文件

1980年9月29日，第五届全国人大常委会第十六次会议通过《关于成立最高人民检察院特别检察厅和最高人民法院特别法庭检察、审判林彪、江青反革命集团主犯的决定》，成立了最高人民检察院特别检察厅和最高人民法院特别法庭。同年11月2日，最高人民检察院检察委员会听取了特别检察厅审查《中华人民共和国公安部对林彪、江青反革命集团案起诉意见书》和制作起诉书的情况汇报，通过了《最高人民检察院特别检察厅起诉书》。11月5日，最高人民检察院特别检察厅对林彪、江青反革命集团案10名主犯提起公诉。11月20日，最高人民法院特别法庭开庭审理林彪、江青反革命集团案，黄火青宣读了起诉书。从11月23日、24日开始，特别法庭第一审判庭和第二审判庭分别对10名被告人进行庭审调查，特别检察厅厅长、副厅长和检察员、助理检察员出庭支持公诉。第一审判庭开庭20次，第二审判庭开庭22次。共出示证据873件，出庭作证的证人有49人，参加旁听的共有6万多人次。1981年1月25日，特别法庭对林彪、江青反革命集团案的10名主犯进行了宣判。

最高人民检察院特别检察厅组成人员

厅　长

黄火青

副厅长

喻　屏　史进前

检察员

马纯一　王文林　王　芳　王振中　王瀑声

王耀青（女）　冯长义　曲文达　朱宗正　江　文

孙树峰　李天相　沈家良　张中如　张英杰　张肇圻

孟庆恩　图　们　钟澍钦　袁同江　敬毓嵩

◎ 1980年11月20日至1981年1月25日，最高人民法院特别法庭公开审理林彪、江青反革命集团10名主犯。图为特别法庭、特别检察厅全体组成人员在法庭上。

◎ 黄火青（前排左一）、喻屏（前排左二）、史进前（前排左三）出庭支持公诉。

◎ 特别法庭开庭全景

◎ 林彪、江青反革命集团主犯在被告席上

副本

中华人民共和国
最高人民检察院特别检察厅
起诉书

一九八〇年十一月二日

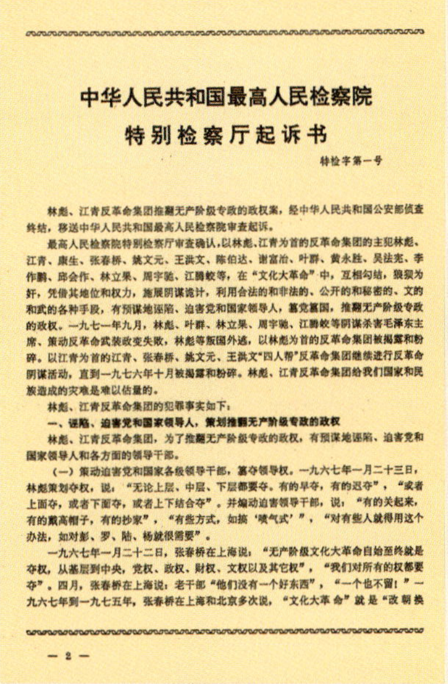
中华人民共和国最高人民检察院
特别检察厅起诉书

特检字第一号

林彪、江青反革命集团推翻无产阶级专政的政权案，经中华人民共和国公安部侦查终结，移送中华人民共和国最高人民检察院审查起诉。

最高人民检察院特别检察厅审查确认，以林彪、江青为首的反革命集团的主犯林彪、江青、康生、张春桥、姚文元、王洪文、陈伯达、谢富治、叶群、黄永胜、吴法宪、李作鹏、邱会作、林立果、周宇驰、江腾蛟等，在"文化大革命"中，互相勾结，狼狈为奸，凭借其地位和权力，施展阴谋诡计，利用合法的和非法的、公开的和秘密的、文的和武的各种手段，有预谋地诬陷、迫害党和国家领导人，篡党篡国，推翻无产阶级专政的政权。一九七一年九月，林彪、叶群、林立果、周宇驰、江腾蛟等阴谋杀害毛泽东主席、策动反革命武装政变失败，林彪等叛国外逃，以林彪为首的反革命集团被揭露和粉碎。以江青为首的江青、张春桥、姚文元、王洪文"四人帮"反革命集团继续进行反革命阴谋活动，直到一九七六年十月被揭露和粉碎。林彪、江青反革命集团给我们国家和民族造成的灾难是难以估量的。

林彪、江青反革命集团的犯罪事实如下：

一、诬陷、迫害党和国家领导人，策划推翻无产阶级专政的政权

林彪、江青反革命集团，为了推翻无产阶级专政的政权，有预谋地诬陷、迫害党和国家领导人和各方面的领导干部。

（一）策动迫害党和国家各级领导干部，篡夺领导权。一九六七年一月二十三日，林彪策划夺权，说："无论上层、中层、下层都要夺。有的早夺，有的迟夺"，"或者上面夺，或者下面夺，或者上下结合夺"。并煽动迫害领导干部，说："有的关起来，有的戴高帽子，有的抄家"，"有些方式，如搞'喷气式'"，"对有些人就得用这个办法，如对彭、罗、陆、杨就很需要"。

一九六七年一月二十二日，张春桥在上海说："无产阶级文化大革命自始至终就是夺权，从基层到中央，党权、政权、财权、文权以及其它权"，"我们对所有的权都要夺"。四月，张春桥在上海说：老干部"他们没有一个好东西"，"一个也不留！"一九六七年到一九七五年，张春桥在上海和北京多次说，"文化大革命"就是"改朝换

— 2 —

◎ 中华人民共和国最高人民检察院特别检察厅起诉书

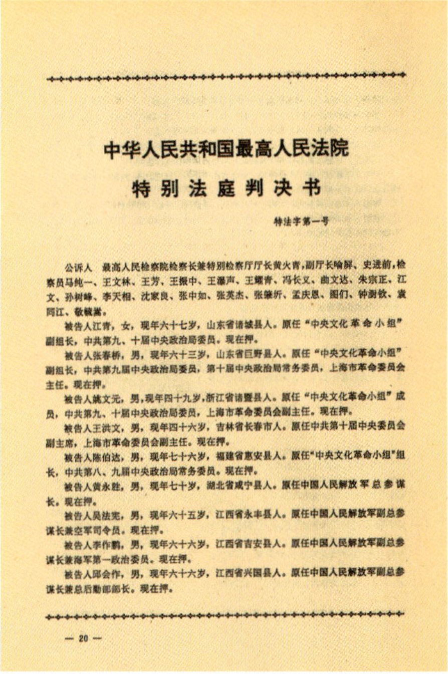
中华人民共和国最高人民法院
特别法庭判决书

特法字第一号

公诉人 最高人民检察院检察长兼特别检察厅厅长黄火青，副厅长喻屏、史进前，检察员马纯一、王文林、王芳、王振中、王瀑声、王耀青、冯长义、曲文达、朱宗正、江文、孙树峰、李天相、沈家良、张中如、张英杰、张肇圻、孟庆恩、图们、钟澍钦、袁同江、敬毓嵩。

被告人江青，女，现年六十七岁，山东省诸城县人。原任"中央文化革命小组"副组长，中共第九、十届中央政治局委员。现在押。

被告人张春桥，男，现年六十三岁，山东省巨野县人。原任"中央文化革命小组"副组长，中共第九届中央政治局委员，第十届中央政治局常务委员，上海市革命委员会主任。现在押。

被告人姚文元，男，现年四十九岁，浙江省诸暨县人。原任"中央文化革命小组"成员，中共第九、十届中央政治局委员，上海市革命委员会副主任。现在押。

被告人王洪文，男，现年四十六岁，吉林省长春市人。原任中共第十届中央委员会副主席，上海市革命委员会副主任。现在押。

被告人陈伯达，男，现年七十六岁，福建省惠安县人。原任"中央文化革命小组"组长，中共第八、九届中央政治局常务委员。现在押。

被告人黄永胜，男，现年七十岁，湖北省咸宁县人。原任中国人民解放军总参谋长。现在押。

被告人吴法宪，男，现年六十五岁，江西省永丰县人。原任中国人民解放军副总参谋长兼空军司令员。现在押。

被告人李作鹏，男，现年六十六岁，江西省吉安县人。原任中国人民解放军副总参谋长兼海军第一政治委员。现在押。

被告人邱会作，男，现年六十六岁，江西省兴国县人。原任中国人民解放军副总参谋长兼总后勤部部长。现在押。

— 20 —

◎《人民检察》特刊中刊登的特别法庭判决书

林彪、江青反革命集团案10名主犯罪行表

刑法 / 罪行 / 主犯	九十二条	九十三条	九十二条	九十二条	九十二条	九十二条	判处罪期
	阴谋颠覆政府罪	策动武装叛乱罪	组织领导反革命集团罪	反革命杀人伤人罪	反革命宣传煽动罪	诬告陷害罪	
江青	△		△		△	△	死缓
张春桥	△	△	△*		△	△	死缓
姚文元	△		△		△	△	二十年
王洪文	△	△	△			△	无期
陈伯达	△		△		△	△	十八年
黄永胜	△		△			△	十八年
吴法宪	△		△			△	十七年
李作鹏	△		△			△	十八年
邱会作	△		△			△	十六年
江腾蛟		△	△*	△			十八年

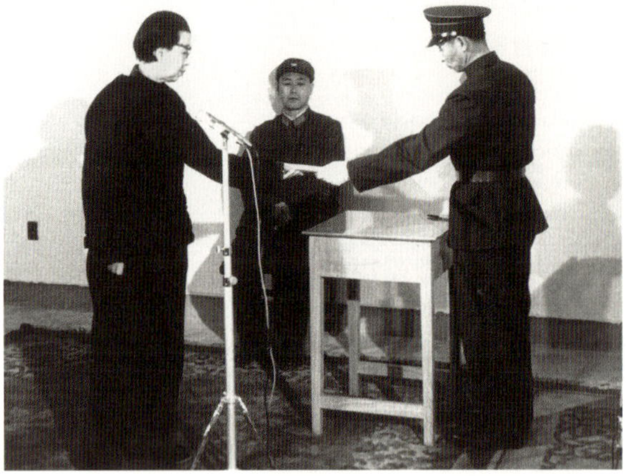

◎ 特别检察厅派员向江青送达起诉书。

◎ 特别检察厅派员向姚文元送达起诉书。

◎ 特别检察厅派员向张春桥送达起诉书。

◎ 特别检察厅派员向王洪文送达起诉书。

◎ 最高人民检察院院领导与部分特别检察厅成员合影。

第六届全国人民代表大会期间的检察工作（1983—1988）

第六届全国人民代表大会期间，最高人民检察院和地方各级人民检察院、各级专门检察院坚持四项基本原则，严格执行法律和政策，认真履行法律监督职责，积极开展各项检察业务，打击严重经济犯罪和其他刑事犯罪活动，保障公民的合法权益，为促进社会主义经济建设和改革的顺利进行发挥了积极的作用。

◎ 1983年6月，第六届全国人民代表大会第一次会议召开。

共和国第四任检察长　杨易辰

杨易辰（1914—1997），辽宁法库人。1936年9月加入中国共产党。曾参加中华民族解放先锋队，任大队长。抗日战争期间，参加北平学生移动剧团，后入马列学院学习，任鲁西北平原分局七地委宣传部部长、副书记。解放战争时期，任辽宁省铁岭中心县委书记、辽北省第二地委书记、辽北省政府副主席。新中国成立后，历任辽西省政府主席，中共辽西省委副书记、书记，中共黑龙江省委书记，省政府副省长，省革委会副主任、主任，省委第一书记。1983年6月至1988年4月，任最高人民检察院党组书记、检察长。中共第十一、十二届中央委员。1987年当选为中共中央顾问委员会委员。

坚持严格执法，做到敢于碰硬，善于碰硬，打破关系网、保护层。

◎ 杨易辰检察长用过的公文包和印章

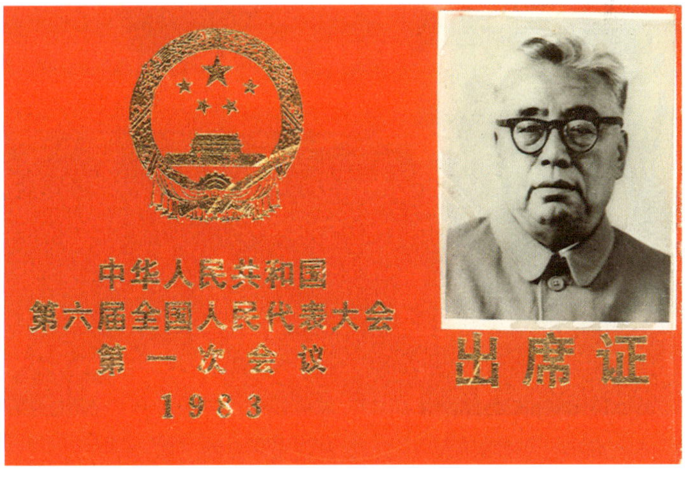

◎ 杨易辰检察长的六届全国人大一次会议出席证

◎ 1984年9月，统一检察制服后，杨易辰检察长（左四）与冯锦汶（左一）、王晓光（左二）、江文（左三）、张灿明（右二）、关山复（右一）合影。

◎ 1988年2月25日至3月6日，第八次全国检察工作会议在北京召开。

◎ 杨易辰检察长（右一）与陈丕显副委员长（左一）在第八次全国检察工作会议上。

◎ 1988年3月5日，中国检察学会成立。

“念一本经，唱一台戏”
全力以赴投入“严打”斗争

1983 年 7 月 19 日，邓小平同志在北戴河与彭真、刘复之等同志谈话时指出，刑事案件、恶性案件大幅度增加，必须依法从重从快集中打击。1983 年 8 月 3 日，全国检察长座谈会召开，会议提出全国各级检察机关要“念一本经，唱一台戏”，全力以赴投入“严打”斗争。所谓“一本经”，就是全国政法工作会议的“经”；“一台戏”就是各级检察机关都要在各地党委的统一领导下，坚决贯彻执行中央的方针，与其他政法部门密切配合，协同作战。检察机关同公安机关和人民法院统一行动，积极投入打击刑事犯罪的斗争，有力地发挥了检察机关的职能作用。

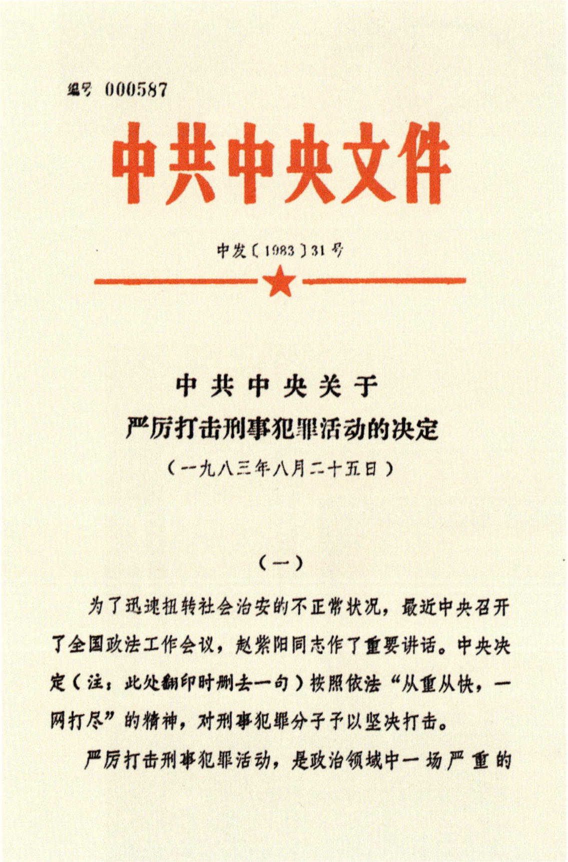

编号 000587

中共中央文件

中发〔1983〕31号

中共中央关于
严厉打击刑事犯罪活动的决定
（一九八三年八月二十五日）

（一）

为了迅速扭转社会治安的不正常状况，最近中央召开了全国政法工作会议，赵紫阳同志作了重要讲话。中央决定（注：此处翻印时删去一句）按照依法“从重从快，一网打尽”的精神，对刑事犯罪分子予以坚决打击。

严厉打击刑事犯罪活动，是政治领域中一场严重的

◎ 1983年8月25日，中共中央作出《关于严厉打击刑事犯罪活动的决定》。《决定》指出：严厉打击刑事犯罪活动，是政治领域中一场严重的敌我斗争。为迅速扭转社会治安的不正常状况，中共中央决定，以三年为期，组织一次、两次、三次战役，按照依法“从重从快，一网打尽”的精神，对刑事犯罪分子予以坚决打击。

六届人大常委会二次会议结束

通过严惩严重危害社会治安罪犯等九个决定

彭真就严厉打击刑事犯罪问题和几个法律案作重要讲话，指出对严重危害社会治安的犯罪分子，决不能姑息纵容，特别是对那些煽动、腐蚀、收买、强迫青少年犯罪的教唆犯，屡教不改的惯犯，必须坚决打击，依法从重从快惩处

◎ 1983年9月2日，全国人大常委会通过《关于严惩严重危害社会治安的犯罪分子的决定》。全国检察机关认真执行政策，严格依法办事，保证办案质量，依法从重从快打击严重刑事犯罪。

徐川页、傅国营、王春生等 53 人重大流氓犯罪集团案

1983 年 9 月 28 日至 10 月 14 日，山东省济南市人民检察院对以徐川页、傅国营、王春生为首的重大流氓犯罪集团的 53 名被告人，依法向济南市中级人民法院提起公诉。此案经济南市中级人民法院一审和山东省高级人民法院二审，于同年 12 月 11 日判处徐川页、傅国营、王春生等 7 人死刑，立即执行；判处 4 人死刑，缓期二年执行；判处 3 人无期徒刑；判处 39 人有期徒刑。

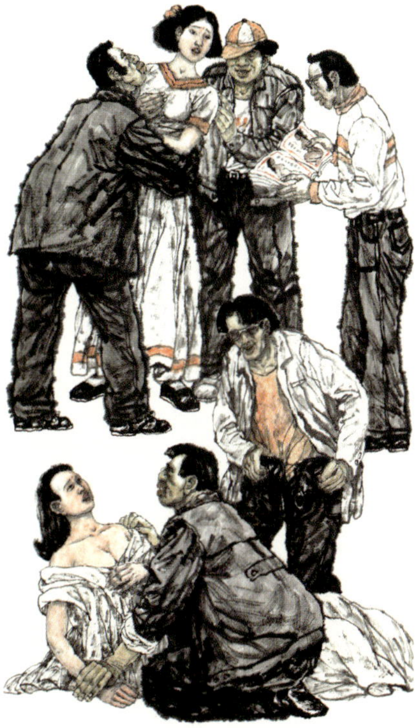

◎ 绘图　山　子

把打击经济犯罪作为检察机关的主要任务

检察机关在绝不放松打击刑事犯罪的同时，把打击严重经济犯罪作为主要任务来抓，不断破除把打击经济犯罪同开放、搞活、改革，同打击刑事犯罪对立起来的观念，摆正“两手”和“两打”的关系，坚持一手对外开放、对内搞活经济，一手打击经济犯罪，为经济体制改革的顺利进行提供法制保障。

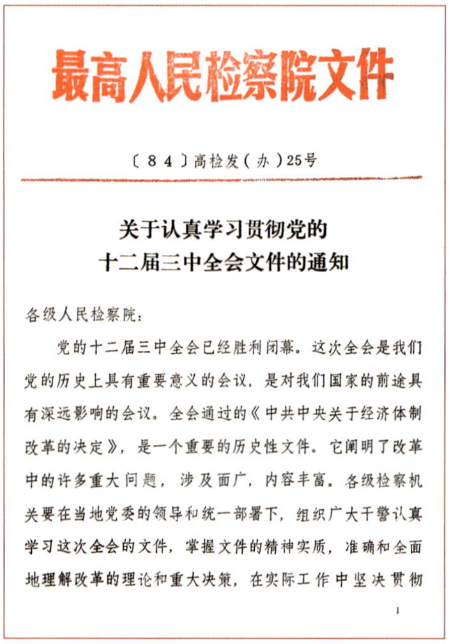

最高人民检察院文件

〔84〕高检发（办）25号

关于认真学习贯彻党的
十二届三中全会文件的通知

各级人民检察院：

党的十二届三中全会已经胜利闭幕。这次全会是我们党的历史上具有重要意义的会议，是对我们国家的前途具有深远影响的会议。全会通过的《中共中央关于经济体制改革的决定》，是一个重要的历史性文件。它阐明了改革中的许多重大问题，涉及面广，内容丰富。各级检察机关要在当地党委的领导和统一部署下，组织广大干警认真学习这次全会的文件，掌握文件的精神实质，准确和全面地理解改革的理论和重大决策，在实际工作中坚决贯彻

1

◎ 1984年10月，中共十二届三中全会通过《中共中央关于经济体制改革的决定》，要求检察机关加强对经济犯罪行为的检察工作。最高人民检察院于10月22日发出通知，要求各级人民检察院认真贯彻执行中共中央这一决定。图为最高人民检察院组织学习十二届三中全会有关文件。

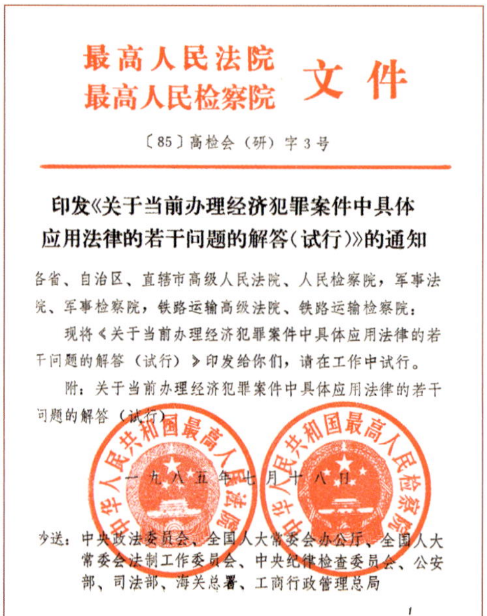

最高人民法院
最高人民检察院 文件

〔85〕高检会（研）字3号

印发《关于当前办理经济犯罪案件中具体应用法律的若干问题的解答（试行）》的通知

各省、自治区、直辖市高级人民法院、人民检察院，军事法院、军事检察院，铁路运输高级法院、铁路运输检察院：

现将《关于当前办理经济犯罪案件中具体应用法律的若干问题的解答（试行）》印发给你们，请在工作中试行。

附：关于当前办理经济犯罪案件中具体应用法律的若干问题的解答（试行）

一九八五年七月十八日

抄送：中央政法委员会、全国人大常委会办公厅、全国人大常委会法制工作委员会、中央纪律检查委员会、公安部、司法部、海关总署、工商行政管理总局

1

◎ 1985年7月18日，“两高”联合发出《关于当前办理经济犯罪案件中具体应用法律的若干问题的解答（试行）》。

◎ 1985年2月1日至5日，全国检察长会议在上海召开，讨论贯彻《中共中央关于经济体制改革的决定》和中央政法会议精神，强调进一步加强经济检察工作，“抓系统，系统抓”，更好地为经济体制改革和“四化”建设服务。

◎ 1988年3月8日，全国检察机关第一个举报中心——深圳市经济罪案举报中心在广东省深圳市人民检察院成立。

◎ 沈阳市人民检察院的侦查人员整装待发。

余铁民受贿案

余铁民，上海市委办公厅原副主任。1986 年 5 月 28 日，上海市人民检察院分院对其收受港商贿赂人民币 3 万余元一案，向上海市中级人民法院提起公诉。经上海市中级人民法院审理，于同年 6 月 24 日判处余铁民无期徒刑，剥夺政治权利终身。

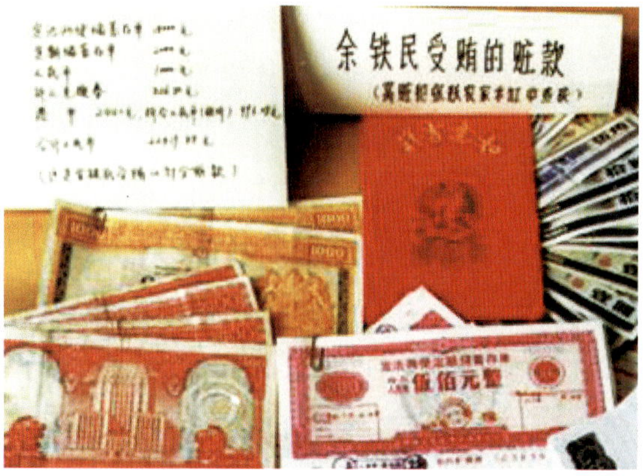

◎ 余铁民受贿的赃款

◎ 余铁民案庭审现场

洪清源受贿案

洪清源，安徽省原省委常委、省委秘书长。1985 年利用职务之便，违反规定为一香港商人在澳门的 4 名亲属办理了通过安徽省去香港定居的单程通行证，收受对方贿赂 2.4 万元。1986 年 2 月 11 日，被合肥市中级人民法院判处有期徒刑 10 年。

法纪检察和控告申诉检察工作

检察机关把法纪检察工作摆上重要位置，切实履行宪法和法律赋予检察机关的职责，秉公执法，严肃法纪，立足办案，保护公民的民主权利和人身权利不受侵犯，提高广大干部群众的法制观念和遵纪守法的自觉性。在控告申诉检察工作方面，1987 年 4 月 11 日，最高人民检察院信访厅改为控告申诉检察厅。控告申诉检察部门开展文明接待活动，普遍建立“检察长接待日”制度。

全国法纪检察工作会议

1986 年 10 月 20 日至 27 日，最高人民检察院召开全国法纪检察工作会议，强调各级检察机关要把法纪检察工作摆到重要位置上来，切实担负起保护社会主义民主的职责，并同玩忽职守的犯罪行为作坚决的斗争。

◎ 全国法纪检察工作会议合影

◎ 第三次全国检察机关控告申诉工作会议合影

第三次全国检察机关控告申诉工作会议

1986年10月31日至11月4日，最高人民检察院召开第三次全国检察机关控告申诉工作会议，讨论通过《人民检察院控告申诉工作细则》。

◎ 1984年6月，山西省河津县人民检察院为方便群众控告申诉，检察长带领干警到集市、乡村设点挂牌，接待群众。1986年5月5日，杨易辰检察长到河津考察挂牌办案的做法并给予高度肯定。

◎ 来访人员向人民检察院控告申诉接待室赠送锦旗。

队伍和机构建设

检察机关十分重视队伍建设。在组织上，注意抓好领导班子建设，把一些优秀中青年干部选拔到领导岗位上来。在政治上，教育干警坚持四项基本原则，认真执行党的路线和国家的法律。在思想上，加强“四有”教育，倡导干警树立一身正气，两袖清风，刚正不阿，秉公执法的职业道德。在业务上，有计划有步骤地培训了一批干部，提高了干警的业务能力和执法水平。同时，为适应工作需要，检察机构的设置也有新的调整。

《关于加强地方各级法院、检察院干部配备的通知》

1985 年 9 月，中共中央办公厅《关于加强地方各级法院、检察院干部配备的通知》（中办发〔1985〕47 号）明确规定：地方人民检察院检察长、检察员应当配备政治上坚定，能坚决贯彻执行党的路线、方针、政策，敢于坚持原则、秉公执法，具有相当文化水平和实际工作经验，懂得法律，有检察工作能力的干部担任。各级人民检察院检察长，配备该级行政副职一级干部。

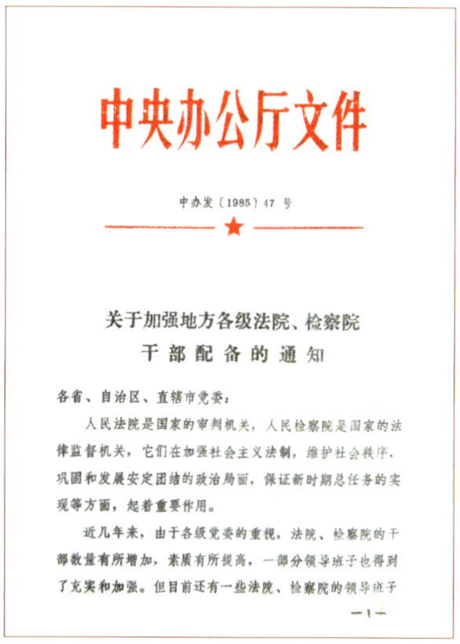

中央办公厅文件

中办发〔1985〕47 号

关于加强地方各级法院、检察院干部配备的通知

各省、自治区、直辖市党委：

人民法院是国家的审判机关，人民检察院是国家的法律监督机关，它们在加强社会主义法制，维护社会秩序，巩固和发展安定团结的政治局面，保证新时期总任务的实现等方面，起着重要作用。

近几年来，由于各级党委的重视，法院、检察院的干部数量有所增加，素质有所提高，一部分领导班子也得到了充实和加强。但目前还有一些法院、检察院的领导班子

—1—

全国检察机关人事工作会议

1983 年 9 月，最高人民检察院组织召开全国检察机关人事工作会议，提出建设一支高标准、符合干部“四化”要求的检察队伍。

◎ 全国检察机关人事工作会议参会人员合影

检察机关恢复重建以来的第一次“双先”大会

1985年3月2日至5日，全国检察系统先进集体、先进个人代表大会在北京召开。出席大会的代表301人，其中先进集体代表68人，先进个人代表233人。这是检察机关恢复重建以来的第一次“双先”大会，集中了全国检察系统最优秀的先进集体和先进个人，反映了检察队伍的精神风貌，代表着检察队伍的建设方向。

◎ 1985年3月2日至5日，全国检察系统先进集体、先进个人代表大会在北京召开。

全国铁路运输检察院的撤销

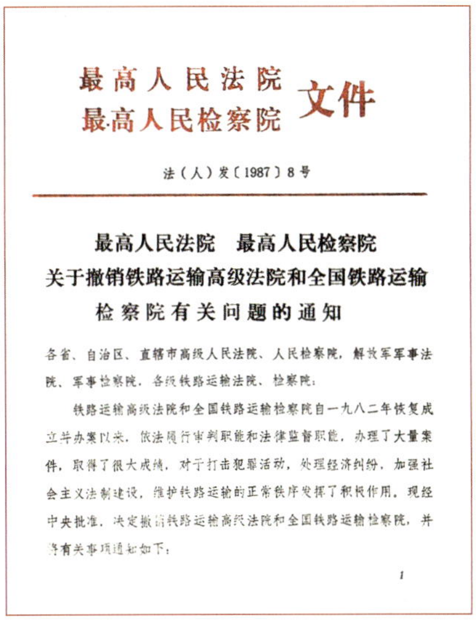
最高人民法院
最高人民检察院 文件

法（人）发〔1987〕8号

最高人民法院　最高人民检察院
关于撤销铁路运输高级法院和全国铁路运输
检察院有关问题的通知

各省、自治区、直辖市高级人民法院、人民检察院，解放军军事法院、军事检察院，各级铁路运输法院、检察院：

铁路运输高级法院和全国铁路运输检察院自一九八二年恢复成立并办案以来，依法履行审判职能和法律监督职能，办理了大量案件，取得了很大成绩，对于打击犯罪活动，处理经济纠纷，加强社会主义法制建设，维护铁路运输的正常秩序发挥了积极作用。现经中央批准，决定撤销铁路运输高级法院和全国铁路运输检察院，并将有关事项通知如下：

1

◎ 1987年4月15日，最高人民检察院和最高人民法院联合发出《关于撤销铁路运输高级法院和全国铁路运输检察院有关问题的通知》。5月31日，全国铁路运输检察院正式撤销，最高人民检察院设铁路运输检察厅，从6月1日起开始办公。右图为最高人民检察院铁路运输检察厅办公旧址。

检察干部穿着统一制服

中华人民共和国国务院

（83）国函字273号

国务院关于人民法院、人民检察院
干部穿着统一制服的批复

最高人民法院、最高人民检察院：

国务院同意你们《关于人民法院、人民检察院干部穿着统一制服的报告》。从一九八四年开始，各级人民法院担任现职的审判员、助理审判员、书记员，各级人民检察院担任现职的检察员、助理检察员、书记员，穿着统一的法院、检察院制服。《关于人民法院、人民检察院干部穿着统一制服的几项规定》由你们与财政部联合下达执行。统一着装所需经费，同意按现行财政体制，分级负担。

一九八三年十二月二十九日

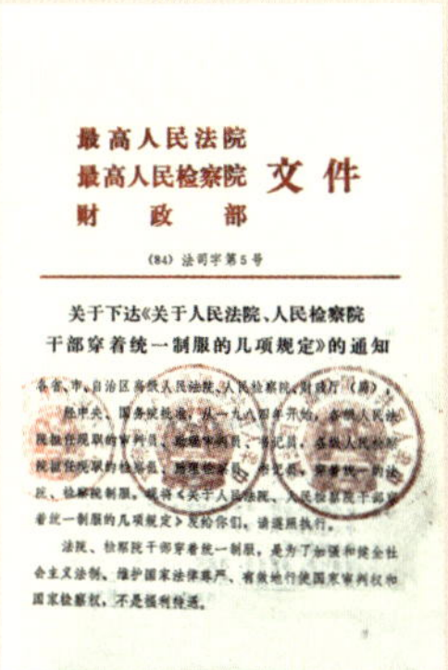
最高人民法院
最高人民检察院 文件
财　政　部

（84）法司字第5号

关于下达《关于人民法院、人民检察院
干部穿着统一制服的几项规定》的通知

各省、市、自治区各级人民法院、人民检察院、财政厅（局）：

经中央、国务院批准，从一九八四年开始，各级人民法院担任现职的审判员、[illegible]、书记员，各级人民检察院担任现职的检察员、[illegible]、书记员，穿着统一的法院、检察院制服。现将《关于人民法院、人民检察院干部穿着统一制服的几项规定》发给你们，请遵照执行。

法院、检察院干部穿着统一制服，是为了加强和健全社会主义法制、维护国家法律尊严、有效地行使国家审判权和国家检察权，不是福利待遇。

◎ 1984年1月14日，经国务院批准，最高人民法院、最高人民检察院、财政部联合发布《关于人民法院、人民检察院干部穿着统一制服的几项规定》。同年5月1日起，检察人员开始穿着检察制服。图为统一着装后，最高人民检察院检察人员举行升旗仪式。

第七届全国人民代表大会期间的检察工作（1988—1993）

第七届全国人民代表大会期间，检察机关突出地开展了惩治贪污贿赂犯罪和严厉打击严重刑事犯罪的斗争，加强了查办侵犯公民民主权利、渎职犯罪的工作，加强了各项业务建设与队伍建设，有步骤地对检察体制进行了改革，各级检察院在工作中强化了法律监督职能，对于维护国家稳定和社会安定，促进社会主义民主和法制建设，推动廉政建设，保障改革开放和经济建设的顺利进行起到了积极作用。

共和国第五任检察长　刘复之

刘复之（1917–2013），广东梅县人。1938年2月加入中国共产党。1938年10月至1940年12月，任朱德、刘伯承、邓小平秘书。1941年至1945年，任八路军第129师政治部锄奸部副科长、科长。解放战争时期，任中共晋冀鲁豫中央局社会部科长，中央局冀鲁豫土改工作团组长，华北局社会部办公室副主任、主任。新中国成立后，历任公安部办公厅副主任、主任，公安部党组成员、副部长，文化部常务副部长，全国人大常委会法制委员会第一副秘书长、副主任，中央政法委员会委员、秘书长、副书记，司法部部长，公安部部长兼中国人民武装警察部队第一政委。1988年4月至1993年3月，任最高人民检察院党组书记、检察长。中共第十二届中央委员。1985年9月当选为中共中央顾问委员会委员。

把惩治贪污贿赂犯罪作为打击经济犯罪的第一位工作。

一要坚决，二要慎重，务必搞准。

◎ 1992年5月4日至9日，最高人民检察院在北京召开第九次全国检察会议和全国检察系统先进集体、先进个人电话表彰会，中共中央政治局常委、中央政法委书记乔石接见了会议全体代表并作重要讲话。

◎ 1992年5月，刘复之检察长（左一）和陈明枢（左二）、王文元（左三）、肖扬（左四）、梁国庆（左五）、张思卿（左六）在第九次全国检察会议上。

把惩治贪污贿赂犯罪作为打击经济犯罪的第一位工作

1988年第四季度，最高人民检察院调整工作部署，把惩治贪污贿赂犯罪作为打击经济犯罪的第一位工作，作为检察工作的重点，坚持“一要坚决，二要慎重，务必搞准”的原则，依法查处各类贪污贿赂犯罪，为促进党风廉政建设和反腐败斗争作出了重要贡献。1989年8月，最高人民检察院将经济检察厅更名为贪污贿赂检察厅。

◎ 1989年8月18日，全国检察机关第一个反贪污受贿工作局在广东省人民检察院成立。图为广东省人民检察院检察长肖扬（右一）为反贪污受贿工作局揭牌。

◎ 1989年9月20日至28日，全国检察机关第一次反贪污贿赂侦查工作会议在北京召开。

最高人民法院、最高人民检察院《关于贪污、受贿、投机倒把等犯罪分子必须在限期内自首坦白的通告》

1989 年 8 月 15 日，根据中共中央、国务院《关于近期做几件群众关心的事的决定》，最高人民法院、最高人民检察院发布了《关于贪污、受贿、投机倒把等犯罪分子必须在限期内自首坦白的通告》。1989 年 9 月 14 日，最高人民法院、最高人民检察院制定了《关于执行〈通告〉的若干问题的答复》。

1989 年，全国检察机关立案侦查贪污贿赂案件 58926 件，比上一年增加 1.8 倍，其中大案 13057 件，比上一年增加 3.4 倍；要案 875 件，比上一年增加 3.5 倍。《通告》发布以后，掀起了反贪污贿赂斗争的高潮，犯罪分子纷纷投案自首。在“两高”《通告》期间，到检察机关投案自首的贪污贿赂犯罪分子达 25544 人。

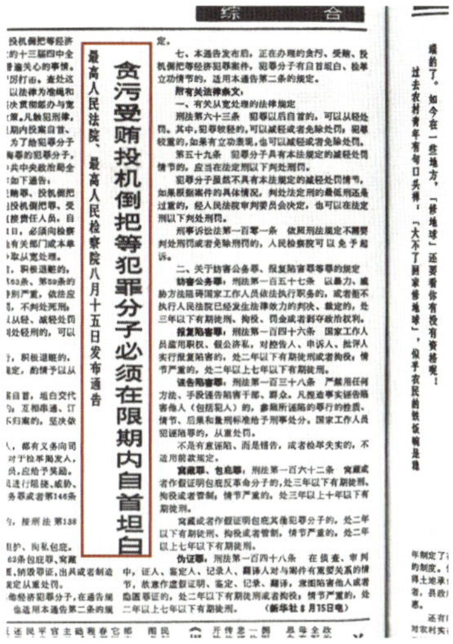

综合

贪污受贿投机倒把等犯罪分子必须在限期内自首坦白

最高人民法院、最高人民检察院八月十五日发布通告

……定。

七、本通告发布后，正在办理的贪污、受贿、投机倒把等经济犯罪案件，犯罪分子有自首坦白、检举立功情节的，适用本通告第二条的规定。

附有关法律条文：

一、有关从宽处理的法律规定

刑法第六十三条　犯罪以后自首的，可以从轻处罚。其中，犯罪较轻的，可以减轻或者免除处罚；犯罪较重的，如果有立功表现，也可以减轻或者免除处罚。

第五十九条　犯罪分子具有本法规定的减轻处罚情节的，应当在法定刑以下判处刑罚。

犯罪分子虽然不具有本法规定的减轻处罚情节，如果根据案件的具体情况，判处法定刑的最低刑还是过重的，经人民法院审判委员会决定，也可以在法定刑以下判处刑罚。

刑事诉讼法第一百零一条　依照刑法规定不需要判处刑罚或者免除刑罚的，人民检察院可以免予起诉。

二、关于妨害公务罪、报复陷害罪等罪的规定

妨害公务罪：刑法第一百五十七条　以暴力、威胁方法阻碍国家工作人员依法执行职务的，或者拒不执行人民法院已经发生法律效力的判决、裁定的，处三年以下有期徒刑、拘役、罚金或者剥夺政治权利。

报复陷害罪：刑法第一百四十六条　国家工作人员滥用职权、假公济私，对控告人、申诉人、批评人实行报复陷害的，处二年以下有期徒刑或者拘役；情节严重的，处二年以上七年以下有期徒刑。

诬告陷害罪：刑法第一百三十八条　严禁用任何方法、手段诬告陷害干部、群众。凡捏造事实诬告陷害他人（包括犯人）的，参照所诬陷的罪行的性质、情节、后果和量刑标准给予刑事处分。国家工作人员犯诬陷罪的，从重处罚。

不是有意诬陷，而是错告，或者检举失实的，不适用前款规定。

窝藏罪、包庇罪：刑法第一百六十二条　窝藏或者作假证明包庇反革命分子的，处三年以下有期徒刑、拘役或者管制；情节严重的，处三年以上十年以下有期徒刑。

窝藏或者作假证明包庇其他犯罪分子的，处二年以下有期徒刑、拘役或者管制；情节严重的，处二年以上七年以下有期徒刑。

伪证罪：刑法第一百四十八条　在侦查、审判中，证人、鉴定人、记录人、翻译人对与案件有重要关系的情节，故意作虚假证明、鉴定、记录、翻译，意图陷害他人或者隐匿罪证的，处二年以下有期徒刑或者拘役；情节严重的，处二年以上七年以下有期徒刑。（新华社 8 月15日电）

◎ 最高人民法院、最高人民检察院《关于贪污、受贿、投机倒把等犯罪分子必须在限期内自首坦白的通告》

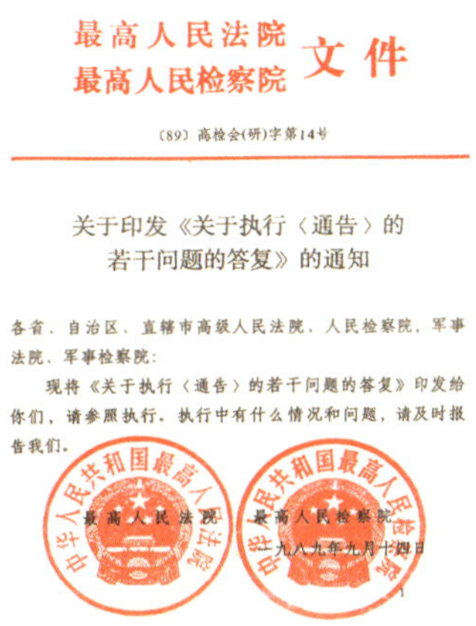

最高人民法院
最高人民检察院
文件

〔89〕高检会(研)字第14号

关于印发《关于执行〈通告〉的若干问题的答复》的通知

各省、自治区、直辖市高级人民法院、人民检察院，军事法院、军事检察院：

现将《关于执行〈通告〉的若干问题的答复》印发给你们，请参照执行。执行中有什么情况和问题，请及时报告我们。

最高人民法院　最高人民检察院

一九八九年九月十四日

◎ 1989年9月14日，最高人民法院、最高人民检察院制定了《关于执行〈通告〉的若干问题的答复》。

◎ 1989年8月15日，最高人民法院、最高人民检察院联合举行记者招待会，发布“两高”《通告》。

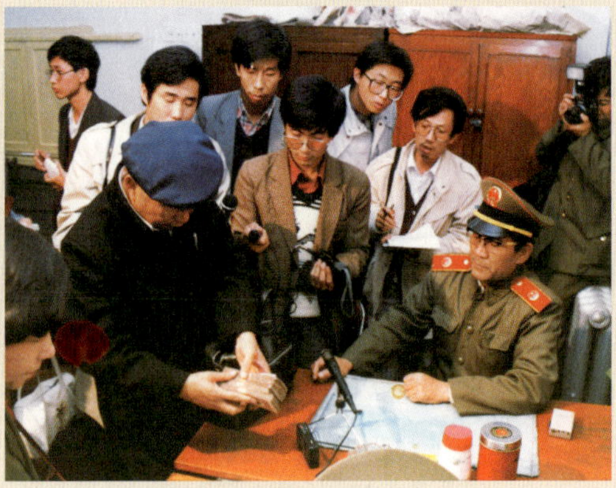

◎ “两高”《通告》发布以后，全国掀起了反贪污贿赂斗争的高潮，犯罪分子纷纷投案自首。

全国检察机关惩治贪污贿赂展览

◎ 1990年5月25日至7月20日，最高人民检察院在北京举办“全国检察机关惩治贪污贿赂展览”。

◎ 党中央、全国人大常委会、国务院对这次展览都十分重视，江泽民、李鹏、宋任穷为展览题词，乔石、习仲勋、彭冲、阿沛·阿旺晋美、雷洁琼等出席开幕式并参观展览。

◎ 展览显现了党和国家惩治腐败的坚定决心，剖析了贪污、贿赂犯罪的严重危害性，鼓舞了人民群众的斗争积极性。展览在北京展出之后又到山西、宁夏、湖南、贵州等地巡回展出，观众达100多万人次。

普遍开展举报工作

1988年6月
30
星期四
戊辰年五月十七
北京地区天气预报
白天 阴间多云有雷阵雨
风向 偏南
风力 一、二级
夜间 阴有雨
风向 南转北
风力 一、二级
温度 最高 27℃
最低 20℃

人民日报社出版

依靠群众及时发现国家工作人员违法犯罪线索

检察机关在全国普遍开展举报工作

最高人民检察院公布监督电话：541850

据新华社北京6月29日电 （记者陈雁、石朝旭）当公众发现国家机关工作人员特别是司法人员有违法犯罪行为时向何处告发？今天最高人民检察院公布了一个监督电话：541850，并同时宣布，这种举报工作将在全国其他各大中城市的检察机关普遍开展起来。

近年来，少数国家工作人员贪污、受贿、弄权渎职、敲诈勒索等犯罪活动比较严重，败坏着党和政府的声誉，干扰了改革、开放和经济建设的顺利进行。为了及时发现国家工作人员贪污、受贿等经济犯罪线索，从今年开始一些地方的检察机关经当地党委和上级检察机关的同意，开展了举报工作。目前举报受理的范围主要是贪污、贿赂、挪用公款、非法所得、偷税抗税等经济犯罪案件，同时也受理检察机关管辖的其他刑事案件，并接受违法犯罪人员的投案自首。举报的方式主要有电话举报、信函举报和当面举报三种。检察机关为受理群众举报制定了严格的制度和程序，不仅绝对为举报人保密，而且将处理情况用多种方式告知举报人。

各地举报工作开展以来，受到群众的普遍欢迎，成效十分显著。群众通过电话、信函和面谈等方式向检察机关举报不断增多，有的地方出现了老人拄拐杖，残疾人坐轮椅前来举报的场面。广州市一照相经理部经理，在报纸上看到市检察院开展举报工作的消息后，携带3万元赃款到检察院投案自首。许多群众说：“过去看到问题不知道找谁去反映，现在投诉有门了。”

据了解，最高检察院准备在总结经验的基础上，有计划地在全国各大中城市检察机关推广，逐步形成为人民群众控告、检举国家公务人员违法犯罪的一项制度。

—◁•▷—

和管理全国生产资料流通

资部正式成立

调拨转向全面发展生产资料场。同时，搞好协调、服务

盈亏的经济实体，主要负责经营，同时接受国家委托管理的指令性物资。

—◁•▷—

这个问题不解决，不仅搞乱流通，败坏改革，而且党内的某些腐败现象也无法解决。这就要求我们加快立法步伐，通过法律来正确引导市场，制裁投机倒把、贪污受贿等违法乱纪行为。

柳随年最后强调说，物资

◎《人民日报》关于举报工作的报道

◎ 1988年6月29日，最高人民检察院举行首次新闻发布会，公布了最高人民检察院的举报电话。

◎ 深圳市人民检察院举报箱

◎ 郑州市人民检察院举报箱

◎ 1988年10月14日至19日，全国检察机关举报工作会议在上海召开，要求全国检察机关要深入持久地开展举报工作。

最高人民检察院

高检控申发字(1988)第7号

关于印发《人民检察院举报工作若干规定(试行)》的通知

各省、自治区、直辖市人民检察院，军事检察院：

现将《人民检察院举报工作若干规定(试行)》印发给你们，请认真贯彻执行.

最高人民检察院

一九八八年十二月二十六日

(此件发至县级检察院)

1

◎ 1988年12月，最高人民检察院颁布《人民检察院举报工作若干规定（试行）》，举报工作进一步制度化、规范化。

◎ 1989年1月10日，最高人民检察院举报中心成立。

严厉打击严重刑事犯罪活动
开展社会治安综合治理

严厉打击严重刑事犯罪活动是检察机关的又一个工作重点。在批捕、起诉工作中，各级检察院坚持基本事实清楚、基本证据确凿，不纠缠细枝末节的原则，依法从快批捕、起诉，防止贻误战机。同时，开展社会治安综合治理工作，认真落实检察环节上的综合治理措施，发挥检察建议的作用，积极开展法制宣传教育，认真妥善处理信访案件，积极协助司法行政部门加强对劳改、劳教人员的教育改造，配合有关部门做好对青少年罪犯的教育、感化、挽救工作。

法制日報

FAZHI RIBAO

1991年3月 3 星期日 农历辛未年 正月十七

国内代号：1—41 国外代号：D454 第2035期

七届全国人大常委会第18次会议闭会

万里委员长主持会议，通过了《中华人民共和国国徽法》，作出了加强社会治安综合治理的决定和深入开展法制宣传教育的决议等

综合治理

李鹏与经济体改会议代表座谈时强调

加强对改革的领导 加大改革的份量

◎ 1991年3月2日，第七届全国人民代表大会常务委员会第十八次会议通过《关于加强社会治安综合治理的决定》。

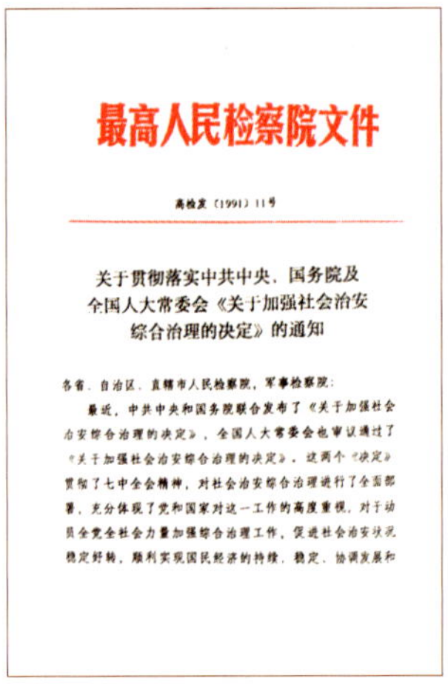

最高人民检察院文件

高检发〔1991〕11号

关于贯彻落实中共中央、国务院及全国人大常委会《关于加强社会治安综合治理的决定》的通知

各省、自治区、直辖市人民检察院，军事检察院：

最近，中共中央和国务院联合发布了《关于加强社会治安综合治理的决定》，全国人大常委会也审议通过了《关于加强社会治安综合治理的决定》。这两个《决定》贯彻了七中全会精神，对社会治安综合治理进行了全面部署，充分体现了党和国家对这一工作的高度重视，对于动员全党全社会力量加强综合治理工作，促进社会治安状况稳定好转，顺利实现国民经济的持续、稳定、协调发展和

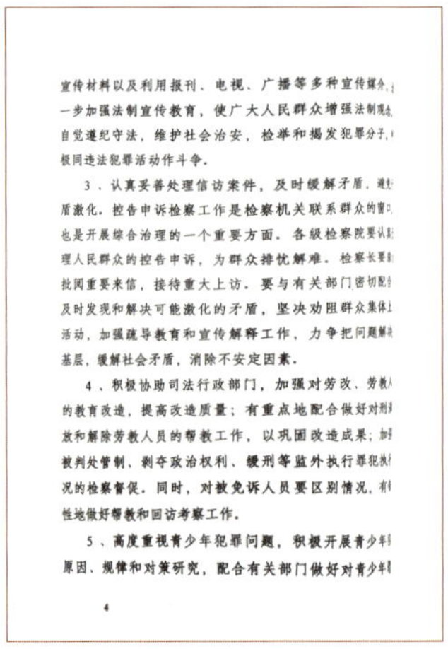

宣传材料以及利用报刊、电视、广播等多种宣传媒介，一步加强法制宣传教育，使广大人民群众增强法制观念，自觉遵纪守法，维护社会治安，检举和揭发犯罪分子，积极同违法犯罪活动作斗争。

3、认真妥善处理信访案件，及时缓解矛盾，避免矛盾激化。控告申诉检察工作是检察机关联系群众的窗口，也是开展综合治理的一个重要方面。各级检察院要认真处理人民群众的控告申诉，为群众排忧解难。检察长要亲自批阅重要来信，接待重大上访。要与有关部门密切配合，及时发现和解决可能激化的矛盾，坚决劝阻群众集体上访活动，加强疏导教育和宣传解释工作，力争把问题解决在基层，缓解社会矛盾，消除不安定因素。

4、积极协助司法行政部门，加强对劳改、劳教人员的教育改造，提高改造质量；有重点地配合做好对刑满释放和解除劳教人员的帮教工作，以巩固改造成果；加强对被判处管制、剥夺政治权利、缓刑等监外执行罪犯执行情况的检察督促。同时，对被免诉人员要区别情况，有针对性地做好帮教和回访考察工作。

5、高度重视青少年犯罪问题，积极开展青少年犯罪原因、规律和对策研究，配合有关部门做好对青少年罪犯

4

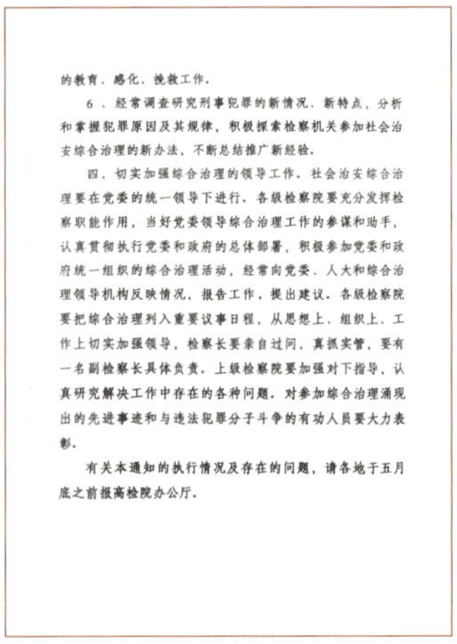

的教育、感化、挽救工作。

6、经常调查研究刑事犯罪的新情况、新特点，分析和掌握犯罪原因及其规律，积极探索检察机关参加社会治安综合治理的新办法，不断总结推广新经验。

四、切实加强综合治理的领导工作。社会治安综合治理要在党委的统一领导下进行。各级检察院要充分发挥检察职能作用，当好党委领导综合治理工作的参谋和助手，认真贯彻执行党委和政府的总体部署，积极参加党委和政府统一组织的综合治理活动，经常向党委、人大和综合治理领导机构反映情况，报告工作，提出建议。各级检察院要把综合治理列入重要议事日程，从思想上、组织上、工作上切实加强领导，检察长要亲自过问，真抓实管，要有一名副检察长具体负责。上级检察院要加强对下指导，认真研究解决工作中存在的各种问题。对参加综合治理涌现出的先进事迹和与违法犯罪分子斗争的有功人员要大力表彰。

有关本通知的执行情况及存在的问题，请各地于五月底之前报高检院办公厅。

◎ 1991年3月8日，最高人民检察院下发《关于贯彻落实中共中央、国务院及全国人大常委会〈关于加强社会治安综合治理的决定〉的通知》。

为经济建设服务

1989 年 11 月，中共中央召开了十三届五中全会，作出了《中共中央关于进一步治理整顿和深化改革的决定》。1992 年 1 月 30 日，最高人民检察院召开党组扩大会议，刘复之检察长传达邓小平同志视察南方时的重要讲话。检察机关不断增强为经济建设大局服务的观念，不断探索为经济建设服务的新途径、新方法。

◎ 1992年7月，最高人民检察院在北京召开检察工作为经济建设服务座谈会。

◎ 检察官深入厂矿企业调查研究，服务经济建设。

严肃查办渎职侵权犯罪案件

1988年，最高人民检察院恢复了法纪检察厅，地方各级检察院也组建了法纪检察机构，使法纪检察工作逐年得到加强。1988年至1992年，共查办渎职侵权重大案件9060件，特大案件2482件，查办县处级以上干部614名。

中华人民共和国 最高人民检察院（通知）

高检发法字〔1990〕1号

印发《最高人民检察院关于查处"人质型"侵犯公民人身权利案件的若干意见》的通知

各省、自治区、直辖市人民检察院，军事检察院：

现将《最高人民检察院关于查处"人质型"侵犯公民人身权利案件的若干意见》印发给你们，望遵照执行。在执行中有什么问题，请及时报告……

◎ 1990年10月26日，最高人民检察院颁布《关于查处"人质型"侵犯公民人身权利案件的若干意见》。

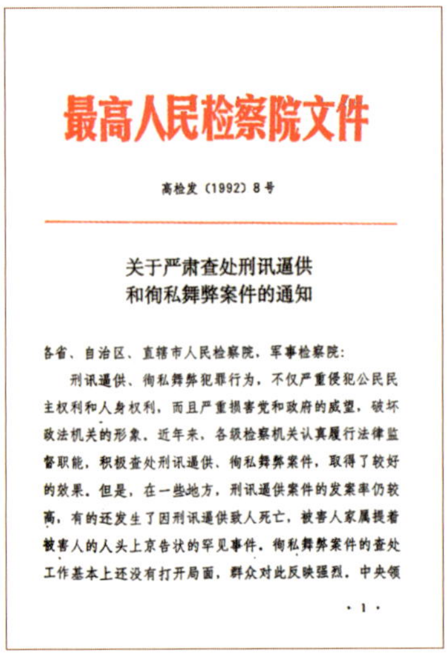
最高人民检察院文件

高检发〔1992〕8号

关于严肃查处刑讯逼供和徇私舞弊案件的通知

各省、自治区、直辖市人民检察院，军事检察院：

刑讯逼供、徇私舞弊犯罪行为，不仅严重侵犯公民民主权利和人身权利，而且严重损害党和政府的威望，破坏政法机关的形象。近年来，各级检察机关认真履行法律监督职能，积极查处刑讯逼供、徇私舞弊案件，取得了较好的效果。但是，在一些地方，刑讯逼供案件的发案率仍较高，有的还发生了因刑讯逼供致人死亡，被害人家属提着被害人的人头上京告状的罕见事件。徇私舞弊案件的查处工作基本上还没有打开局面，群众对此反映强烈。中央领

·1·

◎ 1992年2月23日，最高人民检察院发布《关于严肃查处刑讯逼供和徇私舞弊案件的通知》。

李自根徇私舞弊案

李自根，新疆维吾尔自治区阿勒泰市人民法院经济审判庭原庭长。1986年9月至1987年3月，李自根利用职务之便，徇私舞弊，致使已被公安机关查处的诈骗犯商某某、已被检察机关立案侦查的贪污犯傅某某逃避法律追究，并利用职权挪用公款5000元供他人从事营利活动。1992年1月18日，阿勒泰市人民法院以徇私舞弊罪、挪用公款罪判处李自根有期徒刑3年6个月。

◎ 被告人李自根

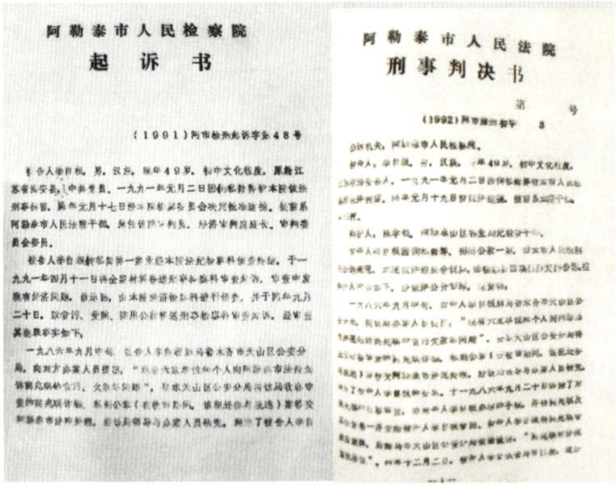
阿勒泰市人民检察院

起诉书

（1991）阿市检刑起诉字第48号

阿勒泰市人民法院

刑事判决书

（1992）阿市法刑初字第 号

◎ 李自根徇私舞弊案的起诉书和刑事判决书

积极开展民事行政检察工作

1988 年 9 月，最高人民检察院成立民事行政检察厅。根据《民事诉讼法》和《行政诉讼法》的规定，检察机关本着“积极、认真、稳妥”的原则，大力培训干部，克服困难，初步开展了民事审判和行政诉讼的法律监督工作。

◎ 1990年9月10日至12日，最高人民检察院在河南郑州召开全国检察机关实施行政诉讼法工作会议。

首例抗诉的民事案件

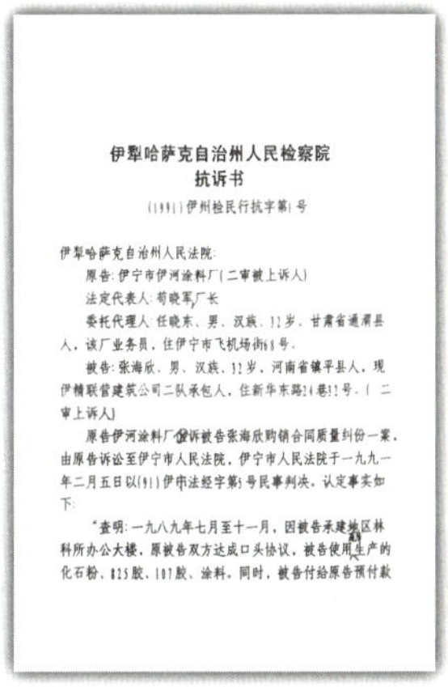

伊犁哈萨克自治州人民检察院
抗诉书

（1991）伊州检民行抗字第1号

伊犁哈萨克自治州人民法院：

原告：伊宁市伊河涂料厂（二审被上诉人）

法定代表人：苟晓军，厂长

委托代理人：任晓东，男，汉族，32岁，甘肃省通渭县人，该厂业务员，住伊宁市飞机场街68号。

被告：张海欣，男，汉族，32岁，河南省镇平县人，现伊精联营建筑公司二队承包人，住新华东路24巷11号。（二审上诉人）

原告伊河涂料厂诉被告张海欣购销合同质量纠份一案，由原告诉讼至伊宁市人民法院，伊宁市人民法院于一九九一年二月五日以(91)伊市法经字第5号民事判决，认定事实如下：

“查明：一九八九年七月至十一月，因被告承建地区林科所办公大楼，原被告双方达成口头协议，被告使用原告生产的化石粉、825胶、107胶、涂料，同时，被告付给原告预付款

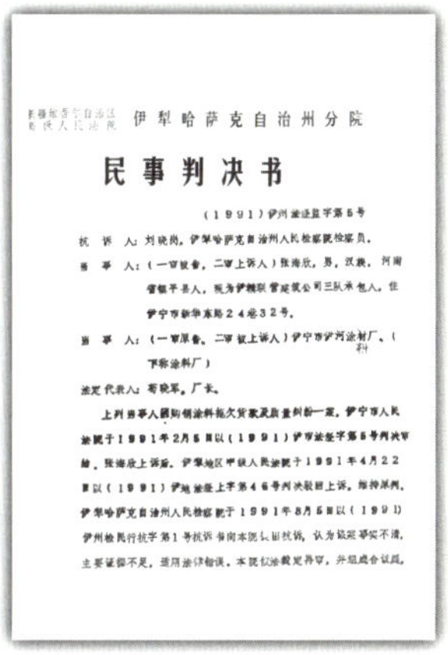

新疆维吾尔自治区高级人民法院 伊犁哈萨克自治州分院

民事判决书

（1991）伊州法经监字第5号

抗诉人：刘晓岗，伊犁哈萨克自治州人民检察院检察员。

当事人：（一审被告，二审上诉人）张海欣，男，汉族，河南省镇平县人，现为伊精联营建筑公司三队承包人，住伊宁市新华东路24巷32号。

当事人：（一审原告、二审被上诉人）伊宁市伊河涂料厂，（下称涂料厂）

法定代表人：苟晓军，厂长。

上列当事人因购销涂料拖欠货款及质量纠纷一案，伊宁市人民法院于1991年2月5日以（1991）伊市法经字第5号判决审结，张海欣上诉后，伊犁地区中级人民法院于1991年4月22日以（1991）伊地法经上字第46号判决驳回上诉，维持原判。伊犁哈萨克自治州人民检察院于1991年8月5日以（1991）伊州检民行抗字第1号抗诉书向本院提出抗诉，认为认定事实不清，主要证据不足，适用法律错误。本院依法裁定再审，并组成合议庭，

◎ 1991年8月5日，新疆伊犁哈萨克自治州人民检察院就伊犁地区伊精联营建筑三队申诉案向新疆维吾尔自治区高级人民法院伊犁哈萨克自治州分院提出抗诉。这是全国检察机关恢复重建以来提出抗诉的第一起民事案件。

首例抗诉的不服行政裁定的案件

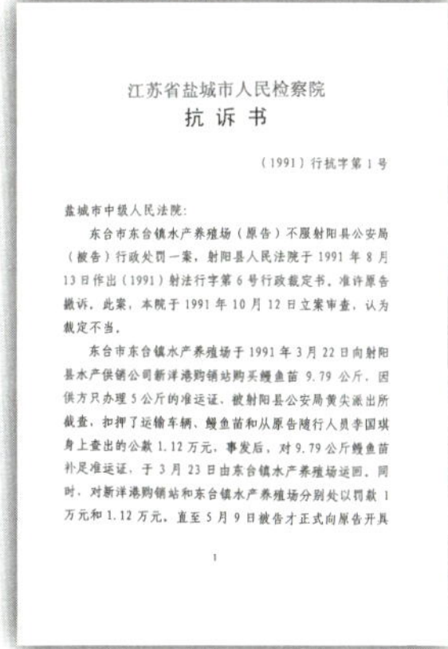

江苏省盐城市人民检察院
抗诉书

（1991）行抗字第1号

盐城市中级人民法院：

东台市东台镇水产养殖场（原告）不服射阳县公安局（被告）行政处罚一案，射阳县人民法院于1991年8月13日作出（1991）射法行字第6号行政裁定书，准许原告撤诉。此案，本院于1991年10月12日立案审查，认为裁定不当。

东台市东台镇水产养殖场于1991年3月22日向射阳县水产供销公司新洋港购销站购买鳗鱼苗9.79公斤，因供方只办理5公斤的准运证，被射阳县公安局黄尖派出所截查，扣押了运输车辆、鳗鱼苗和从原告随行人员李国琪身上查出的公款1.12万元，事发后，对9.79公斤鳗鱼苗补足准运证，于3月23日由东台镇水产养殖场运回，同时，对新洋港购销站和东台镇水产养殖场分别处以罚款1万元和1.12万元，直至5月9日被告才正式向原告开具

1

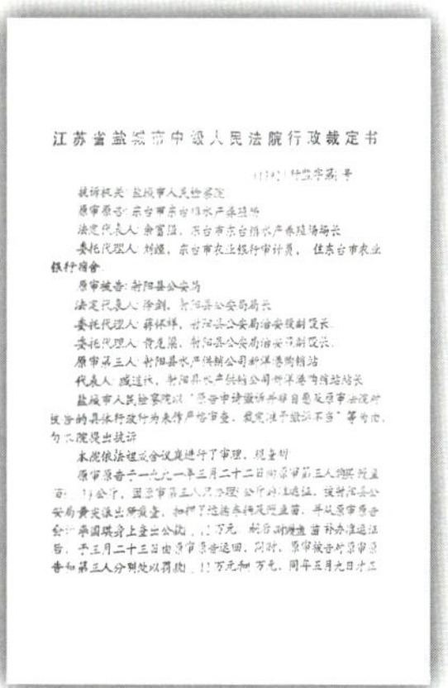

江苏省盐城市中级人民法院行政裁定书

[illegible]

抗诉机关：盐城市人民检察院

原审原告：东台市东台镇水产养殖场

法定代表人：余富[illegible]，东台市东台镇水产养殖场场长

委托代理人：刘[illegible]，东台市农业银行审计员，住东台市农业银行宿舍

原审被告：射阳县公安局

法定代表人：徐剑，射阳县公安局局长

委托代理人：蒋怀祥，射阳县公安局治安股副股长

委托代理人：[illegible]，射阳县公安局治安股副股长

原审第三人：射阳县水产供销公司新洋港购销站

代表人：臧进[illegible]，射阳县水产供销公司新洋港购销站站长

盐城市人民检察院以“原告申请撤诉并非自愿及原审法院对被告的具体行政行为未作严格审查，裁定准予撤诉不当”等为由，向本院提出抗诉

本院依法组成合议庭进行了审理，现查明

原审原告于一九九一年三月二十二日向原审第三人购买鳗鱼苗[illegible]公斤，因原审第三人只办理[illegible]公斤的准运证，被射阳县公安局黄尖派出所截查，扣押了运输车辆及鳗鱼苗，并从原审原告会计李国琪身上查出公款[illegible]万元，[illegible]鳗鱼苗补办准运证后，于三月二十三日由原审原告运回，同时，原审被告对原审原告和第三人分别处以罚款[illegible]万元和[illegible]万元，同年五月九日才正

◎ 1991年11月27日，江苏省盐城市人民检察院就东台市东台镇水产养殖场不服射阳县人民法院行政裁定申诉案，向盐城市中级人民法院提出抗诉。这是全国检察机关恢复重建以来首例提出抗诉的不服行政裁定的案件。

依法建院
从严治检

最高人民检察院确定了从严治检的方针，提出建设一支立场坚定、依法办案、秉公执法、掌握政策、实事求是、联系群众、精通业务的检察官队伍的奋斗目标，陆续增设了政治部、民事行政检察厅、技术局、干部教育局、计划财务装备局、机关事务管理局、监察局等内设结构，设立检察技术科学研究所、中国检察出版社、中国检察理论研究所、中国检察报社、中央检察官管理学院等直属事业单位。

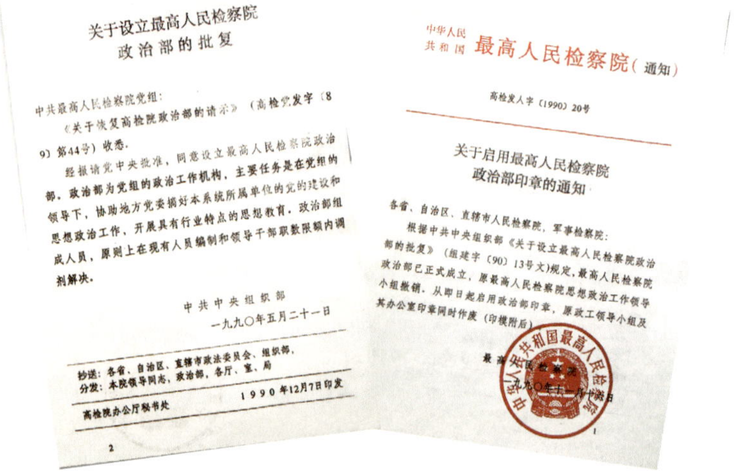

关于设立最高人民检察院
政治部的批复

中共最高人民检察院党组：

《关于恢复高检院政治部的请示》（高检党发字〔89〕第44号）收悉。

经报请党中央批准，同意设立最高人民检察院政治部。政治部为党组的政治工作机构，主要任务是在党组的领导下，协助地方党委搞好本系统所属单位的党的建设和思想政治工作，开展具有行业特点的思想教育。政治部组成人员，原则上在现有人员编制和领导干部职数限额内调剂解决。

中共中央组织部
一九九〇年五月二十一日

抄送：各省、自治区、直辖市政法委员会、组织部，
分发：本院领导同志，政治部，各厅、室、局

高检院办公厅秘书处　　1990年12月7日印发

2

中华人民共和国最高人民检察院（通知）

高检发人字〔1990〕20号

关于启用最高人民检察院
政治部印章的通知

各省、自治区、直辖市人民检察院，军事检察院：

根据中共中央组织部《关于设立最高人民检察院政治部的批复》（组建字〔90〕13号文）规定，最高人民检察院政治部已正式成立，原最高人民检察院思想政治工作领导小组撤销。从即日起启用政治部印章，原政工领导小组及其办公室印章同时作废（印模附后）。

最高人民检察院
一九九〇年十一月［illegible］日

1

◎ 1990年 5 月21日，中央组织部批复最高人民检察院设立政治部。

◎ 1990年8月21日至27日，全国检察机关第一次政治工作会议召开，会议明确了检察机关政治工作的方向、任务，提出了加强检察机关政治工作的具体措施。

◎ 1990年12月19日，最高人民检察院首批聘请18位民主党派成员和无党派人士担任最高人民检察院特约检察员。

◎ 1989年10月1日，参加全国劳动模范和全国先进工作者表彰大会的8名检察官劳模在天安门广场合影。

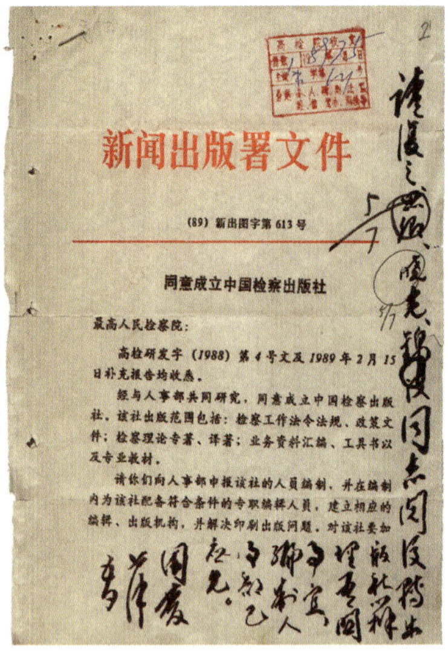

新闻出版署文件

(89) 新出图字第 613 号

同意成立中国检察出版社

最高人民检察院：

高检研发字（1988）第 4 号文及 1989 年 2 月 15 日补充报告均收悉。

经与人事部共同研究，同意成立中国检察出版社。该社出版范围包括：检察工作法令法规、政策文件；检察理论专著、译著；业务资料汇编、工具书以及专业教材。

请你们向人事部申报该社的人员编制，并在编制内为该社配备符合条件的专职编辑人员，建立相应的编辑、出版机构，并解决印刷出版问题。对该社要加

◎ 1989年6月29日，中国检察出版社成立。

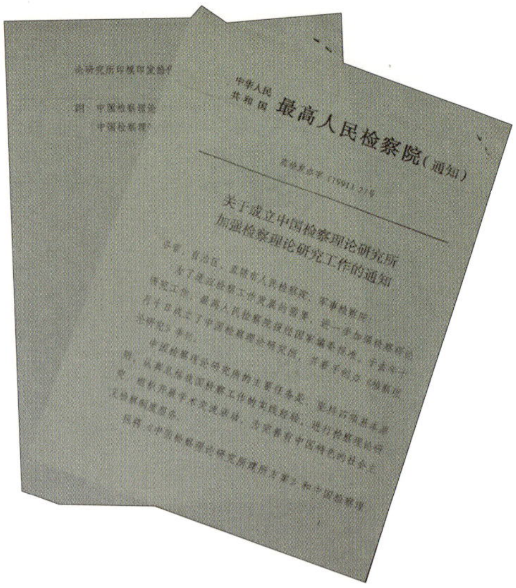

中华人民共和国最高人民检察院（通知）

关于成立中国检察理论研究所加强检察理论研究工作的通知

◎ 1990年10月10日，中国检察理论研究所成立。

◎ 1991年6月27日，中央检察官管理学院成立。

◎ 1991年7月4日，《中国检察报》创刊。

第八届全国人民代表大会期间的检察工作（1993—1998）

第八届全国人民代表大会期间，检察机关坚持“严格执法，狠抓办案，加强监督”的工作方针，不断深入开展反腐败斗争，集中力量查办大案要案，严厉打击严重危害社会治安的刑事犯罪，为维护社会稳定，推动廉政建设，促进依法治国，保障改革开放和社会主义现代化建设的顺利进行发挥了积极作用。

共和国第六任检察长　张思卿

张思卿，1932年生，河南洛阳人。1952年10月加入中国共产党。1952年至1969年，历任最高人民检察署中南分署科员、调查员，最高人民检察署东北工作团副组长、助审员，长江水上运输检察院检察员，湖北省人民检察院检察员、党组秘书、科长。1969年至1973年，在湖北省公安机关军管会审批组工作。1973年至1985年，历任湖北省高级人民法院办公室副主任、副院长、院长，湖北省公安厅厅长兼武警湖北总队第一政委，湖北省委常委兼省委政法委书记。1985年9月至1993年3月，任最高人民检察院副检察长（1988年后任党组副书记）。1993年3月至1998年3月，任最高人民检察院党组书记、检察长。中共第十三届中央候补委员，第十四、十五届中央委员，第九、十届全国政协副主席。

严格执法，狠抓办案。
集中精力查办大案要案。

◎ 刘复之和张思卿亲切握手

◎ 1994年夏，张思卿检察长与副检察长在办公室合影，左起：赵虹、陈明枢、张思卿、梁国庆、王文元、赵登举。

◎ 1996年7月8日至12日，第十次全国检察工作会议在北京召开，会议提出各级检察机关要坚持“严格执法，狠抓办案”的工作方针，认真履行法律监督职责，以集中力量查办大案要案、打击严重刑事犯罪活动、加强执法监督三项工作为重点，全面开展各项检察工作。

集中力量查办大案要案

1993年中央作出加大反腐败斗争力度的重大决策以后，各级检察机关在党中央和各级党委的领导下，与有关部门密切配合，充分发挥职能作用，坚持把查办发生在党政领导机关、行政执法机关、司法机关和经济管理部门的犯罪案件，特别是县处级以上领导干部犯罪要案作为重点，集中力量查办大案要案。

◎ 1993年4月8日至13日，全国检察机关法纪检察工作会议在上海召开，要求各级检察机关要把强化对渎职侵权犯罪的法律监督、严格执法作为新形势下加强法纪检察工作的核心内容和主攻方向。

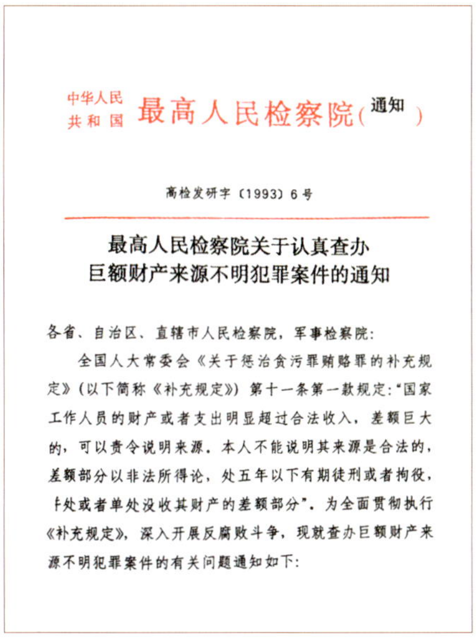

中华人民共和国 最高人民检察院（通知）

高检发研字〔1993〕6号

最高人民检察院关于认真查办巨额财产来源不明犯罪案件的通知

各省、自治区、直辖市人民检察院，军事检察院：

全国人大常委会《关于惩治贪污罪贿赂罪的补充规定》(以下简称《补充规定》)第十一条第一款规定："国家工作人员的财产或者支出明显超过合法收入，差额巨大的，可以责令说明来源。本人不能说明其来源是合法的，差额部分以非法所得论，处五年以下有期徒刑或者拘役，并处或者单处没收其财产的差额部分"。为全面贯彻执行《补充规定》，深入开展反腐败斗争，现就查办巨额财产来源不明犯罪案件的有关问题通知如下：

◎ 1993年10月，最高人民检察院发出《关于认真查办巨额财产来源不明犯罪案件的通知》。

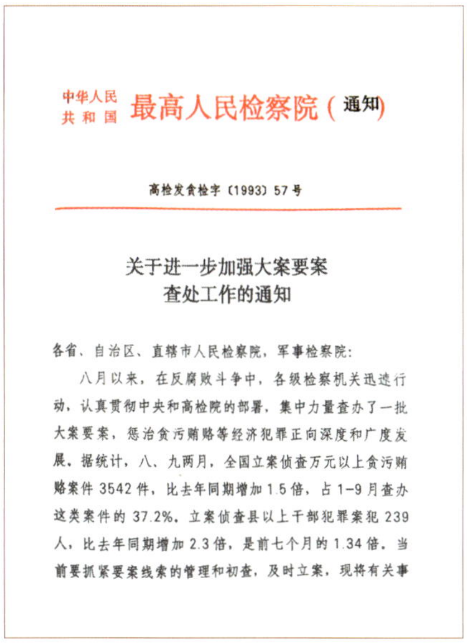

中华人民共和国 最高人民检察院（通知）

高检发贪检字〔1993〕57号

关于进一步加强大案要案查处工作的通知

各省、自治区、直辖市人民检察院，军事检察院：

八月以来，在反腐败斗争中，各级检察机关迅速行动，认真贯彻中央和高检院的部署，集中力量查办了一批大案要案，惩治贪污贿赂等经济犯罪正向深度和广度发展。据统计，八、九两月，全国立案侦查万元以上贪污贿赂案件3542件，比去年同期增加1.5倍，占1-9月查办这类案件的37.2%，立案侦查县以上干部犯罪案犯239人，比去年同期增加2.3倍，是前七个月的1.34倍。当前要抓紧要案线索的管理和初查，及时立案，现将有关事

◎ 1993年11月，最高人民检察院发出《关于进一步加强大案要案查处工作的通知》。

◎ 最高人民检察院检察长张思卿（右）、副检察长梁国庆（左）出席最高人民检察院反贪污贿赂总局揭牌仪式。

◎ 1995年11月10日，最高人民检察院反贪污贿赂总局成立。

胡建学受贿案

胡建学，山东省泰安市原市委书记。1990 年 1 月至 1995 年 1 月，胡建学先后利用任山东省计划委员会副主任、泰安市市长、市委书记等职务之便，为他人或单位谋取职位升迁、工作变动、股票发行等利益，分别收受他人或单位贿赂的财物 99 次，总价值人民币 61.6 万元。法院一审判处胡建学死刑。1996 年 6 月 20 日，山东省高级人民法院改判胡建学死刑，缓期二年执行，剥夺政治权利终身。

王树文徇私舞弊、受贿案

王树文，山东省日照市原市委书记。因包庇其妻徐峰丽（犯走私罪），并多次收受他人贿赂人民币 3 万元、美元 3000 元。1996 年 9 月 20 日，日照市中级人民法院判处王树文有期徒刑 9 年。

严厉打击严重刑事犯罪
努力维护社会稳定

1996 年 4 月，按照中央部署，全国开展了历时三年的“严打”集中统一行动。“严打”对象是严重暴力犯罪、抢劫犯罪，特别是涉及枪支的犯罪和涉及黑社会组织的团伙犯罪。各级检察机关与国家安全部门、公安、法院密切配合，突出打击重点，狠抓、快办、严惩，及时批捕、起诉了一大批严重刑事犯罪分子，有力打击了犯罪分子的嚣张气焰。

◎ 各级检察机关按照最高人民检察院的部署，积极投入“严打”整治斗争，取得了显著效果。

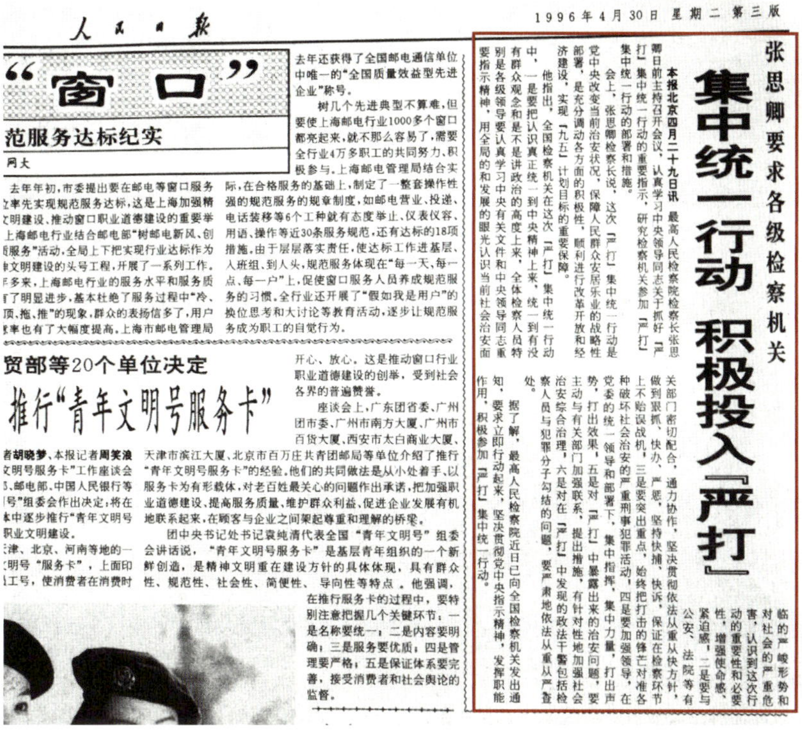

人民日报

1996年4月30日 星期二 第三版

张思卿要求各级检察机关

集中统一行动 积极投入『严打』

本报北京四月二十九日讯 最高人民检察院检察长张思卿日前主持召开会议，认真学习中央领导同志关于抓好「严打」集中统一行动的重要指示，研究检察机关参加「严打」集中统一行动的部署和措施。

会上，张思卿检察长说，这次「严打」集中统一行动是党中央改变当前治安状况，保障人民群众安居乐业的战略性部署，是充分调动各方面的积极性，顺利进行改革开放和经济建设，实现「九五」计划目标的重要保障。

他指出，全国检察机关在这次「严打」集中统一行动中，一是要把认识真正统一到中央精神上来，统一到有没有群众观念和是不是讲政治的高度上来，全体检察人员特别是各级领导要认真学习中央有关文件和中央领导同志重要指示精神，用全局的和发展的眼光认识当前社会治安面临的严峻形势和对社会的严重危害，认识到这次行动的重要性和必要性，增强使命感、紧迫感，二是要与公安、法院等有关部门密切配合，通力协作，坚决贯彻依法从重从快方针，做到狠抓、快办、严惩，坚持快捕、快诉，保证在检察环节上不贻误战机；三是要突出重点，始终把打击的锋芒对准各种破坏社会治安的严重刑事犯罪活动；四是要加强领导，在党委的统一领导和部署下，集中指挥，集中力量，打出声势，打出效果；五是对「严打」中暴露出来的治安问题，要主动与有关部门加强联系，提出措施，有针对性地加强社会治安综合治理；六是对在「严打」中发现的政法干警包括检察人员与犯罪分子勾结的问题，要严肃地依法从重从严查处。

据了解，最高人民检察院近日已向全国检察机关发出通知，要求立即行动起来，坚决贯彻党中央指示精神，发挥职能作用，积极参加「严打」集中统一行动。

“窗口”……范服务达标纪实

……贸部等20个单位决定 推行“青年文明号服务卡”

◎ 张思卿检察长要求各级检察机关集中统一行动，积极投入“严打”。

张子强等36人非法买卖爆炸物、走私武器弹药、绑架、故意杀人、抢劫、非法买卖枪支弹药、非法私藏枪支弹药、窝赃案

1991年至1997年，被告人张子强等36人非法购买炸药818.483公斤、雷管1997支，购买AK47自动步枪4支，微型冲锋枪1支，手枪7支，炸药9包，手榴弹6枚，防弹衣4件及子弹一批；绑架香港人李某某、郭某某，勒索16.38亿港元；抢劫余某某轻型货车一辆，香港大埔道63—67号、75号“谢瑞麟”、“周生生”两间金铺价值1682138.99港元，天津市物资综合贸易部价值721214元人民币的钢材，并致被害人死亡。1998年10月30日，广州市中级人民法院依法判处张子强等5名被告人死刑，其他31名被告人死刑缓期二年执行、无期徒刑和有期徒刑。

加强执法监督
维护司法公正和法制统一

各级人民检察院把加强执法监督作为社会主义市场经济条件下民主法制建设的一项重要任务，针对执法活动中存在的有法不依、执法不严、违法不究的突出问题，大力加强执法监督工作，注意发现和查办执法人员利用职权实施的犯罪案件，通过办案促进严格执法，维护司法公正。

新疆克拉玛依市“12·8”特大火灾案

1994 年 12 月 8 日 18 时，克拉玛依市友谊宾馆发生特大火灾，致使 323 人死亡，132 人受伤。1995 年 8 月，阿不来提·卡德尔（新疆石油管理局总工会文化艺术中心友谊宾馆原副主任）因犯重大责任事故罪被判处有期徒刑 7 年，赵兰秀（克拉玛依市原副市长）因犯玩忽职守罪被判处有期徒刑 4 年 6 个月，其他被告人也被依法追究了刑事责任。

河南周口假药案

1988 年至 1992 年，周口地区第一兽药厂厂长王志强伙同他人组织生产了大批量假劣兽药和人用药。1993 年 10 月 11 日，周口地区中级人民法院以生产、销售伪劣产品罪等六个罪名判处王志强无期徒刑，剥夺政治权利终身。对收受贿赂，支持、包庇制售假药活动的 6 名党政领导干部和行政执法人员追究了刑事责任。其中，沈丘县原县委书记刘炜东、原副县长崔东华分别被判处有期徒刑 8 年和 9 年。

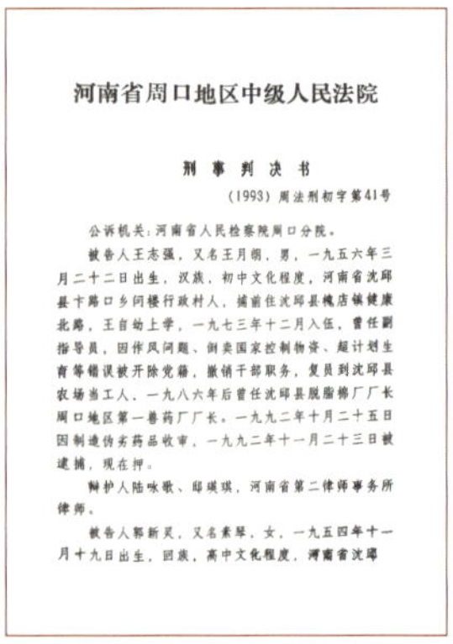

河南省周口地区中级人民法院

刑事判决书

（1993）周法刑初字第41号

公诉机关：河南省人民检察院周口分院。

被告人王志强，又名王月明，男，一九五六年三月二十二日出生，汉族，初中文化程度，河南省沈邱县卞路口乡闫楼行政村人，捕前住沈邱县槐店镇健康北路，王自幼上学，一九七三年十二月入伍，曾任副指导员，因作风问题、倒卖国家控制物资、超计划生育等错误被开除党籍，撤销干部职务，复员到沈邱县农场当工人，一九八六年后曾任沈邱县脱脂棉厂厂长周口地区第一兽药厂厂长。一九九二年十月二十五日因制造伪劣药品收审，一九九二年十一月二十三日被逮捕，现在押。

辩护人陆咏歌、邱琪琪，河南省第二律师事务所律师。

被告人郭新灵，又名素琴，女，一九五四年十一月十九日出生，回族，高中文化程度，河南省沈邱

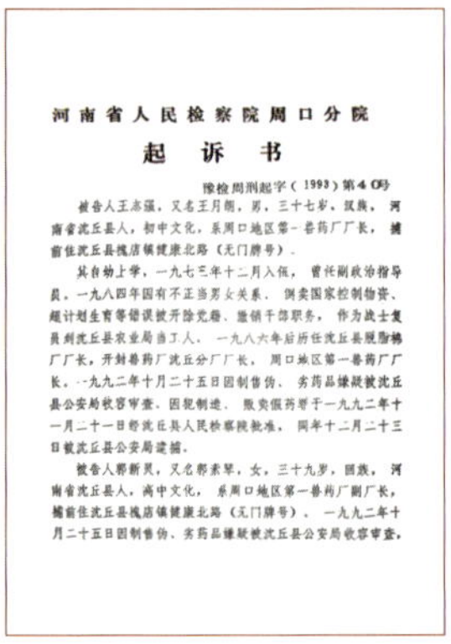

河南省人民检察院周口分院

起诉书

豫检周刑起字（1993）第40号

被告人王志强，又名王月朗，男，三十七岁，汉族，河南省沈丘县人，初中文化，系周口地区第一兽药厂厂长，捕前住沈丘县槐店镇健康北路（无门牌号）。

其自幼上学，一九七三年十二月入伍，曾任副政治指导员，一九八四年因有不正当男女关系、倒卖国家控制物资、超计划生育等错误被开除党籍、撤销干部职务，作为战士复员到沈丘县农业局当工人。一九八六年后历任沈丘县脱脂棉厂厂长，开封兽药厂沈丘分厂厂长，周口地区第一兽药厂厂长。一九九二年十月二十五日因制售伪、劣药品嫌疑被沈丘县公安局收容审查，因犯制造、贩卖假药罪于一九九二年十一月二十一日经沈丘县人民检察院批准，同年十二月二十三日被沈丘县公安局逮捕。

被告人郭新灵，又名郭素琴，女，三十九岁，回族，河南省沈丘县人，高中文化，系周口地区第一兽药厂副厂长，捕前住沈丘县槐店镇健康北路（无门牌号），一九九二年十月二十五日因制售伪、劣药品嫌疑被沈丘县公安局收容审查，

认真贯彻实施修改后的刑法、刑事诉讼法

刑法、刑事诉讼法的修改，是我国刑事法律制度的重大改革和完善，给检察工作带来全面深刻的影响。各级检察机关以全面实施"两法"为契机，积极推进检察法制建设。最高人民检察院及时制定相关司法解释，修改完善有关工作制度，加强与有关部门的协调配合，使新旧法律的执行紧密衔接、依法有序过渡。

◎ 1996年3月21日，最高人民检察院在北京召开全国检察机关学习贯彻《关于修改〈中华人民共和国刑事诉讼法〉的决定》电视电话会议。

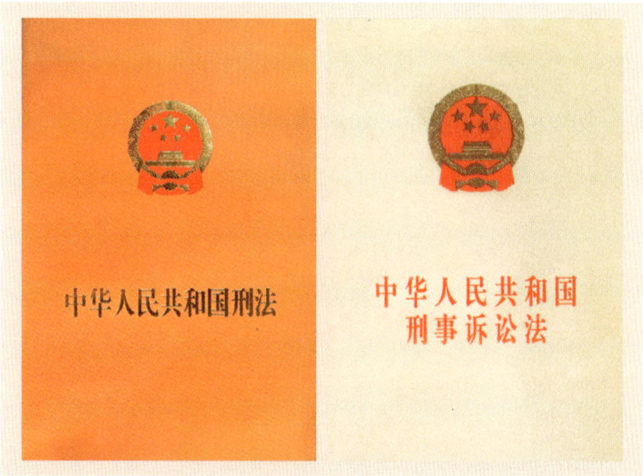

◎ 修订后的"两法"

◎ 1997年3月27日，最高人民检察院在北京召开全国检察机关实施刑法准备工作电视电话会议，要求各级检察机关抓紧做好实施刑法各项准备工作。

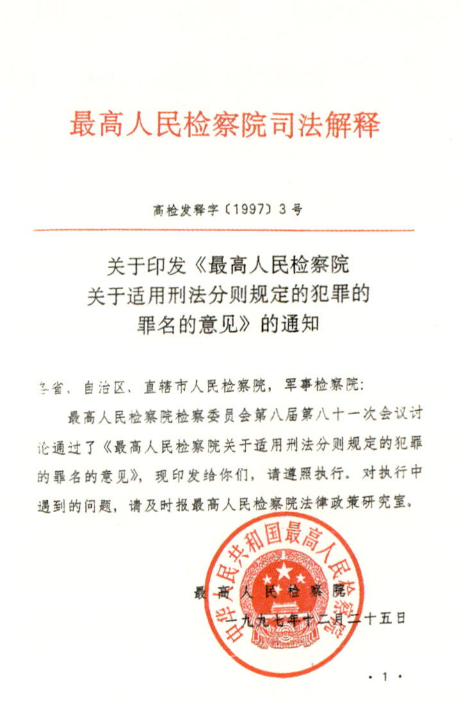

最高人民检察院司法解释

高检发释字〔1997〕3号

关于印发《最高人民检察院
关于适用刑法分则规定的犯罪的
罪名的意见》的通知

各省、自治区、直辖市人民检察院，军事检察院：

最高人民检察院检察委员会第八届第八十一次会议讨论通过了《最高人民检察院关于适用刑法分则规定的犯罪的罪名的意见》，现印发给你们，请遵照执行。对执行中遇到的问题，请及时报最高人民检察院法律政策研究室。

最高人民检察院
一九九七年十二月二十五日

·1·

◎ 1997年12月，最高人民检察院下发《关于适用刑法分则规定的犯罪的罪名的意见》的通知。

严格执行检察官法
加强队伍建设

各级检察机关始终把队伍建设作为关系检察工作全局的大事来抓，一手抓业务，一手抓队伍，坚持依法建院，从严治检，严格执行检察官法，以讲学习、讲政治、讲正气为主题，全面加强自身建设，检察队伍的整体素质和执法水平不断提高。

◎ 1994年3月26日，全国检察机关第二次纪检监察工作会议在北京召开，就检察机关贯彻落实中央纪委八次全会精神作了具体部署。

◎ 1996年10月28日至11月1日，全国检察机关第三次政治工作会议在浙江省萧山市召开。会议研究部署了加强检察机关社会主义精神文明建设、全面提高队伍素质的任务和措施。

《中华人民共和国检察官法》的颁布实施

◎ 1995年3月2日，最高人民检察院在北京召开学习贯彻《检察官法》电话会议。

◎ 1995年2月28日，第八届全国人民代表大会常务委员会第十二次会议通过《中华人民共和国检察官法》，7月1日实施，标志着检察官管理走上法制轨道。

首届“中国十大杰出检察官”

1993年，为了弘扬人民检察官清正廉明、秉公执法的事迹，由中国检察报发起，人民日报、新华社、光明日报、法制日报、中央电视台等首都13家中央级新闻单位和中宣部新闻局联合在全国开展了首届“中国十大杰出检察官”评选活动。

◎ 首届“中国十大杰出检察官”及提名奖获得者在人民大会堂前合影。

◎ 1993年6月9日，中国高级检察官教育基金会成立。

◎ 1994年11月17日，中国女检察官协会成立。

◎ 1996年7月12日，中国检察官协会成立大会在北京召开。

第九届全国人民代表大会期间的检察工作（1998—2003）

第九届全国人民代表大会期间，全国检察机关以邓小平理论和“三个代表”重要思想为指导，坚持“公正执法，加强监督，依法办案，从严治检，服务大局”的检察工作方针，认真履行宪法和法律赋予的职责，检察工作整体推进，全面发展，为改革开放和社会主义现代化建设作出了积极贡献。

共和国第七任检察长　韩杼滨

韩杼滨，1932年生，黑龙江哈尔滨人。1950年4月加入中国共产党。1946年至1990年，历任哈尔滨铁路局站务员、运转车长、军运股负责人，柳州铁路局团委书记、局政治部办公室主任、政治部副主任、局长，上海铁路局局长、党委书记。1990年至1992年，任铁道部党组副书记兼政治部主任、纪委书记。1992年9月至1998年3月，任铁道部部长。1998年3月至2003年3月，任最高人民检察院党组书记、检察长，首席大检察官。中共第十四、十五届中央委员，中共第十五届中央纪律检查委员会副书记。

公正执法，加强监督，依法办案，从严治检，服务大局。

◎ 张思卿和韩杼滨亲切握手

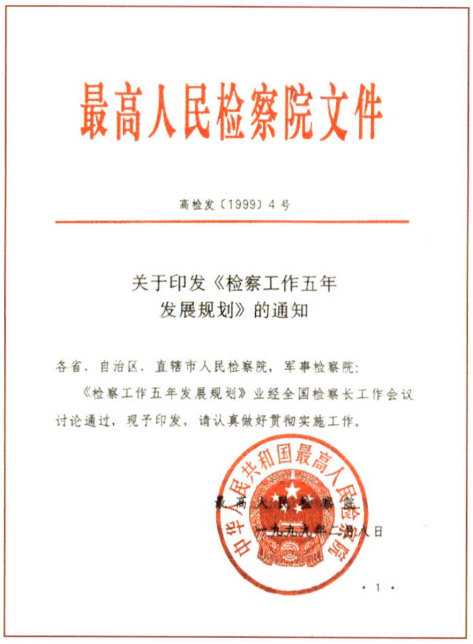

最高人民检察院文件

高检发〔1999〕4号

关于印发《检察工作五年发展规划》的通知

各省、自治区、直辖市人民检察院，军事检察院：

《检察工作五年发展规划》业经全国检察长工作会议讨论通过，现予印发，请认真做好贯彻实施工作。

最高人民检察院

一九九九年二月八日

· 1 ·

◎ 1999年2月，最高人民检察院制定了《检察工作五年发展规划》。

◎ 1998年4月，韩杼滨检察长（左二），梁国庆（左七）、胡克惠（左六）、赵虹（左三）、赵登举（左四）、张穹（左一）副检察长，纪检组长王克（左五）在一起。

◎ 1999年1月12日，全国检察长工作会议在北京召开。中共中央政治局常委、中央纪委书记尉健行，中共中央政治局委员、中央政法委书记罗干到会接见与会代表并作重要讲话。会议确定了“公正执法，加强监督，依法办案，从严治检，服务大局”的检察工作方针。

◎ 2000年8月16日至18日，最高人民检察院西藏检察工作座谈会在拉萨召开。

◎ 2003年1月4日至6日，第十一次全国检察工作会议在北京召开。会议总结五年来的检察工作及其基本经验，确定新世纪初期检察工作的主要任务。

开展集中教育整顿
狠抓队伍建设和基层院建设

1998 年，针对队伍建设中存在的突出问题，最高人民检察院在全国检察机关组织开展了为期近一年的集中教育整顿，制定了《九条硬性规定》等有关制度，严肃查处了一批检察人员违法违纪案件，各级检察机关领导班子建设和队伍建设得到加强。大力加强基层检察院建设，基层检察院执法水平有了新的提高，整体面貌发生了积极变化。

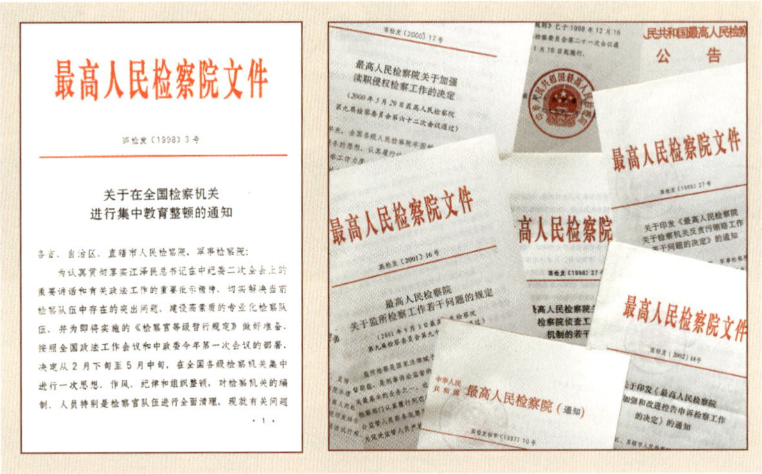

◎ 最高人民检察院制定各项工作规范，巩固教育整顿成果。

◎ 1998年5月，最高人民检察院召开全国检察机关深入开展教育整顿工作会议，在全国检察机关开展集中教育整顿。

◎ 1998年10月21日至23日，全国检察机关加强基层检察院建设座谈会在河南郑州召开。会议明确了基层检察院建设的总体要求、指导原则、目标任务和主要措施。

◎ 2000年2月23日，在北京人民大会堂召开全国检察机关争创“五好”“两满意”先进表彰大会。图为全国检察机关争创“五好”“两满意”先进代表在中华世纪坛宣誓。

首次大检察官证书的颁发

◎ 2002年3月21日，首次大检察官证书颁发仪式在北京举行，韩杼滨检察长向大检察官颁发证书。

方工同志先进事迹报告会

2002年10月23日，中共中央宣传部、最高人民检察院、中共北京市委联合在人民大会堂举行方工同志先进事迹报告会。中共中央政治局常委、中央纪委书记尉健行，中共中央政治局委员、中央政法委书记罗干在人民大会堂接见了方工同志和方工先进事迹报告团全体成员。

◎ 报告会现场

◎ 尉健行、罗干以及最高人民检察院领导与报告团成员合影。

积极投入严打整治斗争维护社会稳定

2001年4月2日至3日，全国社会治安工作会议在北京举行。会议确定，要在全国范围内开展一场“严打”整治斗争，坚决打掉犯罪分子的嚣张气焰，尽快改变社会治安面貌。检察机关与公安机关、人民法院等部门通力协作，开展打黑除恶、治爆缉枪等专项斗争，依法严厉打击严重刑事犯罪，集中整治治安混乱地区和突出的治安问题，认真落实综合治理措施，为严打整治斗争取得阶段性成果作出了积极贡献。

人民日报

RENMIN RIBAO

今日12版(华东、华南地区16版)

人民网网址：http://www.people.com.cn http://www.peopledaily.com.cn

CN11-0065 (代号1-1)

人民日报社出版

2001年4月 4

就美侦察机撞毁我……

江泽民主席……

最近在中国海南岛沿海空域发生的中……全在美方，我们有充分的证据。是美国的……的动作，撞毁我飞机，致使我飞行员下落不……人是最可宝贵的。我对这名飞行员的……示要不惜一切代价，全力进行搜救

美国应停止在中国沿海空域的侦察飞……再次发生，才有利于中美关系的发展

全国社会治安工作会议在京举行

江泽民朱镕基发表重要讲话

李鹏李瑞环胡锦涛尉健行李岚清出席

江泽民从实践“三个代表”的要求、维护改革发展稳定的大局、确保国家长治久安、巩固和加强党的执政地位的高度，强调搞好社会治安的重要性和紧迫性，对开展“严打”整治斗争提出明确要求

江泽民指出，坚持社会主义道路的实质，就是全党同志要坚定不移地走建设有中国特色社会主义的道路，充满信心地为这个伟大事业而不懈奋斗；坚持人民民主专政的实质，就是要不断发展社会主义民主，切实保护人民的利益，维护国家的主权、安全、统一与稳定；坚持共产党领导的实质，就是要坚持党在建设有中国特色社会主义事业中的领导核心地位，发挥党总揽全局、协调各方的作用；坚持马列主义、毛泽东思想、邓小平理论的实质，就是要坚持马克思主义的指导地位，并在实践中不断丰富和发展马克思主义

会议要求，全党和全国上下要共同努力，下大气力解决当前社会治安中的突出问题，坚决实现两年内社会治安明显进步的目标，切实保证广大人民群众安居乐业，切实维护和促进改革发展稳定的大局，为社会主义改革开放和现代化建设提供有力的保证

◎《人民日报》关于全国社会治安工作会议的报道

广西北海“西头帮”案

以李昌裕、李昌海为首的广西北海“西头帮”在长达7年的时间内为非作歹、称霸一方，共作案26起，杀死8人，伤及多人，涉嫌组织、领导、参加黑社会性质组织，故意杀人，故意伤害，抢劫，敲诈勒索，寻衅滋事，赌博，强迫交易，贩卖毒品，窝藏10项犯罪。2001年10月19日，“西头帮”犯罪团伙主犯李昌裕、李昌海等6名被告人被判处死刑。

积极查办和预防职务犯罪

检察机关坚决贯彻党中央关于反腐败斗争的部署，认真履行对职务犯罪案件的侦查职责，不断加大办案力度。贯彻党中央关于标本兼治、综合治理的方针，把预防职务犯罪工作摆在重要位置。最高人民检察院增设了职务犯罪预防厅，多数地方检察院设立了预防机构。

◎ 2000年4月30日，最高人民检察院与公安部、国土资源部、海关总署、国家税务总局、国家环保总局等国务院十部委召开查办渎职侵权犯罪案件工作第一次联席会议，建立检察机关与海关、税务、工商、检疫等部门查办渎职侵权案件协作配合和案件线索移送制度。

◎ 2002年5月28日至31日，最高人民检察院在北京召开全国检察机关职务犯罪侦查工作会议，研究部署新形势下检察机关职务犯罪侦查工作，进一步深化侦查改革，加大侦查工作规范化建设。

最高人民检察院职务犯罪预防厅成立

◎ 2000年11月15日至17日，最高人民检察院在北京召开全国检察机关预防职务犯罪工作会议。同年8月，最高人民检察院成立了职务犯罪预防厅。

◎ 2001年6月21日,最高人民检察院召开预防职务犯罪座谈会暨公益宣传新闻发布会。

成克杰受贿案

成克杰，第九届全国人大常委会原副委员长，曾任广西壮族自治区人民政府主席。1993 年至 1997 年，利用其担任自治区政府主席的职权，单独或者伙同其情妇李平收受款物总计人民币 41090373 元。本案由最高人民检察院立案侦查，交由北京市人民检察院第一分院提起公诉。2000 年 7 月 31 日，经开庭审理，一审判决成克杰死刑，剥夺政治权利终身，并处没收个人全部财产；二审维持原判，同年 9 月 14 日执行死刑。

湛江特大走私受贿案

1998 年 9 月，湛江特大走私案案发，这是截至当时检察机关、公安机关查处的走私数额最大，涉案党政机关、执法部门人员最多的严重经济犯罪案件。其中，湛江海关原关长曹秀康因受贿罪被判处死刑，剥夺政治权利终身，并处没收个人全部财产；湛江市原市委书记陈同庆因受贿罪被判处死刑，缓期二年执行，剥夺政治权利终身。

綦江虹桥垮塌案

1999 年 1 月 4 日 18 时 50 分，重庆市綦江县城区一座步行桥（彩虹桥）突然整体垮塌，造成 40 人死亡、14 人受伤的重大安全事故。涉案的中共綦江县原县委书记张开科、原县委副书记林世元因受贿罪、玩忽职守罪分别被判处无期徒刑和死刑缓期二年执行，县城乡建设委员会原主任张基碧等被判处 2 至 6 年不等的有期徒刑。

各地检察机关积极开展形式多样的职务犯罪预防活动

强化诉讼监督
维护司法公正和法制尊严

各级检察机关认真履行对刑事诉讼、民事审判和行政诉讼的法律监督职责，着力解决人民群众反映强烈的有罪不究、裁判不公、超期羁押等突出问题。改进和加强控告申诉检察工作，最高人民检察院将刑事申诉检察厅和控告检察厅分设，坚持每年直接办理一批申诉案件，普遍实行检察长接待日制度。

◎ 检察机关普遍实行检察长接待日制度，直接了解和督促解决群众反映的问题。图为2000年1月3日，韩杼滨检察长接待来访群众。

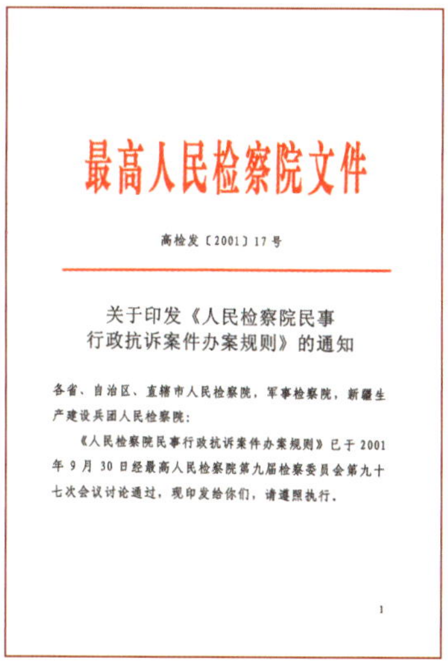

最高人民检察院文件

高检发〔2001〕17号

关于印发《人民检察院民事行政抗诉案件办案规则》的通知

各省、自治区、直辖市人民检察院，军事检察院，新疆生产建设兵团人民检察院：

《人民检察院民事行政抗诉案件办案规则》已于2001年9月30日经最高人民检察院第九届检察委员会第九十七次会议讨论通过，现印发给你们，请遵照执行。

1

◎ 2001年9月30日，最高人民检察院制定《人民检察院民事行政抗诉案件办案规则》。

深化检察改革
为检察工作注入生机与活力

最高人民检察院通过推行检务公开，改革检察业务工作机制，推行机构和干部管理制度改革，完善行使检察权的监督机制等多项改革举措，努力为检察工作注入生机与活力。

实行检务公开

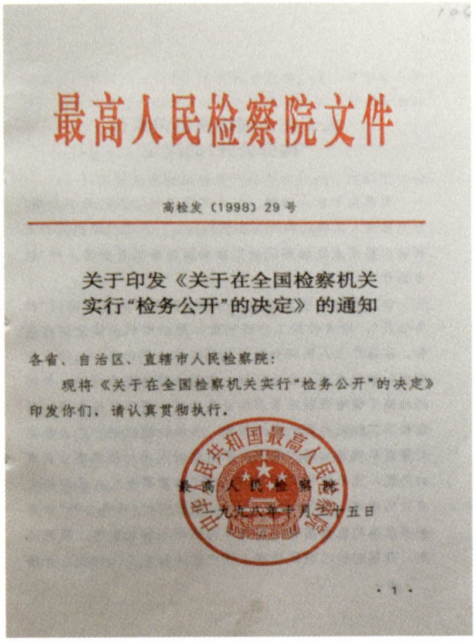

最高人民检察院文件

高检发〔1998〕29号

关于印发《关于在全国检察机关实行"检务公开"的决定》的通知

各省、自治区、直辖市人民检察院：

现将《关于在全国检察机关实行"检务公开"的决定》印发你们，请认真贯彻执行。

最高人民检察院

·1·

◎ 1998年10月25日，最高人民检察院发布《关于在全国检察机关实行"检务公开"的决定》。各级检察机关将检察工作依法能够公开的全部向社会公开。实行检务公开，把检察工作置于人民群众的监督之下，增强了执法透明度，促进了公正执法。

◎ 1999年4月16日，最高人民检察院召开全国检察机关深化改革座谈会。

◎ 1999年6月25日，最高人民检察院专家咨询委员会成立大会暨第一次会议在北京举行，中共中央政治局委员、中央政法委书记罗干出席会议并讲话。

第十届全国人民代表大会期间的检察工作（2003—2008）

第十届全国人民代表大会期间，全国检察机关确立了“强化法律监督，维护公平正义”的检察工作主题，提出了“加大工作力度，提高执法水平和办案质量”的检察工作总体要求，严厉打击严重刑事犯罪，认真贯彻宽严相济的刑事政策，依法查办和积极预防职务犯罪，强化对诉讼活动的法律监督，积极推进人民监督员制度试点等检察改革，各项检察工作取得新进展，为落实依法治国基本方略、全面建设小康社会作出了积极贡献。

共和国第八任检察长　贾春旺

贾春旺，1938年5月生，北京市人。1962年9月加入中国共产党。1964年清华大学工程物理系实验核物理专业毕业。1964年至1982年，历任清华大学教师、学生工作部部长、校团委书记、校党委常委。1982年至1985年，历任北京市委常委兼团市委书记、北京市海淀区委书记、北京市委副书记兼纪委书记。1985年9月至1998年3月，任国家安全部部长。1998年3月至2002年12月，任公安部部长。2002年12月，任最高人民检察院党组书记、副检察长，一级大检察官。2003年3月至2008年3月，任最高人民检察院党组书记、检察长，首席大检察官。中共第十二、十三、十四、十五、十六届中央委员。

强化法律监督，维护公平正义。

加大工作力度，提高执法水平和办案质量。

新形势下，人民法院、人民检察院在促进经济建设和社会发展，保障社会公平和正义，构建社会主义和谐社会中的作用越来越重要。……人民法院、人民检察院要积极主动地适应新形势对司法工作的新要求，在党的领导和人大监督下，坚持“公正与效率”的法院工作主题和“强化法律监督，维护公平正义”的检察工作主题，切实提高维护国家安全和社会稳定的能力，保障社会公平和正义的能力，运用司法手段化解社会矛盾的能力，服务经济建设、促进改革发展的能力，保障全面建设小康社会目标的顺利实现。

——2006年5月3日中共中央《关于进一步加强人民法院、人民检察院工作的决定》

◎ 2006年6月29日至30日，第十二次全国检察工作会议在北京召开。

依法打击刑事犯罪
维护社会和谐稳定

检察机关把维护社会稳定作为重要任务，积极参加社会治安综合治理和平安建设，认真贯彻宽严相济的刑事政策，依法履行批捕、起诉职责。2003 年至 2007 年，共批准逮捕各类刑事犯罪嫌疑人 4232616 人，提起公诉 4692655 人。

◎ 2006年3月1日，最高人民检察院召开会议传达全国打黑除恶专项斗争电视电话会议精神。贾春旺检察长强调，各级检察机关要坚定不移地贯彻“严打”方针和坚持“两个基本”的原则，加大对黑恶势力的打击力度。

◎ 2004年4月29日，最高人民检察院检察官接受新华网记者采访，介绍检察机关办理“阜阳伪劣奶粉案”等恶性制假售假案件情况。

◎ 2004年4月29日，最高人民检察院召开新闻发布会，通报检察机关将依法开展专项立案监督，切实加大惩治制假售假和侵犯知识产权违法犯罪的力度。

◎ 2004年10月21日，第四届全国优秀“青少年维权岗”表彰大会在人民大会堂隆重举行。获奖单位江苏省南京市秦淮区人民检察院代表在会上介绍了经验。

刘涌组织、领导黑社会性质组织案

刘涌，原系沈阳嘉阳企业集团有限责任公司董事长，纠集宋健飞等社会不法分子，逐步形成以其为首、以其建立的企业为依托的黑社会性质组织，疯狂采取暴力等非法手段聚敛钱财。在 4 年半时间里，共计作案 47 起，致死致伤 42 人，其中 1 人死亡、16 人重伤，迅速聚敛资产 7 亿余元。2003 年 10 月 8 日，最高人民法院依照审判监督程序提审本案。12 月 20 日，最高人民法院撤销二审判决中对故意伤害罪的量刑及决定执行的刑罚部分；以故意伤害罪，判处刘涌死刑，剥夺政治权利终身；维持原二审对刘涌所涉其他罪名的判决，数罪并罚，决定执行死刑，剥夺政治权利终身。

◎ 最高人民检察院派员出庭支持公诉。

查办和预防职务犯罪
促进反腐败斗争

检察机关坚决贯彻党中央关于反腐败斗争的总体部署，在注重“务必搞准”、不断提高办案质量的前提下加大办案力度，履行查办贪污贿赂、渎职侵权等职务犯罪的职责，积极预防职务犯罪，推进反腐败斗争深入开展。

◎ 2003年10月21日至22日，全国检察机关查办职务犯罪案件工作会议召开。

◎ 2005年1月，全国检察机关第二次预防职务犯罪工作会议召开。

◎ 2006年7月28日，最高人民检察院举行全国检察机关反渎职侵权专项工作暨实施立案标准电视电话会议。

马德受贿案

黑龙江省绥化市原市委书记马德在1992年11月至2002年2月的10年间，利用职务便利，多次单独或伙同其妻非法收受、索取17人的贿赂款，合计人民币603万余元。2005年7月28日，经检察机关起诉，北京市第二中级人民法院一审宣判，马德犯受贿罪被判处死刑，缓期二年执行，剥夺政治权利终身，并处没收个人全部财产。

万瑞忠等滥用职权、受贿案

2001年7月17日，广西壮族自治区南丹县龙泉矿冶总厂下属的拉甲坡发生特大透水事故，造成井下81名矿工死亡。当时万瑞忠、唐毓盛、莫壮龙、韦学光分别是南丹县县委书记、县长、县委副书记、副县长，他们隐瞒事故不报，延误了事故的处理，造成重大损失。2002年4月30日，南宁市人民检察院以万瑞忠涉嫌滥用职权罪和受贿罪、唐毓盛涉嫌滥用职权罪和受贿罪及挪用公款罪、莫壮龙涉嫌滥用职权罪和受贿罪、韦学光涉嫌滥用职权罪和受贿罪向南宁市中级人民法院提起公诉，最终万瑞忠被判处死刑。

牵头发起成立国际反贪局联合会

经党中央批准，由中国最高人民检察院牵头发起成立国际反贪局联合会。2006 年 10 月 22 日至 26 日，国际反贪局联合会第一次年会暨会员代表大会在北京召开，中共中央总书记、国家主席胡锦涛出席大会开幕式并致词，贾春旺检察长当选为第一届国际反贪局联合会主席。作为第一个由我国发起成立的国际司法合作组织，国际反贪局联合会促进了反腐败的国际合作。

强化诉讼监督
维护司法公正

检察机关全面履行对刑事立案、侦查、审判和刑罚执行活动的法律监督职责，积极开展民事审判和行政诉讼法律监督，有针对性地开展集中清理纠正超期羁押、涉检上访专项检查立案监督等专项法律监督，努力维护司法公正。

超期羁押专项清理

◎ 2003年5月，最高人民检察院决定开展清理纠正超期羁押专项监督活动，检察机关从自身做起，对检察环节超期羁押的555人全部予以纠正，到7月底实现了无超期羁押。

◎ 2004年5月17日，最高人民检察院、公安部、司法部联合召开电视电话会议，部署开展减刑假释保外就医专项检查活动。

◎ 2004年，按照中央部署，最高人民检察院组织开展了集中处理涉法上访问题专项工作。全国检察机关对受理的涉法上访案件进行全面清理，逐案排查，认真解决申诉难的问题。

◎ 深圳市人民检察院受理杨建、刘俊元等183名民工申诉用工单位拖欠工资的劳资纠纷案件后，检察机关依法提出民事抗诉，经法院再审得到改判。

胥敬祥冤案获平反

1997年3月7日，河南省鹿邑县人胥敬祥被鹿邑县人民法院以抢劫罪、盗窃罪一审判决有期徒刑16年。1997年11月，河南省人民检察院公诉处在审查另一案件时，发现胥敬祥抢劫案存在重大疑点，经多方核实为错案。河南省人民检察院行使法律监督职能，依法进行监督，胥敬祥于2005年3月13日被释放。

建议法院再审孙万刚案

1996年1月2日晚，孙万刚的女友被杀。孙万刚被指控为杀人凶手，一审以故意杀人罪判处其死刑。孙万刚不服，多次上诉和申诉。此案经五次判决，由死刑改为死刑缓期二年执行。2003年6月，最高人民检察院接到本案申诉材料后督促复查。9月18日，云南省人民检察院发出检察建议，建议再审。2004年1月15日，云南省高级人民法院再审，以证据不足为由，认定其无罪，孙万刚被无罪释放。

深化检察改革
狠抓队伍建设

检察机关认真贯彻党的十六大关于司法体制改革的部署，抓好中央确定由最高人民检察院牵头的改革任务，积极稳妥地推进检察体制和工作机制改革。坚持把队伍建设作为战略任务常抓不懈，以公正执法为核心，以专业化为方向，努力建设政治坚定、业务精通、作风优良、执法公正的检察队伍。

◎ 2004年8月12日，最高人民检察院召开检察改革暨检察院组织法修改专家座谈会，贾春旺检察长出席会议。

◎ 2003年5月30日，全国检察机关开展“强化法律监督，维护公平正义”教育活动电视电话会议在北京召开。

人民监督员制度

经中央同意，2003 年 10 月，最高人民检察院在十省市组织实施人民监督员制度试点工作。2003 年 10 月 15 日，最高人民检察院印发《关于人民检察院直接受理侦查案件实行人民监督员制度的规定（试行）》和《人民监督员制度试点工作方案》，人民监督员试点工作在全国展开。截至 2005 年年底，全国有 80% 的检察院实行了人民监督员制度。重点对拟作撤案、不起诉处理和犯罪嫌疑人不服逮捕决定的职务犯罪案件进行监督；同时，就如何对检察机关查办职务犯罪工作中该立案不立案或立案不当，违法搜查、扣押等“五种情形”加强监督，进行了有益探索，取得了较好效果。

◎ 2003年8月29日，检察机关直接侦查案件人民监督员制度试点工作会议召开。

◎ 全国人大代表申纪兰被山西省人民检察院聘为人民监督员。

全程同步录音录像制度

◎ 建立并推行讯问职务犯罪嫌疑人全程同步录音录像制度，促进侦查讯问活动规范化。

保障律师依法执业

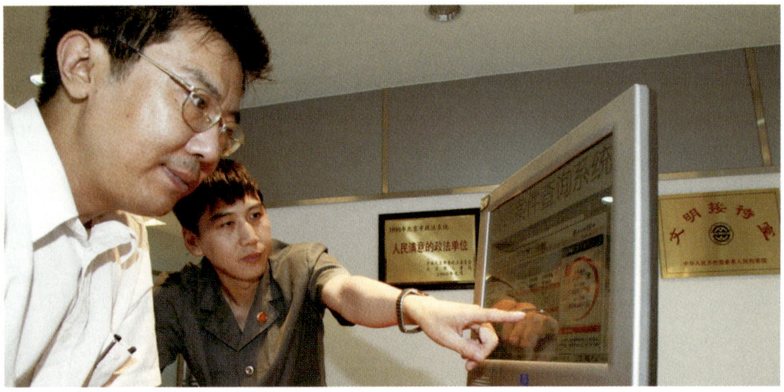

◎ 2004年2月4日，为建立保障律师在刑事诉讼中依法执业的工作机制，最高人民检察院制定《关于人民检察院保障律师在刑事诉讼中依法执业的规定》。图为律师在检察机关查阅案卷材料。

完善查办职务犯罪监督机制

◎ 山东省济南市历下区人民检察院召开立案监督听证会。

◎ 2004年6月16日至18日，最高人民检察院在山东青岛召开全国基层检察院建设工作会议，强调要进一步加强基层检察院建设。

◎ 2007年9月12日，人民检察博物馆暨国家检察官学院井冈山分院在江西井冈山落成。最高人民检察院检察长贾春旺和江西省委书记、省人大常委会主任孟建柱为人民检察博物馆、全国检察机关井冈山革命传统教育基地、国家检察官学院井冈山分院揭牌。

第十一届全国人民代表大会期间的检察工作（2008—2013）

第十一届全国人民代表大会期间，在党中央正确领导下，在全国人大及其常委会有力监督下，全国检察机关紧紧围绕党和国家工作大局，忠实履行宪法和法律赋予的职责，着力强化法律监督、强化自身监督、强化队伍建设，各项检察工作取得新进展。

共和国第九任检察长　曹建明

曹建明，1955 年 9 月生，江苏南通人。1973 年 12 月加入中国共产党。华东政法学院国际法系国际法专业毕业，研究生学历，法学硕士学位，教授。1986 年至 1999 年，历任华东政法学院国际法系教师、系负责人，系副主任、主任，讲师、副教授、教授，学院党委副书记、常务副院长，院长。1999 年至 2002 年，任最高人民法院副院长兼国家法官学院院长，二级大法官。2002 年至 2008 年，任最高人民法院副院长、党组副书记（正部长级），一级大法官。其间，2002 年至 2003 年兼国家法官学院院长。2008 年 3 月，任最高人民检察院党组书记、检察长，首席大检察官。2013 年 3 月连任。2018 年 3 月，任全国人大常委会副委员长。中共第十六届中央候补委员，第十七、十八、十九届中央委员。

强化法律监督，强化自身监督，强化队伍建设。

◎ 2008年3月16日，十一届全国人大一次会议选举曹建明为最高人民检察院检察长。

◎ 2011年1月31日，最高人民检察院检察长、副检察长、纪检组组长、政治部主任、检察委员会副部级专职委员、检察委员会委员合影。

◎ 2011年7月16日至19日，第十三次全国检察工作会议在宁夏银川召开，曹建明检察长作了题为《强化法律监督、维护公平正义、推动科学发展、促进社会和谐，不断开创中国特色社会主义检察事业新局面》的报告。

◎ 2008年7月8日，在检察机关恢复重建30周年之际，最高人民检察院召开深入贯彻党的十七大精神全面加强和改进检察工作座谈会。

以人为本
执法为民

检察机关自觉践行执法为民宗旨，更加注重保障和改善民生，努力把严格执法与热情服务有机结合起来。依法惩治危害民生犯罪，突出查办征地拆迁、社会保障、生态环境、安全生产等领域职务犯罪，深入持久开展查办危害民生民利渎职侵权犯罪专项工作。重视困难群众和特殊群体权益保障，拓展联系群众、服务群众平台。

◎ 最高人民检察院加大化解涉检信访积案力度，派出接访工作组到部分省区就地接待来访、督办案件。地方各级检察机关加大涉农惠民领域职务犯罪查办和预防工作，积极参与校园周边地区集中整治，重视困难群众和特殊群体权益保障，维护群众合法权益。

惩治犯罪
维护稳定

检察机关认真履行批捕、起诉等职责，全面贯彻宽严相济刑事政策，努力提高维护社会和谐稳定能力。依法惩治各类刑事犯罪，注重化解社会矛盾，积极参与社会管理创新。

◎ 2008年5月22日，最高人民检察院召开全国检察机关继续深化打黑除恶专项斗争电视电话会议。

◎ 积极参与社会管理创新，强化社区矫正法律监督，指导基层组织加强社区服刑人员教育转化。

◎ 检察机关与有关部门密切配合，深入开展禁毒禁赌、治爆缉枪、扫黄打非、打击电信诈骗等专项行动，保障人民群众生命财产安全。2008年至2012年，对黑恶势力犯罪、严重暴力犯罪、多发性侵财犯罪、毒品犯罪等严重刑事犯罪嫌疑人依法决定批准逮捕2642067人，提起公诉2965467人。

◎ 建立法律文书说理制度，对不批捕、不起诉、不抗诉等案件加强释法说理，促进案结事了。

查办职务犯罪
促进反腐倡廉

检察机关认真贯彻标本兼治、综合治理、惩防并举、注重预防方针，加大查办和预防职务犯罪工作力度。严肃查办贪污贿赂等职务犯罪，着力加强反渎职侵权工作，更加重视职务犯罪预防。

◎ 2010年9月13日至26日，最高人民检察院在中国人民革命军事博物馆举办“法治与责任——全国检察机关惩治和预防渎职侵权犯罪展览”。

◎ 2010年9月26日，中共中央政治局常委、全国人大常委会委员长吴邦国参观“法治与责任——全国检察机关惩治和预防渎职侵权犯罪展览”并作重要讲话。北京展览结束后，最高人民检察院组织开展全国巡展活动，216万名国家工作人员参观了展览。

◎ 2009年6月22日，检察机关全国统一举报职务犯罪电话“12309”在最高人民检察院和部分省级检察院正式投入使用。最高人民检察院举报网站网址更新为www.12309.gov.cn。

◎ 检察机关落实中央关于建立健全惩治和预防腐败体系的要求，立足检察职能，重点围绕事关国计民生的重大建设项目以及职务犯罪多发行业和领域开展预防工作。

薄熙来贪污、受贿、滥用职权案

2012 年 10 月，最高人民检察院对薄熙来立案侦查。2013 年 9 月 21 日，济南市中级人民法院一审判决：薄熙来犯受贿罪，判处无期徒刑，剥夺政治权利终身，并处没收个人全部财产；犯贪污罪，判处有期徒刑 15 年，并处没收个人财产人民币 100 万元；犯滥用职权罪，判处有期徒刑 7 年，决定执行无期徒刑，剥夺政治权利终身，并处没收个人全部财产。

刘志军受贿、滥用职权案

2013 年 4 月 10 日，经最高人民检察院立案侦查终结，北京市人民检察院第二分院对刘志军案向法院提起公诉。同年 7 月 8 日，法院以受贿罪、滥用职权罪对刘志军数罪并罚，决定执行死刑，缓期二年执行，剥夺政治权利终身，并处没收个人全部财产。

强化自身监督
加强队伍建设

检察机关不断强化监督者更要接受监督的意识，自觉接受外部监督，切实加强内部监督。坚持不懈地加强对检察队伍的教育、管理和监督，更加重视抓基层、打基础。

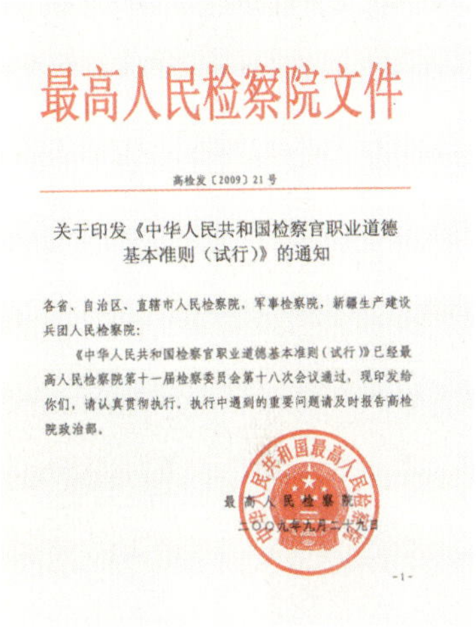
最高人民检察院文件

高检发〔2009〕21号

关于印发《中华人民共和国检察官职业道德基本准则（试行）》的通知

各省、自治区、直辖市人民检察院，军事检察院，新疆生产建设兵团人民检察院：

《中华人民共和国检察官职业道德基本准则（试行）》已经最高人民检察院第十一届检察委员会第十八次会议通过，现印发给你们，请认真贯彻执行。执行中遇到的重要问题请及时报告高检院政治部。

最高人民检察院

二〇〇九年九月二十九日

-1-

◎ 2009年9月29日，最高人民检察院印发《中华人民共和国检察官职业道德基本准则（试行）》。

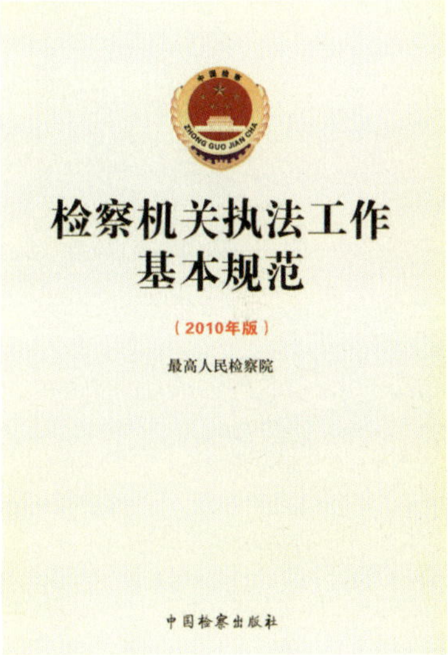

◎ 2010年8月，最高人民检察院制定《检察机关执法工作基本规范（2010年版）》，2012年6月根据修改后法律、司法解释和有关规范性文件，对《执法规范（2010年版）》进行系统修订。

◎ 2011年10月，最高人民检察院成立案件管理办公室，自2012年1月开始对直接办理的案件实行统一、集中管理。各地检察机关大力推进案件集中管理工作，设立专门的案件管理机构，检察机关案件管理工作进入到统一部署、规范运行、全面发展的新阶段。

◎ 2010年5月28日，最高人民检察院举行首次“检察开放日”活动。

◎ 检察机关认真执行修改后的律师法和刑事诉讼法，依法保障律师执业权利。

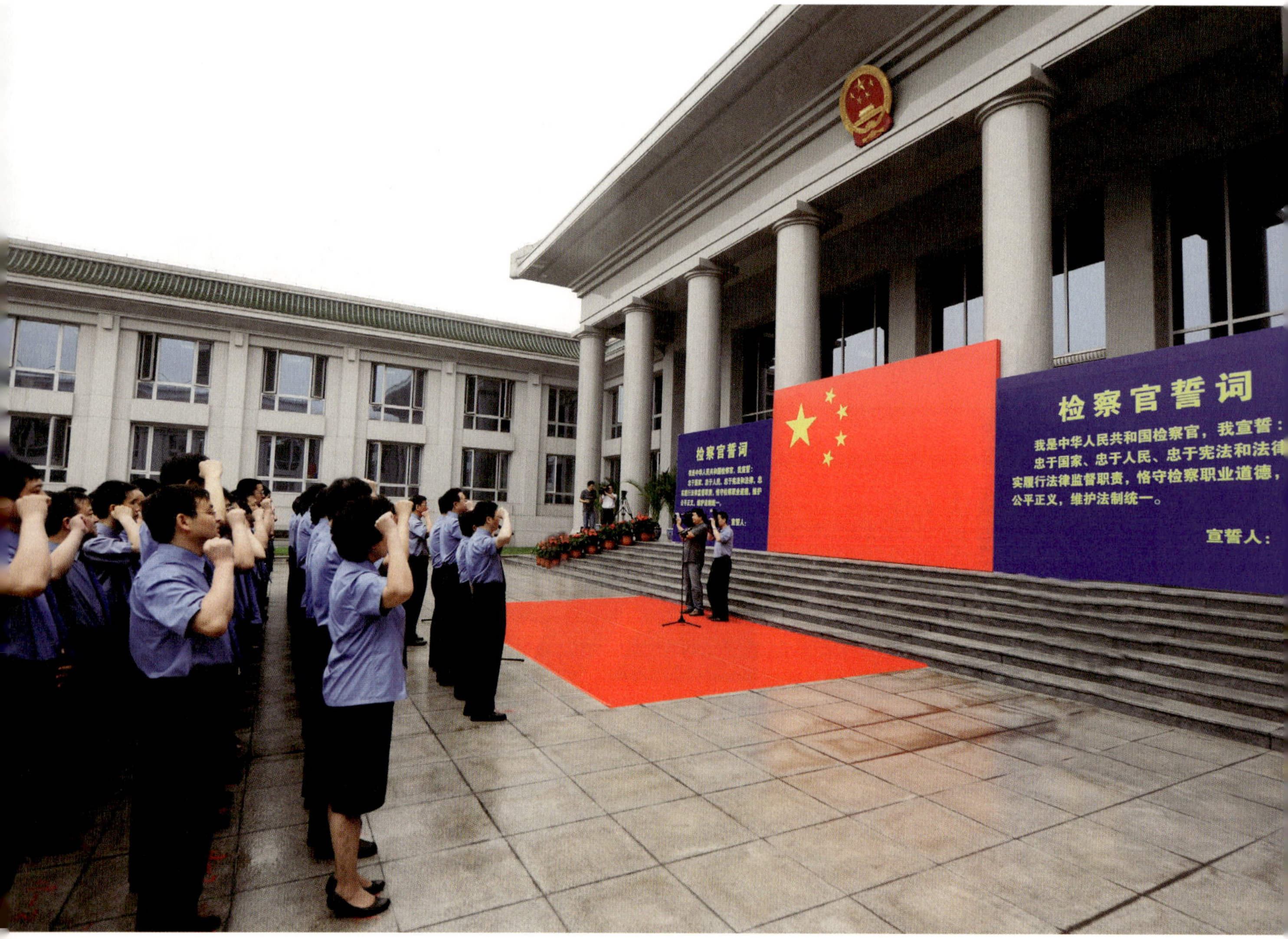

◎ 2010年7月1日，最高人民检察院机关举行检察官集体宣誓仪式。

第十二届全国人民代表大会期间的检察工作（2013—2018）

第十二届全国人民代表大会期间，在以习近平同志为核心的党中央坚强领导下，全国检察机关全面贯彻党的十八大和十九大精神，以习近平新时代中国特色社会主义思想为指导，认真落实十二届全国人大历次会议决议，忠实履行宪法和法律赋予的职责，人民检察事业取得长足发展。

◎ 2013年3月15日，第十二届全国人大第一次会议选举曹建明连任最高人民检察院检察长。

2013年，各级检察机关紧紧围绕党和国家工作大局，忠实履行宪法和法律赋予的职责，各项工作取得新进展。希望再接再厉，深入贯彻落实党的十八大、十八届三中全会和中央政法工作会议等重要会议精神，始终坚持党的领导不动摇，建设过硬队伍，强化法律监督能力，提高查办和预防职务犯罪水平，促进严格执法、公正司法，保障人民利益，维护宪法法律权威，为推进全面深化改革、实现依法治国作出新贡献。

——习近平总书记2014年1月22日批示

◎ 2016年7月20日至21日，第十四次全国检察工作会议在吉林长春召开，曹建明检察长作了题为《紧紧围绕“四个全面”战略布局，在新的起点上推动人民检察事业创新发展》的报告。

◎ 党的十八大以来，以习近平同志为总书记的党中央从推进政治体制改革，实现国家治理体系和治理能力现代化的高度推动新一轮司法体制改革。十八届三中全会为司法体制改革制定了顶层设计。十八届四中全会对保障司法公正作出了更深入的部署。习近平总书记向十八届四中全会作《中共中央关于全面推进依法治国若干重大问题的决定》的起草说明，在关于需要说明的十个方面问题中，“探索设立跨行政区划的人民法院和人民检察院”和“探索建立检察机关提起公益诉讼制度”是直接涉及检察工作的。

◎ 2015年1月，中共中央政治局常委会建立定期听取“两高”党组工作汇报制度，这是保证党中央集中统一领导的制度性安排，是党对检察工作领导方式的重大完善。

配合国家监察体制改革 顺利完成转隶工作

检察机关坚决贯彻党中央关于深化国家监察体制改革的决策部署，深刻领会改革的重大意义，坚决拥护、全力支持配合改革。确保思想不乱、队伍不散、工作不断，真正做到合编合心合力。截至2018年2月，四级检察院反贪、反渎和预防部门职能、机构及44000余名检察干警已全部按时完成转隶。

◎ 2018年2月23日，最高人民检察院召开全院干部大会，欢送反贪污贿赂总局转隶同志。党组书记、检察长曹建明代表院党组向各地检察机关已经转隶的同志和最高检反贪总局全体同志致以崇高敬意和衷心感谢，勉励同志们坚决拥护党中央决策部署，带头以实际行动诠释对党的绝对忠诚，在新的岗位上书写新的人生华章。

◎ 最高人民检察院领导与最高人民检察院反贪污贿赂总局101名即将转隶的同志合影留念。

完善制度机制
深化改革创新

最高人民检察院不断完善以强化自身监督和司法规范为重点的相关制度机制，认真贯彻落实中央深化司法改革的各项部署，出台关于深化司法改革和检察改革的意见，牢牢把握改革正确方向，勇于啃硬骨头、闯难关，截至 2017 年 9 月，党中央部署由最高人民检察院承担的 29 项改革任务全部完成或结项。

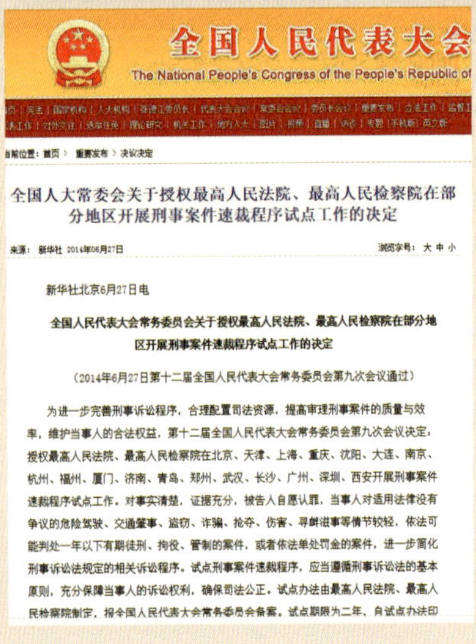

全国人民代表大会

The National People's Congress of the People's Republic of

当前位置：首页 > 重要发布 > 决议决定

全国人大常委会关于授权最高人民法院、最高人民检察院在部分地区开展刑事案件速裁程序试点工作的决定

来源：新华社 2014年06月27日　　浏览字号：大 中 小

新华社北京6月27日电

全国人民代表大会常务委员会关于授权最高人民法院、最高人民检察院在部分地区开展刑事案件速裁程序试点工作的决定

（2014年6月27日第十二届全国人民代表大会常务委员会第九次会议通过）

为进一步完善刑事诉讼程序，合理配置司法资源，提高审理刑事案件的质量与效率，维护当事人的合法权益，第十二届全国人民代表大会常务委员会第九次会议决定：授权最高人民法院、最高人民检察院在北京、天津、上海、重庆、沈阳、大连、南京、杭州、福州、厦门、济南、青岛、郑州、武汉、长沙、广州、深圳、西安开展刑事案件速裁程序试点工作。对事实清楚，证据充分，被告人自愿认罪，当事人对适用法律没有争议的危险驾驶、交通肇事、盗窃、诈骗、抢夺、伤害、寻衅滋事等情节较轻，依法可能判处一年以下有期徒刑、拘役、管制的案件，或者依法单处罚金的案件，进一步简化刑事诉讼法规定的相关诉讼程序。试点刑事案件速裁程序，应当遵循刑事诉讼法的基本原则，充分保障当事人的诉讼权利，确保司法公正。试点办法由最高人民法院、最高人民检察院制定，报全国人民代表大会常务委员会备案。试点期限为二年，自试点办法印

◎ 2014年6月27日，第十二届全国人大常委会第九次会议通过《关于授权最高人民法院、最高人民检察院在部分地区开展刑事案件速裁程序试点工作的决定》，开始在全国14个省、直辖市启动刑事案件速裁程序试点工作，试点期限为2年。

开展公益诉讼

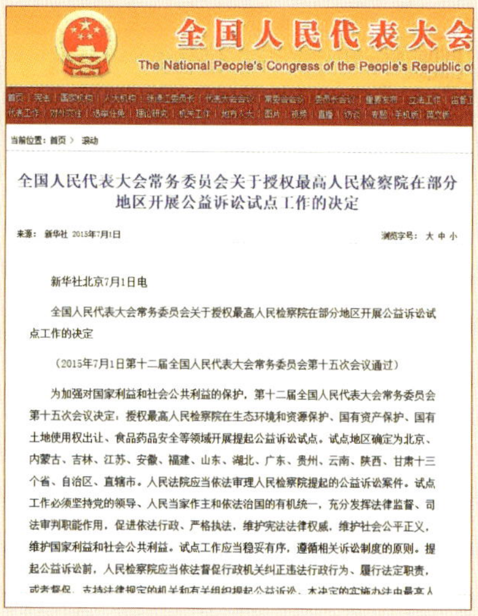

全国人民代表大会

The National People's Congress of the People's Republic of

当前位置：首页 > 滚动

全国人民代表大会常务委员会关于授权最高人民检察院在部分地区开展公益诉讼试点工作的决定

来源：新华社 2015年7月1日　　浏览字号：大 中 小

新华社北京7月1日电

全国人民代表大会常务委员会关于授权最高人民检察院在部分地区开展公益诉讼试点工作的决定

（2015年7月1日第十二届全国人民代表大会常务委员会第十五次会议通过）

为加强对国家利益和社会公共利益的保护，第十二届全国人民代表大会常务委员会第十五次会议决定：授权最高人民检察院在生态环境和资源保护、国有资产保护、国有土地使用权出让、食品药品安全等领域开展提起公益诉讼试点。试点地区确定为北京、内蒙古、吉林、江苏、安徽、福建、山东、湖北、广东、贵州、云南、陕西、甘肃十三个省、自治区、直辖市。人民法院应当依法审理人民检察院提起的公益诉讼案件。试点工作必须坚持党的领导、人民当家作主和依法治国的有机统一，充分发挥法律监督、司法审判职能作用，促进依法行政、严格执法，维护宪法法律权威，维护社会公平正义，维护国家利益和社会公共利益。试点工作应当稳妥有序，遵循相关诉讼制度的原则。提起公益诉讼前，人民检察院应当依法督促行政机关纠正违法行政行为、履行法定职责，

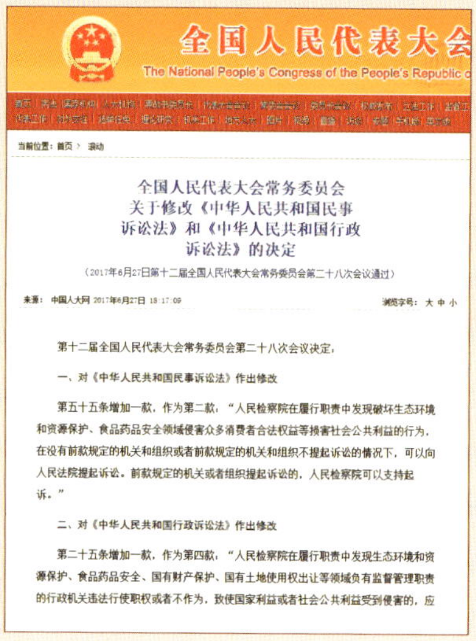

全国人民代表大会

The National People's Congress of the People's Republic of

当前位置：首页 > 滚动

全国人民代表大会常务委员会关于修改《中华人民共和国民事诉讼法》和《中华人民共和国行政诉讼法》的决定

（2017年6月27日第十二届全国人民代表大会常务委员会第二十八次会议通过）

来源：中国人大网 2017年6月27日 18:17:09　　浏览字号：大 中 小

第十二届全国人民代表大会常务委员会第二十八次会议决定：

一、对《中华人民共和国民事诉讼法》作出修改

第五十五条增加一款，作为第二款："人民检察院在履行职责中发现破坏生态环境和资源保护、食品药品安全领域侵害众多消费者合法权益等损害社会公共利益的行为，在没有前款规定的机关和组织或者前款规定的机关和组织不提起诉讼的情况下，可以向人民法院提起诉讼。前款规定的机关或者组织提起诉讼的，人民检察院可以支持起诉。"

二、对《中华人民共和国行政诉讼法》作出修改

第二十五条增加一款，作为第四款："人民检察院在履行职责中发现生态环境和资源保护、食品药品安全、国有财产保护、国有土地使用权出让等领域负有监督管理职责的行政机关违法行使职权或者不作为，致使国家利益或者社会公共利益受到侵害的，应

◎ 2015年7月，经全国人大常委会授权，最高人民检察院在生态环境和资源保护、国有资产保护、国有土地使用权出让、食品药品安全等领域开展提起公益诉讼试点。2017年6月27日，第十二届全国人民代表大会常务委员会第二十八次会议通过《关于修改〈中华人民共和国民事诉讼法〉和〈中华人民共和国行政诉讼法〉的决定》，为检察机关履行公益诉讼职责提供了法律保障。

◎ 2017年7月18日，最高人民检察院召开全国检察机关全面开展公益诉讼工作电视电话会议。

◎ 2018年3月2日，最高人民法院、最高人民检察院共同召开新闻发布会，发布《最高人民法院、最高人民检察院关于检察公益诉讼案件适用法律若干问题的解释》。

正义网 JCRB.COM

全面推行全国检察机关统一业务应用系统

宁夏：培训应用全程"有章可循"

记者了解到，自今年1月最高人民检察院确定宁夏为全国检察机关统一业务应用系统（下称"统一业务应用系统"）试点省份以来，宁夏三级检察机关全力投入，为系统的完善、部署积累了经验。

海南检察院统一业务应用系统上线效果初显

目前，该省检察机关的案件信息均由各级检察院案件管理中心统一录入，保证信息及时、准确，方便承办人办案，而且系统统一给承办人分案，防止分案中出现人情案、关系案，同时对执法办案中的违法、违规行为进行实时监控。

评论员文章：合力推进 不打折扣

在全国检察机关全面推行统一业务应用系统，对于各级检察机关而言，既是长远的基础工作，又是当前的紧迫任务。由于系统体系庞大、覆盖面广，部署应用工作需要统筹谋划、强化协作，需要多方联动、全员参与，在最大范围、最大限度内凝聚起推进统一业务应用系统应用的强大合力，实现工作共融、资源共享、发展共赢。

2012年，最高检党组研究决定，按照"统一规划、统一标准、统一设计、统一实施"的要求，在地方检察机关业务软件开发成果的基础上，依托科研院所，开发全国检察机关统一业务应用系统。在各部门和地方检察机关大力支持和全面参与下，软件研发、试点运行等各项工作扎实、高效、有序进行。2013年10月，全国检察机关统一业务应用系统将在全国全面部署使用。

◎ 2012年8月，最高人民检察院党组决定在深圳等地方检察机关业务软件开发成果的基础上，集中研发融办案、管理、统计于一体的全国检察机关统一业务应用系统，搭建起一个四级检察院纵向贯通、横向集成、资源共享的司法办案平台，并于2013年12月26日前，在全国检察机关全面部署使用。

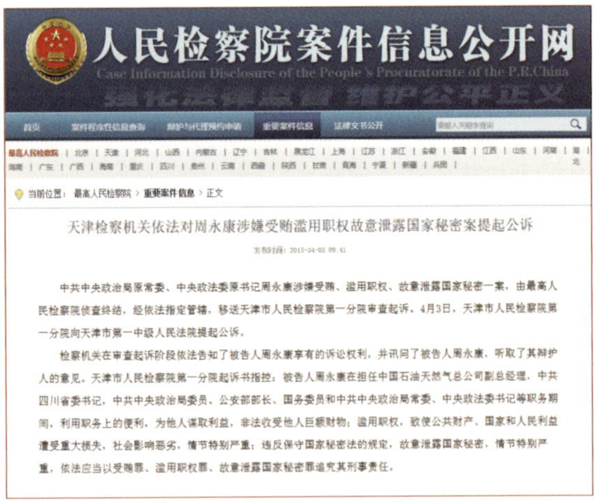

人民检察院案件信息公开网

Case Information Disclosure of the People's Procuratorate of the P.R.China

当前位置：最高人民检察院 > 重要案件信息 > 正文

天津检察机关依法对周永康涉嫌受贿滥用职权故意泄露国家秘密案提起公诉

发布时间：2015-04-03 09:41

中共中央政治局原常委、中央政法委原书记周永康涉嫌受贿、滥用职权、故意泄露国家秘密一案，由最高人民检察院侦查终结，经依法指定管辖，移送天津市人民检察院第一分院审查起诉。4月3日，天津市人民检察院第一分院向天津市第一中级人民法院提起公诉。

检察机关在审查起诉阶段依法告知了被告人周永康享有的诉讼权利，并讯问了被告人周永康，听取了其辩护人的意见。天津市人民检察院第一分院起诉书指控：被告人周永康在担任中国石油天然气总公司副总经理、中共四川省委书记、中共中央政治局委员、公安部部长、国务委员和中共中央政治局常委、中央政法委书记等职务期间，利用职务上的便利，为他人谋取利益，非法收受他人巨额财物；滥用职权，致使公共财产、国家和人民利益遭受重大损失，社会影响恶劣，情节特别严重；违反保守国家秘密法的规定，故意泄露国家秘密，情节特别严重，依法应当以受贿罪、滥用职权罪、故意泄露国家秘密罪追究其刑事责任。

◎ 2014年10月1日，人民检察院案件信息公开系统全面上线运行，涵盖案件程序性信息查询平台、重要案件信息发布平台、法律文书公开平台、受理辩护与代理预约平台等"四大平台"。

◎ 2014年12月28日，上海市人民检察院第三分院正式成立。中共中央政治局委员、上海市委书记韩正，最高人民检察院检察长曹建明出席挂牌仪式。这是落实探索设立跨行政区划的人民检察院改革方案的重要举措。

◎ 2015年9月9日，最高人民检察院首次召开刑事申诉案件公开审查论证会，就一起故意杀人申诉案公开审查案件事实和证据，听取申诉方和受邀人员意见。

◎ 2017年7月17日，最高人民检察院党组书记、检察长曹建明率领最高检机关首批员额检察官进行了庄严宣誓。这意味着最高检机关入额遴选工作圆满“收官”，首批228名员额检察官正式履职。

依法查办职务犯罪
保持反腐高压态势

检察机关坚决贯彻党中央反腐败决策部署，严肃查办各类职务犯罪案件。坚持“老虎”“苍蝇”一起打。以对人民、对法律高度负责的精神，依法办理周永康、徐才厚、郭伯雄、令计划、苏荣等原省部级以上干部涉嫌犯罪案件。

加强诉讼监督
维护司法公正

检察机关一直把维护社会公平正义作为核心价值追求，把严防冤假错案作为必须坚守的底线，加强对执法不严、司法不公问题的监督，加强人权司法保障，努力让人民群众在每一个司法案件中感受到公平正义。

王玉雷错案被纠正

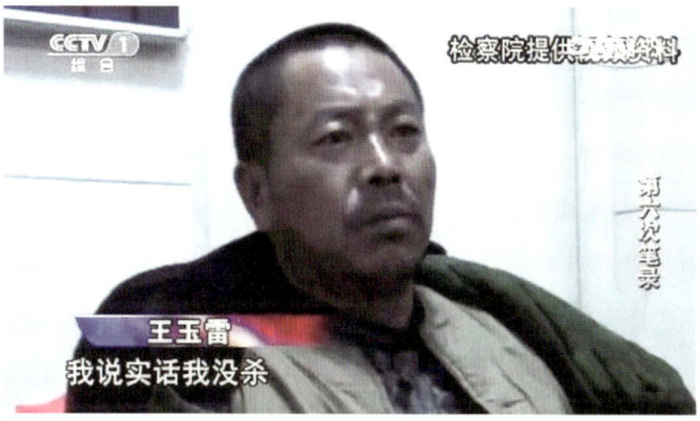

◎ 河北省保定市检察机关纠正王玉雷冤错案，指导公安机关补充侦查，使得真凶王斌受到法律制裁。

马乐利用未公开信息交易案

◎ 2014年12月8日，最高人民检察院检察委员会讨论决定，对"全国最大的老鼠仓"案——马乐利用未公开信息交易案提出抗诉。2015年12月11日，最高人民法院公开宣判，马乐被改判有期徒刑三年，并处罚金1913万元。

陈满再审宣告无罪案

◎ 2015年2月10日，最高人民检察院对陈满杀人放火案向最高人民法院提出抗诉。2016年2月1日，经最高人民法院指令再审，浙江省高级人民法院在海南省美兰监狱对该案公开宣判，认为原裁判认定的事实不清、证据不足，指控的犯罪不能成立，依法撤销原审裁判，宣告陈满无罪。

坚持从严治检
建设过硬队伍

检察机关把队伍建设作为根本，坚持正确政治方向，大力提升思想政治素质和业务工作能力，推进严格规范公正文明司法，以零容忍态度正风肃纪，坚持重心下移、检力下沉、保障下倾，夯实检察工作根基，努力建设一支让党放心、人民满意、忠诚可靠、清正廉洁的检察队伍。

◎ 2013年3月26日，中共中央政治局委员、中央政法委书记孟建柱出席全国检察机关队伍建设工作会议暨第五届全国先进基层检察院表彰大会并作重要讲话。

◎ 2015年1月30日，最高人民检察院召开全国检察机关首届“守望正义——群众最喜爱的检察官”表彰会议。

◎ 检察机关近年来涌现出张飚、潘志荣、彭少勇、丁殿勤、王盛等一大批新时代优秀共产党员和模范检察官。其中，新疆石河子市人民检察院监所科检察官张飚依法履职，推动张氏叔侄冤案再审。2013年3月26日，浙江省高级人民法院再审宣判，宣告张辉、张高平无罪。

◎ 2014年12月4日是首个国家宪法日，最高人民检察院隆重举行检察官宪法宣誓仪式。在曹建明检察长的带领下，最高检院领导、检委会专职委员和180多名最高检新任和新晋升人民检察官，面对宪法，高举右拳，庄严宣誓。

第七章

新时代 新起点

XINSHIDAI XINQIDIAN

7

2018年是改革开放40周年，也是检察机关恢复重建40周年。40年来，改革开放这场新的伟大革命，为人民检察事业的发展进步提供了政治前提、社会基础、法治环境和广阔舞台。40年来，人民检察事业始终与改革开放同向同行，走过了波澜壮阔的不平凡历程，谱写出与时代同呼吸共命运的历史篇章！

辉煌属于过去，奋斗创造未来。在以习近平同志为核心的党中央坚强领导下，中国共产党带领全国各族人民，统揽伟大斗争、伟大工程、伟大事业、伟大梦想，推动中国特色社会主义进入新时代，人民检察事业处在新的历史方位，站在了新的历史起点上。

新时代新起点，检察理念要有新发展。2018年3月18日，第十三届全国人民代表大会第一次会议选举张军同志为最高人民检察院检察长。新一届高检院党组坚持以习近平新时代中国特色社会主义思想为指导，深入学习贯彻党的十九大精神，突出强调以理念变革引领检察工作创新发展，明确提出“讲政治，顾大局，谋发展，重自强”的总体要求，明确提出全面协调充分发展、双赢多赢共赢、“三个效果”相统一、智慧借助等一系列工作理念和司法理念，有力推动了新时代检察工作创新发展。

新时代新起点，检察监督要有新作为。新一届高检院党组敏锐把握我国社会主要矛盾转化的新情况，主动适应人民群众在民主、法治、公平、正义、安全、环境等方面内涵更丰富、层次更高的需求，努力从供给侧为人民群众提供更优质的法治产品、检察产品。主动服从服务大局，深入推进扫黑除恶专项斗争，全力服务保障打好“三大攻坚战”和长江经济带发展等重大战略实施，为经济社会持续健康发展提供坚强司法保障。聚焦法律监督主业，以解决刑事检察和民事检察、行政检察、公益诉讼检察发展不平衡问题为切入点，做实做优做强新时代法律监督。

新时代新起点，检察队伍要有新面貌。新一届高检院党组自觉对标习近平总书记提出的“五个过硬”要求，敏感于检察队伍的不足、短板和弱项，以问题为导向切实强化队伍建设。始终坚持把政治建设放在首位，部署开展习近平新时代中国特色社会主义思想大学习大讨论大培训活动，增强“四个意识”、坚定“四个自信”、践行“两个维护”，确保检察队伍忠诚本色。创新专业化建设举措，推动领导干部上讲台，全面改进案例指导工作，建设检察业务交流平台“检答网”，探索与有关部委开展干部双向挂职交流，全面强化队伍政治业务素质。坚持严管就是厚爱，部署开展警示教育，全面启动新一轮系统内巡视巡察，严肃查处违纪违法检察人员，把全面从严治党、全面从严治检抓得紧而又紧。

新时代新起点，检察制度要有新发展。新一届高检院党组坚决贯彻落实党中央要求，以深化改革为动力，探索完善中国特色社会主义检察制度。坚持以专业化建设为导向，部署检察机关内设机构改革，实行捕诉一体，实现刑事检察、民事检察、行政检察、检察公益诉讼并行。统筹党的十八大、十九大部署的改革任务，落实司法责任制改革、以审判为中心的刑事诉讼制度改革，加强改革“精装修”，在巩固中深化、在深化中巩固。2018 年 10 月 26 日，第十三届全国人大常委会第六次会议审议通过了关于修改刑事诉讼法的决定和修订后的人民检察院组织法，对司法体制改革、检察改革的成果予以确认和巩固，为建设公正高效权威的检察制度提供了更加有力的法律保障。

进入新时代，追随着“中国改革开放永不停步”的时代强音，人民检察事业必将开启新的征程。全国检察机关、全体检察人员要更加紧密团结在以习近平同志为核心的党中央周围，不忘初心、牢记使命、奋发有为，努力开创新时代检察工作新局面，为实现“两个一百年”奋斗目标和中华民族伟大复兴的中国梦作出新贡献！

共和国第十任检察长　张　军

张军，1956年10月生，山东博兴人。1974年5月加入中国共产党。中国人民大学法律系刑法专业毕业，研究生学历，法学博士学位。1985年至2001年，历任最高人民法院研究室综合处、刑事处书记员，刑事处副处长、助理审判员、处长、审判员，研究室副主任，审判委员会委员、刑一庭庭长、刑二庭庭长。2001年至2003年，任最高人民法院副院长、党组成员、审判委员会委员。2003年至2005年，任司法部副部长、党组成员。2005年至2008年，任最高人民法院副院长、党组成员、审判委员会委员。2008年至2012年，任最高人民法院副院长、党组副书记（正部长级）、审判委员会委员。2012年至2017年，任中央纪律检查委员会副书记。2017年至2018年，任司法部部长、党组书记。2018年3月，任最高人民检察院党组书记、检察长，首席大检察官。中共第十七届、十八届中央纪委委员、常委，第十九届中央委员。

讲政治，顾大局，谋发展，重自强。

◎ 2018年3月18日，第十三届全国人民代表大会第一次会议选举张军为最高人民检察院检察长。图为张军检察长进行宪法宣誓。

新时代检察工作总体要求

讲政治　顾大局　谋发展　重自强

新时代检察工作创新发展理念

旗帜鲜明讲政治

以人民为中心

全面协调充分发展

监督与办案相统一

双赢多赢共赢

“三个效果”相统一

智慧借助

◎ 2018年7月25日至26日，最高人民检察院在深圳举办大检察官研讨班，研究谋划新时代检察工作创新发展。

检察机关提起公益诉讼工作

2018 年 3 月至 9 月，全国检察机关共发现公益诉讼案件线索 69450 件，立案 52905 件，提出检察建议和发布公告 44347 件，向人民法院提起诉讼 1582 件。检察机关通过行使公益诉讼检察职权，共挽回被毁损的耕地、林地、湿地草原 184.2 万亩，督促治理被污染的水源地面积 64.3 万亩，累计督促关停整治造成环境污染的企业 3110 家，共挽回经济损失 155.7 亿元。

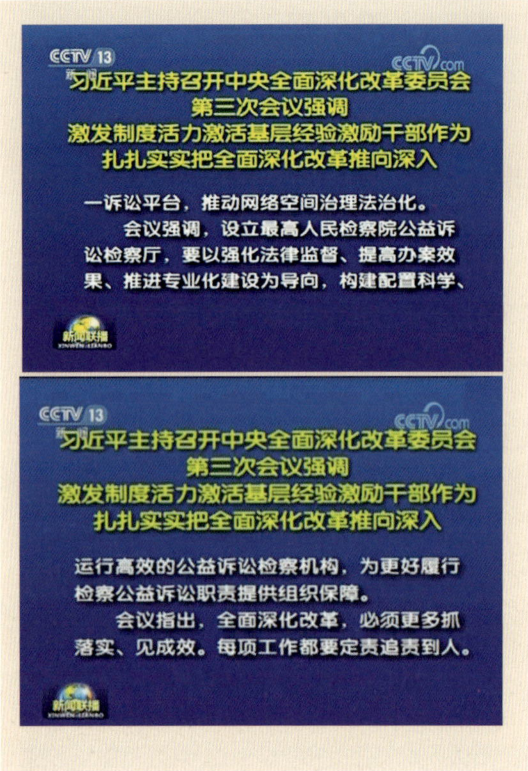

◎ 2018年7月6日，习近平总书记主持召开中央全面深化改革委员会第三次会议。会议强调，设立最高人民检察院公益诉讼检察厅，要以强化法律监督、提高办案效果、推进专业化建设为导向，构建配置科学、运行高效的公益诉讼检察机构，为更好履行检察公益诉讼职责提供组织保障。

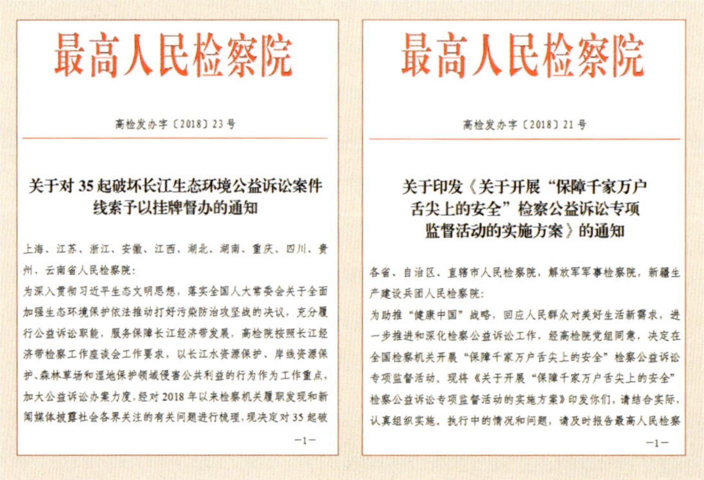

最高人民检察院

高检发办字〔2018〕23 号

关于对 35 起破坏长江生态环境公益诉讼案件线索予以挂牌督办的通知

上海、江苏、浙江、安徽、江西、湖北、湖南、重庆、四川、贵州、云南省人民检察院：

为深入贯彻习近平生态文明思想，落实全国人大常委会关于全面加强生态环境保护依法推动打好污染防治攻坚战的决议，充分履行公益诉讼职能，服务保障长江经济带发展，高检院按照长江经济带检察工作座谈会工作要求，以长江水资源保护、岸线资源保护、森林草场和湿地保护领域侵害公共利益的行为作为工作重点，加大公益诉讼办案力度，经对 2018 年以来检察机关履职发现和新闻媒体披露社会各界关注的有关问题进行梳理，现决定对 35 起破

—1—

最高人民检察院

高检发办字〔2018〕21 号

关于印发《关于开展“保障千家万户舌尖上的安全”检察公益诉讼专项监督活动的实施方案》的通知

各省、自治区、直辖市人民检察院，解放军军事检察院，新疆生产建设兵团人民检察院：

为助推“健康中国”战略，回应人民群众对美好生活新需求，进一步推进和深化检察公益诉讼工作，经高检院党组同意，决定在全国检察机关开展“保障千家万户舌尖上的安全”检察公益诉讼专项监督活动，现将《关于开展“保障千家万户舌尖上的安全”检察公益诉讼专项监督活动的实施方案》印发你们，请结合实际，认真组织实施。执行中的情况和问题，请及时报告最高人民检察

—1—

◎ 最高人民检察院不断加大公益诉讼检察工作力度，2018年7月27日下发通知，对35起破坏长江生态环境公益诉讼案件线索予以挂牌督办，7月31日印发《关于开展“保障千家万户舌尖上的安全”检察公益诉讼专项监督活动的实施方案》。

◎ 各级党委政府把加强和支持公益诉讼检察工作纳入全面深化改革总体布局，纷纷出台文件支持检察机关开展公益诉讼工作，主动协调解决检察院工作中遇到的难题，坚决排除影响公益诉讼的不当干扰。

◎ 2018年4月12日，云南省澄江县人民检察院提起的当地首例关于林地植被保护的刑事附带民事公益诉讼案开庭审理，检察官以民事公益诉讼起诉人身份出席法庭。

◎ 2018年6月12日，江苏省淮安市人民检察院提起的全国首例英烈保护公益诉讼案在淮安市中级人民法院公开开庭审理。

为打好“三大攻坚战”提供检察服务保障

党的十九大以来，检察机关充分发挥检察职能作用，努力为“三大攻坚战”顺利推进提供优质法治环境和司法保障，确保党中央重大决策部署得到贯彻落实。

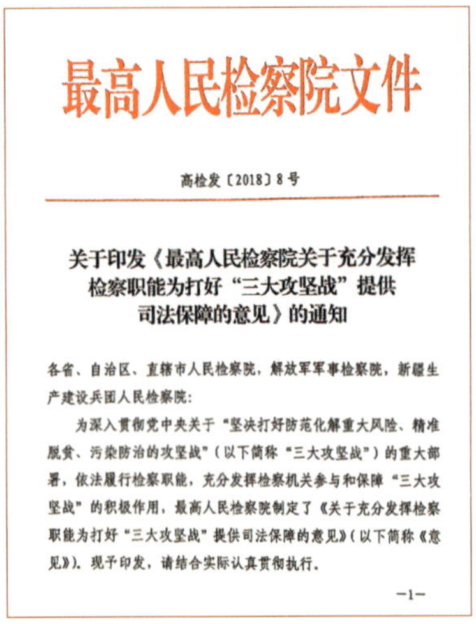

最高人民检察院文件

高检发〔2018〕8号

关于印发《最高人民检察院关于充分发挥检察职能为打好“三大攻坚战”提供司法保障的意见》的通知

各省、自治区、直辖市人民检察院，解放军军事检察院，新疆生产建设兵团人民检察院：

为深入贯彻党中央关于“坚决打好防范化解重大风险、精准脱贫、污染防治的攻坚战”（以下简称“三大攻坚战”）的重大部署，依法履行检察职能，充分发挥检察机关参与和保障“三大攻坚战”的积极作用，最高人民检察院制定了《关于充分发挥检察职能为打好“三大攻坚战”提供司法保障的意见》（以下简称《意见》），现予印发，请结合实际认真贯彻执行。

—1—

◎ 2018年6月11日，最高人民检察院印发《关于充分发挥检察职能为打好“三大攻坚战”提供司法保障的意见》文件。

◎ 全国检察机关紧紧围绕聚集金融风险、影响金融安全的重点领域和关键环节，加大惩治和预防金融犯罪工作力度，依法保障金融健康有序发展。图为2018年10月23日，最高人民检察院举行党组中心组（扩大）学习专题辅导报告会，就坚决打好防范化解金融风险攻坚战作专题辅导。

检察日报

上一篇 下一篇 2018年07月13日 上一期 下一期

最高检发布第十批指导性案例

明确多发疑难及新型金融犯罪法律适用标准

戴佳 史兆琨 徐日丹

本报北京7月12日电（全媒体记者戴佳 史兆琨 徐日丹）7月12日上午，最高人民检察院召开以“加强案例指导，依法惩防金融犯罪”为主题的新闻发布会，发布第十批指导性案例，明确多发疑难及新型金融犯罪法律适用标准。

最高检第十批指导性案例包括朱炜明操纵证券市场案、周辉集资诈骗案、叶经生等组织领导传销活动案3件案例。

最高检副检察长童建明在发布会上介绍说，近年来，全国检察机关在参与和服务保障“三大攻坚战”工作中，严厉打击各类破坏金融秩序的犯罪。第十批指导性案例是近年检察机关依法成功办理的具有一定社会影响和典型意义的金融犯罪案例。操纵证券市场和非法集资，利用网络形式组织、领导传销都是当前常见多发的金融犯罪，第十批指导性案例对检察机关办理类似案件应当注意和把握的事项进行归纳分析，强化了对办理类似案件的指导作用。

童建明介绍，在朱炜明操纵证券市场案中，证券监管部门在行政执法和查办

◎ 2018年7月12日，最高人民检察院发布第十批指导性案例，明确多发疑难及新型金融犯罪法律适用标准。案例指导是统一司法标准、提高办案质量的重要途径。从第十批起，最高人民检察院改版了检察指导案例，突出检察特色，重点反映“指控与证明犯罪”过程。

◎ 全国检察机关认真贯彻落实党中央和习近平总书记关于搞好扶贫开发的决策部署，不断加大定点帮扶力度，坚持动真情、真扶贫、扶真贫，促进国家扶贫开发攻坚战顺利实施。图为2018年5月6日，张军检察长在最高检定点帮扶贫困县之一云南省西畴县开展扶贫调研。

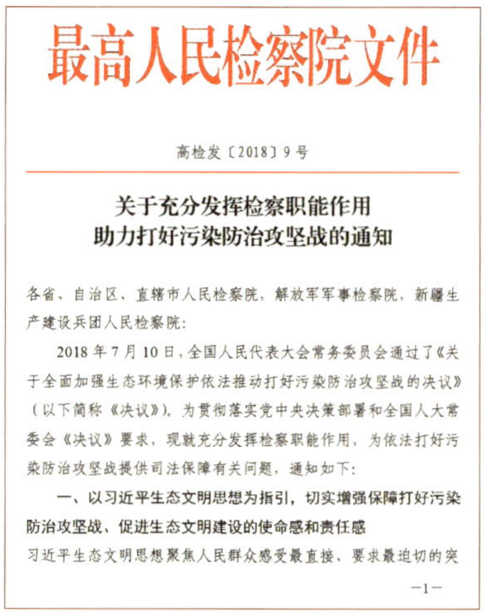

最高人民检察院文件

高检发〔2018〕9号

关于充分发挥检察职能作用
助力打好污染防治攻坚战的通知

各省、自治区、直辖市人民检察院，解放军军事检察院，新疆生产建设兵团人民检察院：

2018年7月10日，全国人民代表大会常务委员会通过了《关于全面加强生态环境保护依法推动打好污染防治攻坚战的决议》（以下简称《决议》），为贯彻落实党中央决策部署和全国人大常委会《决议》要求，现就充分发挥检察职能作用，为依法打好污染防治攻坚战提供司法保障有关问题，通知如下：

一、以习近平生态文明思想为指引，切实增强保障打好污染防治攻坚战、促进生态文明建设的使命感和责任感

习近平生态文明思想聚焦人民群众感受最直接、要求最迫切的突

—1—

◎ 全国检察机关深入学习贯彻习近平生态文明思想，落实全国人大常委会关于全面加强生态环境保护依法推动打好污染防治攻坚战的决议，全面履行法律监督职责，依法严惩环境违法犯罪，不断加大对生态环境的司法保护。图为2018年7月22日，最高人民检察院下发的《关于充分发挥检察职能作用助力打好污染防治攻坚战的通知》。

◎ 为充分发挥社会力量特别是专家学者、律师、退休法官、有法律背景的人大代表及政协委员的作用，借助他们的实践经验、法律和政治智慧，帮助提升检察机关法律监督能力，最高人民检察院建立民事行政诉讼监督案件专家委员会制度。图为2018年7月29日，最高人民检察院向部分民行专家委员会专家颁发聘书。

深入推进扫黑除恶专项斗争

2018 年以来，全国检察机关深入推进扫黑除恶专项斗争，采取有力措施，依法严惩了一批黑恶势力犯罪，取得阶段性成效。2018 年 1 月至 9 月，全国检察机关共批准逮捕涉黑涉恶犯罪 1.7 万余件 5.7 万余人，提起公诉 6300 余件 3.2 万余人。

◎ 2018年10月17日，省级检察院检察长座谈会在湖北武汉举行。张军检察长强调，要以习近平新时代中国特色社会主义思想为指引，认真贯彻落实全国扫黑除恶专项斗争推进会和政法队伍建设座谈会精神，进一步增强“四个意识”、坚定“四个自信”、做到“两个维护”，以钉钉子精神抓好扫黑除恶专项斗争、政法队伍建设等各项工作。

◎ 自开展扫黑除恶专项斗争以来，各级检察机关坚持以办案为中心，围绕专项斗争确定的打击重点，结合本地实际，聚焦群众反映强烈的危害政治安全、社会安全的黑恶势力犯罪，强化提前介入侦查、引导取证，依法快捕快诉，严惩了一批黑恶势力犯罪分子。图为2018年9月28日，河北省人民检察院召开全省检察机关扫黑除恶专项斗争督导整改工作推进会。

加强未成年人司法保护

检察机关认真贯彻落实党中央关于保障未成年人合法权益的部署，不断加大惩治和预防侵害未成年人犯罪力度，努力为未成年被害人提供专业有效的关爱、救助。同时，认真落实法治教育从青少年抓起的要求，在中小学设立法治知识课程，检察长与检察官走进校园担任中小学法治副校长，鼓励未成年人学法懂法用法，做社会主义法治的崇尚者遵守者捍卫者。

◎ 2018年5月30日，最高人民检察院举行主题为“关爱祖国未来，擦亮未检品牌”的第24次检察开放日活动。邀请11位全国人大代表、全国政协委员和来自首都师范大学附属中学第一分校、北京市第八十中学睿德分校的123名师生代表走进最高检。

◎ 2018年9月1日，张军检察长来到北京市第二中学，为全校学生讲授法治课。授课开始前，张军检察长接过北京市第二中学校长颁发的聘书，成为北京市第二中学法治副校长。

◎ 2018年6月11日，最高人民法院举行审判委员会第1742次会议，最高人民检察院检察长、首席大检察官张军依照法律规定列席。这是共和国首席大检察官首次列席最高人民法院审判委员会会议。

◎ 2018年6月28日，张军检察长与全国人大代表为最高人民检察院12309检察服务中心实体大厅揭牌，检察机关唯一对外的线上线下全方位、全覆盖、立体式的检察服务综合平台正式启用。

◎ 为激发刑事执行检察新活力，增强检察机关法律监督实效，最高人民检察院针对派驻监狱检察人员相对固定，导致监督敏感性不强甚至被“同化”的问题，部署在山东等12个省份开展监狱巡回检察试点，改“派驻”为“巡回”。图为2018年8月27日，召开检察机关对监狱实行巡回检察试点工作座谈会。

两法修改：检察制度新里程

2018 年 10 月 26 日，第十三届全国人大常委会第六次会议通过了《全国人民代表大会常务委员会关于修改〈中华人民共和国刑事诉讼法〉的决定》和《中华人民共和国人民检察院组织法修订草案》。这次两法修订，充分体现了以习近平同志为核心的党中央关于完善检察机关行使监督权的法律制度的要求，对十八大、十九大以来司法体制改革、检察改革的成果予以确认和巩固。

全国人民代表大会

The National People's Congress of the People's Republic of China

中国人大网 www.npc.gov.cn

当前位置：首页 >

全国人民代表大会常务委员会关于修改
《中华人民共和国刑事诉讼法》的决定

（2018年10月26日第十三届全国人民代表大会常务委员会第六次会议通过）

第十三届全国人民代表大会常务委员会第六次会议决定对《中华人民共和国刑事诉讼法》作如下修改：

一、增加一条，作为第十五条："犯罪嫌疑人、被告人自愿如实供述自己的罪行，承认指控的犯罪事实，愿意接受处罚的，可以依法从宽处理。"

二、将第十八条改为第十九条，第二款修改为："人民检察院在对诉讼活动实行法律监督中发现的司法工作人员利用职权实施的非法拘禁、刑讯逼供、非法搜查等侵犯公民权利、损害司法公正的犯罪，可以由人民检察院立案侦查。对于公安机关管辖的国家机关工作人员利用职权实施的重大犯罪案件，需要由人民检察院直接受理的时候，经省级以上人民检察院决定，可以由人民检察院立案侦查。"

三、将第三十二条改为第三十三条，增加一款，作为第三款："被开除公职和被吊销律师、公证员执业证书的人，不得担任辩护人，但系犯罪嫌疑人、被告人的监护人、近亲属的除外。"

四、增加一条，作为第三十六条："法律援助机构可以在人民法院、看守所等场所

◎ 2018年11月5日，最高人民检察院召开"全国检察机关学习贯彻修改后人民检察院组织法和刑事诉讼法电视电话会议"，全面学习领会两法修改的指导思想、基本原则和主要内容。

《中华人民共和国人民检察院组织法》（2018 年 10 月）修订主要内容

一是明确了人民检察院的性质和任务。
二是完善了人民检察院工作的基本原则和工作体制。
三是完善了人民检察院设置的有关规定。
四是完善了人民检察院内设机构的设置。
五是完善了人民检察院职权的有关规定。
六是完善了人民检察院行使职权的措施和方式。
七是完善了人民检察院的办案组织。
八是明确了人民检察院的人员组成。
九是完善了人民检察院行使职权的保障。

第八章 交流与合作

JIAOLIUYUHEZUO

8

检察机关开展对外交往与合作，交流了检察机关在保障人权、打击犯罪等诸多方面的有益经验，促进了与有关国家检察机关之间的司法协助，扩大了中国检察制度在国际上的影响。党和国家领导人十分重视检察外事工作，经常出席国际检察会议，接见来华访问的国外检察官代表。

改革开放之前，检察机关对外交流的对象主要是当时的社会主义国家司法机关。在20世纪50年代中期，最高人民检察院曾派员随同中国司法代表团访问过苏联。1963年11月，毛泽东主席接见阿尔巴尼亚总检察长阿拉尼特·切拉。1964年4月，最高人民检察院张鼎丞检察长率团访问越南。

改革开放以来，检察机关坚决贯彻执行党和国家的外交方针，积极开展了一系列交流与合作，形成了中外司法检察领域多渠道、多层次合作交流的格局。检察外事工作坚持为党和国家外交大局服务、为检察工作全局服务的方针，在创立区域检察合作机制、不断拓宽交流渠道和合作领域以及服务于检察工作等方面发挥了积极作用并取得了可喜成绩。

检察机关开展与香港、澳门特别行政区司法、检察机关的交流与合作，在“一国两制”框架内不断完善刑事司法协助机制，提升合作打击跨境犯罪的效率，深入推进执法司法实务合作。

在《海峡两岸共同打击犯罪及司法互助协议》框架下，检察机关与台湾地区司法机关积极推动交流与合作，实现高层互访，同时健全完善工作机制，务实开展两岸司法互助。

访　问

最高人民检察院根据国际国内形势的发展，按照国家总体外交部署和检察工作的需要，派团出国进行友好访问，接待国外检察代表团来华访问。

◎ 1960年11月28日，张鼎丞检察长（右一）和最高人民法院谢觉哉院长（左一）会见古巴最高法院检察长圣地亚哥·古巴（左二），这是最高人民检察院检察长首次接待外国检察机关总检察长来华访问。

◎ 1964年4月13日，越南共产党中央总书记胡志明（前排右三）会见张鼎丞检察长（前排左三）率领的中国检察工作代表团。

◎ 1982年4月26日，黄火青检察长（前排左五）会见乌克·柯泽·古切蒂率领的南斯拉夫检察代表团。

◎ 1982年5月10日，黄火青检察长（前排左五）会见尼古拉·波波维奇率领的罗马尼亚检察代表团。

◎ 1987年9月15日，杨易辰检察长（右二）会见约瑟夫·热塔（左一）率领的波兰总检察院代表团。

◎ 1988年10月13日，新加坡总理李光耀（右一）会见刘复之检察长（左一）率领的中国检察代表团。

◎ 1990年6月12日，朝鲜领导人金日成（前排左四）会见刘复之检察长（前排左三）率领的中国检察代表团。

◎ 1993年9月8日，日本首相细川护熙（左三）会见张思卿检察长（左二）率领的中国检察代表团。

◎ 2002年4月22日，韩杼滨检察长（右一）会见胡安·埃斯卡洛纳·雷格（左一）率领的古巴检察代表团。

◎ 2005年1月28日，贾春旺检察长（前排右三）等会见彭杜克尼·伊武拉·伊塔娜率领的纳米比亚检察代表团。

◎ 2015年6月15日，曹建明检察长（前排左五）等会见胡达·魏恩施泰因率领的以色列检察代表团。

◎ 2018年8月17日，在新加坡访问的最高人民检察院检察长张军以“全面依法治国的中国方案”为题在新加坡总检察署发表演讲。

◎ 2018年9月24日至25日，应土耳其最高上诉法院总检察长阿卡卡邀请，最高人民检察院检察长张军率中国检察代表团访问土耳其。

对　话

最高人民检察院多次成功举办国际检察会议，派代表团参加各类国际会议，与各国同行深入对话，交流经验。

◎ 1995年10月6日至10日，最高人民检察院和监察部联合主办的第七届国际反贪污大会在北京召开。来自98个国家和地区的900多名代表出席了会议。图为张思卿检察长与国外代表亲切交谈。

◎ 1999年9月5日至10日，国际检察官联合会第四届年会暨会员大会在北京召开。

◎ 2002年10月31日至11月1日，上海合作组织成员国总检察长会议在上海召开，会议签署了《上海合作组织成员国总检察长会议联合声明》。

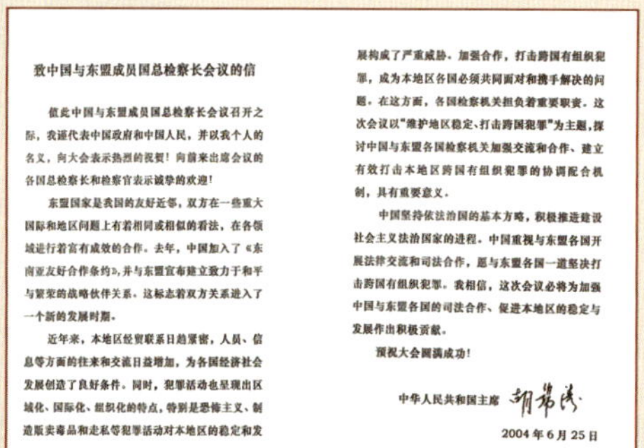

致中国与东盟成员国总检察长会议的信

值此中国与东盟成员国总检察长会议召开之际，我谨代表中国政府和中国人民，并以我个人的名义，向大会表示热烈的祝贺！向前来出席会议的各国总检察长和检察官表示诚挚的欢迎！

东盟国家是我国的友好近邻，双方在一些重大国际和地区问题上有着相同或相似的看法，在各领域进行着富有成效的合作。去年，中国加入了《东南亚友好合作条约》，并与东盟宣布建立致力于和平与繁荣的战略伙伴关系。这标志着双方关系进入了一个新的发展时期。

近年来，本地区经贸联系日趋紧密，人员、信息等方面的往来和交流日益增加，为各国经济社会发展创造了良好条件。同时，犯罪活动也呈现出区域化、国际化、组织化的特点，特别是恐怖主义、制造贩卖毒品和走私等犯罪活动对本地区的稳定和发展构成了严重威胁。加强合作，打击跨国有组织犯罪，成为本地区各国必须共同面对和携手解决的问题。在这方面，各国检察机关担负着重要职责。这次会议以"维护地区稳定、打击跨国犯罪"为主题，探讨中国与东盟各国检察机关加强交流和合作、建立有效打击本地区跨国有组织犯罪的协调配合机制，具有重要意义。

中国坚持依法治国的基本方略，积极推进建设社会主义法治国家的进程。中国重视与东盟各国开展法律交流和司法合作，愿与东盟各国一道坚决打击跨国有组织犯罪。我相信，这次会议必将为加强中国与东盟各国的司法合作、促进本地区的稳定与发展作出积极贡献。

预祝大会圆满成功！

中华人民共和国主席 胡锦涛

2004年6月25日

◎ 2004年7月7日至9日，中国—东盟成员国总检察长会议在云南昆明召开，中共中央总书记、国家主席胡锦涛致信祝贺，会议签署了《中国与东盟成员国总检察长会议联合声明》。

◎ 2010年10月22日，第八次上海合作组织成员国总检察长会议在福建厦门召开。

◎ 2017年8月24日，金砖国家总检察长会议在巴西首都巴西利亚开幕，曹建明检察长出席会议并作主旨发言。

◎ 2018年8月15日，第十一届中国—东盟成员国总检察长会议闭幕，中国最高人民检察院检察长张军和与会各国总检察长共同签署联合声明。

◎ 2018年9月20日，第十六次上海合作组织成员国总检察长会议在塔吉克斯坦杜尚别市召开，中国最高人民检察院检察长张军在会议上作主题发言。

合　作

最高人民检察院与多个国家的司法、检察机关签署合作协议，在平等、互利的原则下开展多种形式的合作，加强与有关国家的反腐败合作，加强追逃、追赃工作，利用国际司法合作维护国家利益。

◎ 1988年6月7日，刘复之检察长授权王晓光副检察长（左二）与波兰总检察长约瑟夫·热塔签署两国检察机关合作议定书，这是最高人民检察院与外国检察机关签署的第一个合作协议。

◎ 1994年4月10日，张思卿检察长与哈萨克斯坦总检察长图雅克巴耶夫签署两国检察机关合作协议。

◎ 1999年9月15日，韩杼滨检察长与阿根廷总检察长尼古拉斯·埃·贝塞拉签署两国检察机关合作协议。

◎ 2006年10月21日，贾春旺检察长与法国总检察长让·路易斯·纳达尔签署两国检察机关合作协议。

◎ 2010年10月21日，曹建明检察长与俄罗斯联邦总检察长柴卡在厦门签署两国检察机关合作计划。

与香港、澳门特别行政区的交流

检察机关开展与香港、澳门特别行政区司法、检察机关的交流与合作，在“一国两制”框架内不断完善刑事司法协助机制，提升合作打击跨境犯罪的效率，深入推进执法司法实务合作。

◎ 2002年11月19日，韩杼滨检察长会见香港特别行政区廉政公署专员李少光一行。

◎ 2004年7月21日，贾春旺检察长会见香港特别行政区律政司司长梁爱诗女士。

◎ 2015年4月22日，曹建明检察长会见澳门特别行政区检察院检察长叶迅生一行。

◎ 2018年5月31日，最高人民检察院检察长张军会见香港特别行政区廉政公署专员白韫六一行。

与台湾地区的交流

在《海峡两岸共同打击犯罪及司法互助协议》框架下，检察机关与台湾地区司法机关积极推动交流与合作，实现高层互访，同时健全完善工作机制，务实开展两岸司法互助。

◎ 2015年7月24日，曹建明检察长在台北与《海峡两岸共同打击犯罪及司法互助协议》台方总顾问、台湾法务主管部门负责人罗莹雪会晤。

◎ 2015年7月25日，曹建明检察长参访台湾花莲自强外役监狱。

附录

FULU

最高人民检察院办公场所的变迁

◎ 1949年—1958年办公地点：司法部街72号（现人民大会堂位置）

◎ 1958年—1960年办公地点：阜外大街22号

◎ 1960年—1968年办公地点：东交民巷27号

◎ 1978年—1988年办公地点：北河沿大街147号

◎ 1988年—1993年办公地点：北河沿大街147号

◎ 1993年—2004年办公地点：北河沿大街147号

◎ 2004年—2006年办公地点：皂君庙4号

◎ 2006年以来办公地点：北河沿大街147号

最高人民检察院历任院领导

最高人民检察院历任检察长

第一任检察长

罗荣桓

（任期：1949 年 10 月—1954 年 9 月）

第二任检察长

张鼎丞

（任期：1954 年 9 月—1966 年 8 月）

第三任检察长

黄火青

（任期：1978 年 3 月—1983 年 6 月）

第四任检察长

杨易辰

（任期：1983 年 6 月—1988 年 4 月）

第五任检察长

刘复之

（任期：1988 年 4 月—1993 年 3 月）

第六任检察长

张思卿

（任期：1993 年 3 月—1998 年 3 月）

第七任检察长

韩杼滨

（任期：1998 年 3 月—2003 年 3 月）

第八任检察长

贾春旺

（任期：2003 年 3 月—2008 年 3 月）

第九任检察长

曹建明

（任期：2008 年 3 月—2018 年 3 月）

第十任检察长

张　军

（任期：2018 年 3 月—　　　）

最高人民检察院历任副检察长

（以任职时间为序）

李六如

（党组书记任期：1951 年 11 月—不详）

（副检察长任期：1949 年 10 月—1954 年 9 月）

蓝公武

（任期：1949 年 10 月—1954 年 9 月）

高克林

（党组副书记任期：1953 年 8 月—不详）

（副检察长任期：1953 年 9 月—1954 年 9 月）

谭政文

（任期：1954 年 6 月—1961 年 12 月）

梁国斌

（党组副书记任期：1955 年 1 月—不详）

（副检察长任期：1954 年 11 月—1958 年 6 月）

李士英

（任期：1955 年 8 月—1962 年 9 月）

（任期：1978 年 12 月—1983 年 9 月）

黄火星

（任期：1955 年 9 月—1966 年 8 月）

周　兴

（党组副书记任期：1958 年 1 月—不详）

（副检察长任期：1958 年 11 月—1962 年 9 月）

张　苏

（党组副书记任期：1962 年 9 月—不详）

（副检察长任期：1962 年 9 月—1966 年 8 月）

（副检察长任期：1978 年 5 月—1982 年 5 月）

喻　屏

（党组副书记任期：1978 年 11 月—不详）

（副检察长任期：1978 年 5 月—1982 年 5 月）

王　甫

（党组副书记任期：1981 年 3 月—1982 年 5 月）

（副检察长任期：1978 年 12 月—1982 年 5 月）

陈养山

（任期：1979 年 2 月—1982 年 5 月）

郗占元

（任期：1979 年 9 月—1982 年 5 月）

关山复

（任期：1980 年 2 月—1982 年 5 月）

江　文

（任期：1981 年 9 月—1985 年 9 月）

冯锦汶

（任期：1982 年 5 月—1988 年 3 月）

张灿明

（党组副书记任期：1983 年 7 月—1985 年 8 月）

（副检察长任期：1983 年 9 月—1985 年 9 月）

王晓光

（党组副书记任期：1985 年 8 月—1991 年 11 月）

（副检察长任期：1983 年 9 月—1989 年 12 月）

张思卿

（党组副书记任期：1988 年 12 月—1993 年 5 月）

（副检察长任期：1985 年 9 月—1993 年 3 月）

梁国庆

（党组副书记任期：1994 年 3 月—2003 年 10 月）

（副检察长任期：1986 年 6 月—2003 年 10 月）

肖　扬

（党组副书记任期：1992 年 5 月—1993 年 7 月）

（副检察长任期：1990 年 12 月—1993 年 7 月）

陈明枢

（党组副书记任期：1994 年 3 月—1998 年 4 月）

（副检察长任期：1991 年 10 月—1998 年 4 月）

王文元

（任期：1992 年 3 月—1998 年 4 月）

赵登举

（任期：1993 年 7 月—2004 年 8 月）

赵　虹

（任期：1993 年 9 月—2007 年 12 月）

张　穹

（任期：1995 年 10 月—2003 年 3 月）

胡克惠

（任期：1998 年 4 月—2009 年 6 月）

邱学强

（党组副书记任期：2002 年 9 月—　　　）

（副检察长任期：2001 年 6 月—　　　）

贾春旺

（党组书记、副检察长）

（任期：2002 年 12 月—2003 年 3 月）

王振川

（任期：2002 年 12 月—2009 年 6 月）

孙　谦

（任期：2003 年 6 月—2004 年 8 月）

（任期：2007 年 12 月—　　　）

张　耕

（党组副书记任期：2003 年 9 月— 2010 年 5 月）

（副检察长任期：2003 年 10 月—2010 年 6 月）

朱孝清

（任期：2004 年 8 月—2014 年 4 月）

姜建初

（任期：2004 年 8 月—2017 年 4 月）

张常韧

（任期：2009 年 6 月—2017 年 2 月）

柯汉民

（任期：2009 年 6 月—2017 年 2 月）

胡泽君

（党组副书记任期：2010 年 5 月—2017 年 4 月）

（副检察长任期：2010 年 6 月—2017 年 4 月）

李如林

（任期：2014 年 4 月—2018 年 10 月）

徐显明

（任期：2017 年 2 月—2018 年 4 月）

张雪樵

（任期：2017 年 4 月—　　　）

童建明

（任期：2018 年 6 月—　　　）

陈国庆

（任期：2018 年 6 月—　　　）

中央纪委驻最高人民检察院纪检组历任组长

（以任职时间为序）

（2018 年 6 月起称中央纪律检查委员会国家监察委员会派驻最高人民检察院纪检监察组）

熊传震

（任期：1991 年 2 月—1993 年 7 月）

王　克

（任期：1993 年 7 月—2003 年 6 月）

叶青纯

（任期：2003 年 6 月—2006 年 8 月）

石生龙

（任期：2006 年 8 月—2008 年 5 月）

莫文秀

（任期：2008 年 8 月—2015 年 8 月）

许卫国

（任期：2015 年 8 月—2017 年 9 月）

（党组成员任期：2015 年 8 月—2018 年 8 月）

王兴宁

（任期：2017 年 9 月—2018 年 5 月）

苏德良

（任期：2018 年 6 月—　　　）

最高人民检察院历任政治部主任

（以任职时间为序）

梁国庆（兼）

（任期：1990 年 11 月—1991 年 10 月）

陈明枢（兼）

（任期：1991 年 10 月—1998 年 4 月）

邱学强

（任期：2000 年 2 月—2001 年 6 月 ）

王振川

（任期：2001 年 6 月—2002 年 12 月）

张常韧

（任期：2002 年 12 月—2009 年 9 月）

李如林

（任期：2009 年 9 月—2014 年 4 月）

王少峰

（任期：2014 年 4 月—2016 年 10 月）

王洪祥

（任期：2016 年 12 月—2017 年 3 月）

王光辉

（任期：2018 年 8 月— ）

最高人民检察院检察委员会副部级专职委员

（以任职时间为序）

戴玉忠

（任期：2004 年 10 月—2008 年 8 月）

王建明

（任期：2007 年 11 月—2009 年 8 月）

童建明

（任期：2009 年 9 月—2013 年 2 月）

杨振江

（任期：2009 年 9 月—2013 年 4 月）

张德利

（任期：2013 年 2 月—2018 年 6 月）

陈连福

（任期：2013 年 2 月—2017 年 2 月）

卢　希

（任期：2015 年 12 月—2018 年 4 月）

陈国庆

（任期：2017 年 3 月— 2018 年 6 月）

检察制服

◎ 84式检察服春秋季男装

◎ 84式检察服春秋季女装

◎ 84式检察服夏季女装（左）、男装（右）

◎ 1988年换装后的春秋季检察服

◎ 84式检察服佩戴的检察帽徽、1991年换装后增加的检察领花、1988年换装后的红底镶黄呢质长方形硬质肩章。

◎ 1991年换装后的春秋季男装（左一）、女装（左二），冬季男装（左三）、女装（左四），夏季男装（右二）、女装（右一），增加了检察领花。

◎ 2000式检察服春秋装

◎ 2000式检察服夏装

◎ 2000式检察服所佩戴的检察徽标：胸徽（左）、领徽（右）。

84 式检察服

检察服饰是检察人员代表国家行使检察权的标志。从 1949 年到 1984 年，我国并没有统一的检察制服。1984 年 1 月 14 日，经国务院批准，最高人民法院、最高人民检察院、财政部联合发布《关于人民法院、人民检察院干部穿着统一制服的几项规定》。同年 5 月 1 日起，检察人员开始穿着检察制服。检察制服分春秋、夏、冬季三种服装。

制服样式

		男装	女装
春秋季		豆绿色中长纤维华达呢军干服式制服	豆绿色中长纤维华达呢西装式制服
夏季		米黄色的确良府绸小翻领猎服式制服	米黄色的确良府绸西装式制服
冬季		豆绿色的确良咔叽军干服式罩服	
大衣		豆绿色中长纤维华达呢长毛绒翻领双排扣军干大衣式样	
帽子	春秋季、夏季	大沿帽，帽罩颜色、料质与制服相同。	
	冬季	军式棉帽，面料颜色、料质与冬服相同。	
纽扣		与制服颜色相同的有机玻璃纽扣，分大衣扣和制服扣两种。	
标志		帽徽为铝合金质国徽图案。肩章为红底镶金黄边呢质长方形硬肩章，正中加一枚铝合金质圆形徽章。肩徽图案为五星红旗，外镶麦穗齿轮。	

1988 年换装

1988 年 4 月 17 日，最高人民检察院、财政部联合下发《关于人民检察院整顿着装和换装的通知》，同时最高人民检察院颁布《关于人民检察院干部穿着统一制服的暂行规定》，对检察制服做了一些修改，面料统一为豆绿色化纤面料。

		男装	女装
衣服		短袖上衣，单服为小翻领猎式制服；冬服为军干式制服；大衣为军干式棉大衣。	短袖上衣为西服式；单服为小翻领猎式制服；冬服为军干式制服；大衣为军干式棉大衣。
帽子	春秋季	布料大沿帽	
	夏季	网纱大沿帽	
	冬季	化纤布面栽绒棉帽	
纽扣		短袖上衣、单服、冬服、大衣为金黄色铜纽扣。	
标志		帽徽为铝合金质国徽。肩章为红底镶黄呢质长方形硬质。肩徽为铝合金质麦穗齿轮五星红旗圆形徽章。	

1991 年换装

1991 年，最高人民检察院发布《关于做好 1991 年检察服装换装工作的通知》。此次换发的各季检察服式样、颜色不变，原佩戴的标志不变，另增加检察领花，从 1991 年 7 月 1 日起佩戴。

2000 式检察制服

2001 年 2 月 21 日，最高人民法院、最高人民检察院、财政部发布《关于做好 2000 式审判服、检察服换装工作的通知》。经国务院批准，人民法院的审判服和人民检察院的检察服进行全面改革。按照全国统一颜色、统一款式、统一标志的要求，最高人民法院和最高人民检察院分别研制了审判服、检察服。2000 式审判服、检察服为佩戴胸徽的西服式制服，颜色选用国际司法界常用的深色，取消大沿帽、肩章和领花，以胸徽作为审判员和检察员的主要司法标志。

人民检察大事记

——1931 年 7 月，鄂豫皖区苏维埃政府在革命法庭中设国家公诉员。11 月 7 日，中华苏维埃共和国临时中央政府成立，检察职能分别由工农检察部，法院（裁判部）检察长、检察员，国家政治保卫局，军事检查所承担。

——1937 年 7 月 9 日，陕甘宁边区高等法院成立。1939 年 1 月，陕甘宁边区第一届参议会决定在边区高等法院设检察处。1946 年 10 月 19 日，陕甘宁边区政府发布命令，改边区高等法院检察处为边区高等检察处。

——1941 年 4 月 23 日，山东省临时参议会颁布法令，建立与同级行政委员会和法院平行的各级检察委员会，推选检察官，领导各级检察官及检察工作，各级检察委员会由各级参议会选举产生。

——1947 年 6 月，关东行政公署颁布法令，规定高等法院设首席检察官，首席检察官由关东人民代表大会选举产生。

——1949 年 10 月 1 日，中华人民共和国成立，中央人民政府任命罗荣桓为最高人民检察署检察长。10 月 22 日，最高人民检察署检察委员会议举行第一次会议。11 月 1 日，最高人民检察署正式办公。12 月 20 日，中央人民政府批准《最高人民检察署试行组织条例》。

——1954 年 9 月 20 日，第一届全国人民代表大会第一次会议通过新中国第一部《宪法》。次日，通过《人民检察院组织法》。张鼎丞当选为最高人民检察院检察长。

——1968 年 12 月 11 日，最高人民检察院被撤销。1975 年 1 月 17 日，第四届全国人民代表大会第一次会议通过《宪法》，规定检察机关的职权由公安机关行使。

——1978 年 3 月 5 日，第五届全国人民代表大会第一次会议通过《宪法》，恢复设置人民检察院。黄火青当选为最高人民检察院检察长。6 月 1 日，最高人民检察院启用印鉴，在北京市东城区北河沿大街 147 号正式办公。

——1979 年 7 月 1 日，第五届全国人民代表大会第二次会议通过《人民检察院组织法》和《刑法》、《刑事诉讼法》等法律，为检察机关依法行使检察权提供了法律依据。

——1982 年 3 月 8 日，第五届全国人民代表大会常务委员会第二十二次会议通过《中华人民共和国民事诉讼法（试行）》，规定"人民检察院有权对人民法院的民事审判活动实行法律监督"。

——1982 年 12 月 4 日，第五届全国人民代表大会第五次会议通过《宪法》，《宪法》规定：中华人民共和国人民检察院是国家的法律监督机关。

——1983 年 6 月 20 日，第六届全国人民代表大会第一次会议选举杨易辰为最高人民检察院检察长。

——1988 年 4 月 9 日，第七届全国人民代表大会第一次会议选举刘复之为最高人民检察院检察长。

——1989 年 4 月 4 日，第七届全国人民代表大会第二次会议通过《中华人民共和国行政诉讼法》，规定"人民检察院有权对行政诉讼实行法律监督"。

——1993 年 3 月 28 日，第八届全国人民代表大会第一次会议选举张思卿为最高人民检察院检察长。

——1995 年 2 月 28 日，第八届全国人民代表大会常务委员会第十二次会议通过《检察官法》，7 月 1 日正式实施。2001 年 6 月 30 日，第九届全国人民代表大会常务委员会第二十二次会议通过《检察官法》修正案。

——1998 年 3 月 17 日，第九届全国人民代表大会第一次会议选举韩杼滨为最高人民检察院检察长。

——2003 年 3 月 16 日，第十届全国人民代表大会第一次会议选举贾春旺为最高人民检察院检察长。

——2008 年 3 月 16 日，第十一届全国人民代表大会第一次会议选举曹建明为最高人民检察院检察长。

——2012 年 8 月 31 日，第十一届全国人民代表大会常务委员会第二十八次会议通过《关于修改〈中华人民共和国民事诉讼法〉的决定》，规定人民检察院有权对民事诉讼实行法律监督，有权对民事执行活动实行法律监督。

——2013 年 3 月 15 日，第十二届全国人民代表大会第一次会议选举曹建明连任最高人民检察院检察长。

——2017 年 6 月 27 日，第十二届全国人民代表大会常务委员会第二十八次会议通过《关于修改〈中华人民共和国民事诉讼法〉和〈中华人民共和国行政诉讼法〉的决定》，确立人民检察院提起公益诉讼制度。

——2018 年 3 月 11 日，第十三届全国人民代表大会第一次会议通过《中华人民共和国宪法修正案》。3 月 20 日，通过《中华人民共和国监察法》。检察机关职务犯罪侦查和预防部门完成转隶。

——2018 年 3 月 18 日，第十三届全国人民代表大会第一次会议选举张军为最高人民检察院检察长。

——2018 年 10 月 26 日，第十三届全国人民代表大会常务委员会第六次会议通过修订后的《中华人民共和国人民检察院组织法》，对十八大、十九大以来司法体制改革、检察改革的成果予以确认和巩固。

纪念检察机关恢复
重建 40 周年
1978-2018